U0918765

中国社会科学院金融研究所·博库

Institute of Finance & Banking, Chinese Academy of Social Sciences

中国“迷失的货币”

The Case of Missing Money in China

何海峰 著

论文推荐小组

总　　序

为了给中国从事金融理论研究的青年才俊提供一个展示才华的园地，我们从 2004 年开始编辑出版“中国社会科学院金融研究所·博库”系列丛书。

这套丛书重点突出了三个特点：

第一，入选论著的作者以新近获得学位的博士为主。这些作者都系统地受过现代经济学的严格训练，对当前国内外最新的学术文献有比较全面的了解，对中国的国情有相当程度的把握。这些作者无疑多为“名不见经传”的年轻人——我们出版他们的论著的本意之一，正是要不断地向理论界推出新人。

第二，入选的论著应能提供经过严密论证的新结论，或者提供有助于对所述论题进一步深入研究的新材料和新思路。与当前社会上一些机构对学术成果的要求不同，我们并不特别提倡在一部著作中提出多少观点，甚至也不追求观点之“新”。我们需要的是有翔实资料支撑，经过严格论证，而且能够被证实或证伪的论点和理论体系。对于那些没有严格的前提设定，缺少合乎逻辑的推理过程，仅仅凭借少数不加说明的资料和数据，便一下子导出几个很强的结论的论著，我们概不收录。因为，在我们看来，提出一种观点和论证一种观点相比较，后者可能更为重要：观点未经论证，至多只是天才的猜测；经过论证的观点，才能成为科学。

第三，入选的论著应能熟练运用现代经济理论和金融理论的方法，在形式上符合学术论文的规范。我们在这里所强调的分析方法，就理论经济学而言，指的是在某一研究领域中确定基本事实，建立描述这些事实之间关系的假设、模型、推论，并对其进行检验；就应用经济学而言，则指的是根据某一理论假设，为了完成一个既定目标，所使用的具体技术、工具或程序。我们深知，在方法上求新绝非易事，因此，我们对入选论著的基本要求是，按照现代经济学的研究规范和基本逻辑来展开研究并构造论著。

自2004年以来，本丛书出版了多部博士论文，涉及金融领域的各个方面。丛书问世以后，其社会影响日益显现，得到了金融学术界及业界的好评。作者毕业的学校分别为中国社会科学院研究生院、中国人民银行研究生部、北京大学、中国人民大学、清华大学、南京大学、天津大学、西南财经大学、上海财经大学、中央财经大学等国内著名院校。这些博士研究生毕业后，有的在国家机关进行宏观经济管理工作，有的在高校、科研单位从事教学及学术研究，也有的进入各种金融机构供职，他们在各自的岗位上，均作出了比较突出的贡献。本丛书已经出版的著作，可在中国社会科学院金融研究所网站（http：//www. ifb-cass. org）上查寻。

我们有理由相信，“中国社会科学院金融研究所·博库”系列丛书，在相关方面的努力和支持下，必将推出更多、更好的有造诣、有独特见解的博士论文。

李　扬

2007年4月11日

前　言

自1978年改革开放以来，中国经济成功实现了转型。伴随这一过程，中国经济出现了一个现象——“迷失的货币”，即广义货币供给增长率超过了国内生产总值与居民消费价格水平的增长率之和。作为一个具有中国特色的经济现象，“货币迷失”不仅成为货币经济学研究者的关注点，同时也引起了诸多宏观经济学研究者的兴趣——尽管他们大多因循了真实分析（real analysis）的框架；而本书则尝试对该现象进行货币分析（monetary analysis）和研究。

以真实分析的视角来看，中国转型经济的持续增长或发展，物质资本的贡献远高于人力资本的贡献（郑京平等，2006），而广义科技进步的贡献与美国、日本等国相比存在着较大的差距，这是经济学家们的共识。除去制度变迁的因素，对这一事实的解释可以进一步归结为中国长期以来的高储蓄率维系了高投资率的可持续性，因此“投资—储蓄”的均衡分析可以成为解释该现象的一个范式。作者认同这一分析框架，并且也同意，在更深层次上，投资—储蓄关系与中国居民现实的理性选择密不可分，而后者很大程度上是一个中国典型的劳动力问题（李扬等，2005）。

然而，如何解释这一过程中的货币性现象？因为，从经济增长理论上看，真实分析预先排除了货币因素。而实际上，从中国经济改革与发展的实践来看，货币经由金融而至资本形成的机制和途径是明显存在的；并且，从计量分析结果上看，季度货币变量对国内生产总值不是中性的；经济转型的历史背景又进一步增加了问题的复杂性。本书研究的核心即在于建立一个纳入了货币的分析框架来解释这一简单而又复杂的货币经济现象。

本书首先回顾了“货币迷失”的发生背景并进行了同一指标的国际对比，然后比较系统地分析了货币经济学主流理论可能存在的缺陷，考察了非主流观点对现实情况的解释力。本书发现，中国“货币迷失”产生的原因在于中国经济的结构性变化，它与中国货币经济表现出的货币内生性、利率外生性、银行信贷（资金可得性）融资主导模式等特征密切相关。由于这种复杂性，本书通过建立一个加入了中间层次与环节的货币与经济增长关系的分析框架，并通过对各环节的计量分析验证了中国货币经济的特征。同时，本书也在传统货币理论框架下通过建立一个中国总量货币需求模型解释了货币需求的增长——这意味着在加入了中国实践的制度变量后，“迷失的货币”现象是可以被解释的。最后，对于“货币迷失”的现实政策意义，本书简要总结了当代货币政策理论与货币政策实践的发展趋势，并考察了中国货币政策的实践，基于这些以及此前的研究结果，作者对中国货币政策在决策原则与中间目标的选择上提出了有关建议。

本书是在本人博士学位论文《“迷失的货币”与中国货币政策范式的选择》基础上修改完成的。马克思曾说，“受恋爱愚弄的人，甚至还没有因钻研货币本质而受愚弄的人多”。的确，货币理论的浩瀚很容易让人“迷失”其中，书中的不足之处还期望读者多多批评与指正。

本书的完成要感谢导师李扬教授的关键性指导，感谢王国刚教授和王松奇教授在论文研究中的指导与建议，以及彭兴韵博士、曾刚博士、胡志浩博士等诸多研究人员的帮助；本书大量资料的搜集和数据的整理要感谢华北电力大学的胡军峰讲师、朱亚星硕士、吕霖与魏汉英同学以及中国人民大学的燕漪琦硕士；还要感谢中国人民大学的贝多广教授和中央财经大学的李建军副教授，他们为作者及时提供了各自有价值的研究成果；最后，感谢有关专家的意见和建议，他们包括北京大学的曹凤岐教授、中国人民大学的瞿强教授、中央财经大学的史建平教授与李健教授、中国社会科学院的何德旭研究员等等，尤其是瞿强教授。

目录

CONTENTS

第一章 导论

一 选题缘起

1993～2002 年的十年，中国经济经历了一个从通货膨胀到通货紧缩的完整“轮回”。

1992 年，中国经济增长速度达到了改革开放以来的最高点①，于是，1993～1996 年，实现“软着陆”自然成为宏观调控的重点。调控的成效是显著的：GDP 增长率从 1992 年的 14.2%，依次逐年降为 13.5%、12.6%、10.5%，直到 1996 年的 9.6%；而同期 CPI 上涨率则依次为 6.4%、14.7%、24.1%、17.1%和 8.3%。

1997 年作为这 10 年周期的分水岭，不但发生了兼有政治意义和经济意义的“香港回归”，而且发生了对全球经济发展具有转折性影响的“亚洲金融危机”。在这一年里，中国的 GDP 增长率延续了下滑的趋势，回落到 8.8%；CPI 上涨率则由上一年的 8.3% 陡降为 2.8%。自此，中国经济进入了改革开放以来最为低迷的时期。1998～2002 年，GDP 增长率依次为 7.8%、7.1%、8.0%、7.3%、8.0%，连续 5 年没有超过 8%；而 CPI 上涨率则依次为 -0.8%、-1.4%、-0.4%、-0.7%和 -0.8%，经历了改革开放以来乃至中

① 自 1985 年迄今为止，1992 年 14.2% 的 GDP 增长率为最高。

华人民共和国历史上绝无仅有的长期通货紧缩。

如果说，发生在实体经济领域和物价领域的变化已足以让人百思难解，那么，发生在货币金融领域的一个新现象就更令人困惑了！在这10年中，货币供应量的变化开始与国民经济增长失去了稳定的联系。根据货币经济学的经典解释，在长期中，货币供应增长率应当基本等于国民经济增长率与物价上涨率之和，即 $m = y + p$①，然而，如果用这10年中各年的M2增长率减去相应年份的GDP与CPI增长率之和，我们却得到这样一组数字：-5.2%、-2.3%、0.4%、8.8%、8%、7.8%、9%、3.9%、9.6%、9%；其缺口固然始终存在，其变化方向更无规律可循②。换言之，在这10年中，除了1993年和1994年，新增的货币供应在被经济增长（y）和物价上涨（p）充分“吸收”之后，还有一个显著的余额没有被“吸收”。本书把这个现象称为“货币迷失”。分析“货币迷失”的线索，研究“货币迷失”的原因，探讨“货币迷失”对货币政策的影响，构成本书的主题。

二 相关的探讨及形成的概念

翻阅货币经济学的文献，可以发现，本书所称的“货币迷失”现象并非中国所独有；针对这一现象，经济学家们已经进行了一些富有启发性的探讨。详细评述这些研究成果，是下文的主题之一。作为本书的开头，这里首先简要评介这些同类研究中所使用的相关概念。

（一）“货币迷失”（“The Case of Missing Money”）

戈德弗尔德（Goldfeld，1973）在全面回顾美国的货币需求函数

① 将经典货币经济学中的交易方程式 $MV = PY$ 动态化之后，可以得到一个描述货币供应增长率（m）、货币流通速度变化率（v）、物价上涨率（p）和国民收入增长率（y）之间关系的公式：$mv = py$。假定货币流通速度短期内不变，上式就可以简化为货币供应增长率等于国民经济增长率和物价上涨率之和。

② 在中国反通货紧缩的那几年中，一方面，实体经济部门始终在抱怨货币信贷供应不足；另一方面，货币当局却一直在担心货币供应超常增长，会积累通货膨胀压力。这说明，在工作实践中，货币当局也感受到了货币供应与经济增长的关系发生了其从未遇到过的变化。

后，发现“二战”后的M1货币需求利率弹性保持不变，而且，基于M1货币需求函数所进行的预测相当成功。但是，1974年之后，这种稳定性突然失去。戈德弗尔德（Goldfeld，1976）利用1952～1976年的季度数据，全面检验了各种传统的M1需求函数，并对它们进行了诸如局部调整、人口缩减、交易成本与棘轮效应（rachet effects）、不同利率、估计技术、价格效应等各种修正后，依然失望地发现：从1974年第三季度开始的10个季度内，货币需求的实际值与预测值的动态差额占实际值的比例，由0.5%上升到了10%。他将这种货币需求实际值偏离（小于）其预测值的现象称为“The Case of Missing Money”——国内译为“货币失踪”（李扬，1998；黄达，2003；米什金，2005），而本书这里暂称为“货币迷失”。戈德弗尔德认为，这一现象一方面是对“货币需求函数作为理解货币政策如何影响总量经济活动的一个工具是否有效”的重大质问；另一方面，对于货币政策如何执行也同样具有重要意义。戈德弗尔德的研究具有开创性，在他之后，美国关于货币需求研究的重要内容之一，就是要寻找一个稳定的货币需求函数，只是，这一目标迄今仍未实现（Mishkin，2001）①。

（二）麦金农的“中国之谜”

麦金农（1997）在对比研究了中国、苏联和东欧国家的市场化过程之后发现，尽管三者都出现了迅速的财政收入下降，但中国却出人意料地实现了1978～1992年的金融增长和宏观经济稳定。但是，按照他关于经济市场化次序的观点，金融增长必须建立在财政平衡的基础之上，否则将会出现通货膨胀。于是，他把中国在财政收入下降的同时仍能保持价格水平稳定称为“中国之谜”（Chinese riddle）②。实际上，“中国之谜”也可以更一般地理解为，虽然财政收入在下降，

① 米什金（2004）再次谈到“货币需求的稳定性”时指出，“然而，1973年之后，金融创新的飞速推进改变了货币所包含的内容，估计的货币需求函数表现出了极大的不稳定”。参见米什金（2006）[525]。

② 参见麦金农（1997）[271]。

但是货币供给的快速增长并没有导致通货膨胀，依然实现了金融和经济的稳定增长。正因为如此，中国经济成功的市场化转型就成为令人着迷的难题。

（三）国内学者的概括

对于货币供给增长率高于经济增长率与通货膨胀率之和这一中国经济转型过程中的特殊现象，国内研究者早已给予关注，并试图寻找适当的概念予以概括。郭浩（2002）使用了“超额货币需求”的概念，黄达（2003）[511]则倾向于使用“超额货币”。近几年来，国内也有学者开始使用“货币消失”（李斌，2004）或“迷失货币”（王韧等，2007）的提法①。此外，还有学者选择“中国货币之谜”（monetary puzzle in China）（李健，2007）这种更为一般的说法。

（四）本书选择“迷失的货币”概念

本书选择使用“迷失的货币”概念来定义货币供应增长率不能与经济增长率和物价上涨率之和相匹配的现象。选择的理由主要有三个。首先，货币供给与需求在事后看来是均衡的，而“超额货币”的提法（无论供给或需求）必然与货币需求函数相联系，这样，对中国这一典型现象的理解可能会囿于货币需求的范畴而失之狭隘。其次，其他与“迷失”相类似的说法已经被研究者较广泛地采用，而且多为描述这种现象的迷惑性，本书继续沿用之，有保持连续性之便。但是，需要强调的是，中国“迷失的货币”现象与美国20世纪70年代的“失踪的货币”现象（本书继续采用“失踪的货币”来专指美国现象）表现的方向并不相同。最后，“迷失”的说法早已出现。例如，李扬（1998）[18]在建立“追寻迷失的资金”有关假说时指出，“我认为，‘迷失’这个词使用得十分恰当，它揭示了一种新的现象，表明了一种理论上的困惑，同时显示了一种探索的努力”。李扬的这句话事实上是要说明：是否使用“迷失的货币”来概括我们所要分析的现象并不特别重要，重要的是，我们需要从这种偏离货币经济学经典

---

① 但这些作者可能没有正确理解“missing money”的原意。

结论的现象入手，分析、概括货币经济的新鲜实践，由此而推动货币经济学的发展——这正是作者选择这一论题的背景。

三　问题的性质与研究意义

（一）问题的性质

中国“货币迷失”的复杂性就在于，它是一个多因素的非均衡现象。中国的改革开放是一个全方位的社会经济变革。在长达30年的过程中，中国的发展、增长、制度、结构、组织、技术、要素、政策等诸多因素均发生了巨变。因此，中国的经济发展为经济学提供了大量新鲜素材。从发展经济学、比较经济学到转轨经济学，从微观层面到宏观层面，从宏观经济学到货币经济学，都可以从中国的转型过程中找到引人入胜的论题。对于这个全面的社会经济变革，若以均衡、单一的视角来观察，不免让人“迷失”。

有观点认为，研究一个持续30年、涉及经济发展和制度变迁的巨大转型，理应采用复杂的科学方法和演化经济学的观念（陈平，2004），才能超越均衡经济学的局限，同时，可避免陷入类似华盛顿共识那种不了解发展中国家经济结构的错误（Stiglitz，2004）。这些研究原则与思路是非常重要的，但是，在一些具体条件限制下（如数据的完备性），本书只能采取线性近似的研究——在货币经济学领域，可以认为，中国“迷失的货币”已经包含了并且能够表达出上述诸多因素的作用。

（二）研究意义

从逻辑上讲，如果既有的理论范式或观点与中国的实践不符，或者难以解释相关现象，那么就有必要重新考察这些理论命题的内在逻辑。如果其逻辑是自洽的，那么就需要放宽条件或者增加条件，甚至可以考虑建立一个有解释力的新框架。综合当前的研究，本书认为，我们需要而且有可能建立一个符合中国实际特征的框架，从而可以尝试在新框架下解释“货币迷失”的问题。

总之，以“迷失的货币”为解释对象（但不限于此），结合中国实践对主流理论范式进行重新考察以判断其适用性，可以形成对中国货币经济特征更具解释力的认识，并可以为有关政策决策提供参考依据。这是本书研究的意义所在。

四 研究方法与思路

（一）本书的研究方法

经济学的分析路径有真实分析与货币分析的区别。本书将遵循货币分析的路径。在具体的分析范式上，经济学有存量分析和流量分析的分野。本书主要沿用存量分析方法，同时，在清晰区分存量与流量的基础上，适当考虑使用流量分析。

由于中国转型经济的特殊性，研究中国经济需要综合运用“‘历史一体制’的以及‘理论一定量’的方法”（邹至庄，2005）。只有对中国国情有充分的了解，才可以避免将“理论一定量”模式应用于中国时可能会犯的错误。通过两者的互相补充，本书力求完整刻画中国货币经济的特质。在对历史和体制进行分析时，本书将客观、规范地描述既有事实的合理性以及可能的扭曲。

在理论分析与数量分析相结合的模式下，本书将遵循实证研究的逻辑，并较多地运用误差修正、向量自回归等计量技术。本书的数量手段虽然是必要的，但它始终服务于从实践出发的理论原则。

（二）本书的研究思路

首先，本书在描述和界定了中国“迷失的货币”现象之后，将对主流货币理论范式（包括分析范式）进行回顾，总结出当前货币理论的核心范畴。

其次，在对中国货币、产出、价格三者关系进行计量分析的基础上，本书将对货币经济学的一些基本问题进行再考察，并提出本书的货币经济学一般框架的逻辑结构。

再次，本书将对转型中的中国货币经济特征进行界定，继而分解检验一般框架，以寻找中国的货币与经济增长的关系，并反思中国货币经济具有的特征。

随后，本书将构造一个用于解释“货币迷失”的总量货币需求模型，并使用中国的数据来实证检验中国是否存在“货币迷失”问题。基于这一分析，本书将分析中国货币政策的目标、工具和传导等问题。

最后，本书将简要总结货币政策理论的新发展与货币政策变化的新趋势，然后，有针对性地提出完善中国货币政策的建议。

第二章 “迷失的货币”现象

本章将首先提出本书研究的问题起点——“迷失的货币”，一个中国经济转型和发展中的典型现象，然后回顾国内外的相关研究，并说明货币经济学的最新动态、中国转型经济以及对其的研究。

第一节 中国“迷失的货币”

一 中国“迷失的货币”

改革开放以来，与世界经济相比，中国经济实现了持续高速增长（参见表2-1和表2-2）。但是，在以CPI衡量的物价的上涨率保持在较低水平的同时，广义货币供给M2的增长率却呈现出较高的水平，货币供给增长率与价格指数增长率、国内生产总值增长率之间出现了较大的差距——难道有些货币供给在经济中“迷失了”踪迹？本书把这一现象称之为“迷失的货币”（或“货币迷失”）。

为了充分说明存在“迷失的货币”，本书分别利用国际货币基金组织公布的中国GDP缩减指数，以及笔者自己计算的中国GDP缩减指数，对相关年度的实际GDP进行了计算。结果显示（参见本章附表1）①，

---

① 书中图表的资料来源如不注明，均来自书后的“本书附表”。

表 2-1　各地区 GDP 平均增长率（一）

单位：%

年　代	20 世纪 70 年代	20 世纪 80 年代	20 世纪 90 年代
东　亚	4.5	4.4	2.8
东　欧	4.8	2.4	-4.4
北　美	3.3	3.0	2.8
南　美	5.2	1.2	2.9
世　界	3.6	2.7	2.1
日　本	4.2	3.6	1.2
德　国	2.6	1.7	1.6
中　国	4.7	8.8	9.4
越　南	-0.1	5.0	6.9
波　兰	6.1	0.9	3.2
匈牙利	4.7	1.5	0.3
苏　联	4.6	2.6	
俄罗斯			-4.8
乌克兰			-8.9

资料来源：联合国统计数据，转引自谢平（2006）。

表 2-2　各地区 GDP 平均增长率（二）

单位：%

年　　份	1990～2000	2000～2004
世界	2.9	2.5
低收入国家和地区	4.7	5.5
中等收入国家和地区	3.8	4.7
高收入国家和地区	2.7	2.0
东亚—太平洋	8.5	8.1
东欧—中亚	-0.8	5.0
拉美及加勒比	3.3	1.6
中东—北非	3.9	3.8
南亚	5.6	5.8
撒哈拉以南	2.5	3.9
欧盟	2.1	1.3

资料来源：World Development Indicators 2006。

1978~2005年，中国M2的平均增长率为23.50%，CPI的平均增长率为5.79%，依据国际货币基金组织计算的数据，中国实际GDP增长率为9.64%——出现了7.62个百分点的差距；而依据本书测算的数据，中国实际GDP增长率为9.75%——出现了7.51个百分点的差距。因此，差距无疑是显著的，而由这些指标所计算出的差距，本书称之为“货币迷失率”。

并且，对于同样的现象，如果采用“货币化率”（M2/实际GDP）的指标来衡量，差距将会更为显著。计算结果显示（参见本章附表2），1978~2005年，依据国际货币基金组织数据计算出的货币化率为210.77%；而依据本书测算数据计算出的货币化率则为187.66%。显然，“迷失的货币”现象确实存在。

二 “迷失的货币”现象的普遍意义

中国“迷失的货币”这一现象是否具有独特性？

为此，本书选取了一些具有代表性的国家作对比计算。分组计算的结果显示[①]，在不同组别内，各国的“货币迷失率”基本呈现相同的趋势与特征（参见本章附图1至附图6），尽管货币化率可能在一定程度上夸大了“货币迷失”的效果。具体而言，在第一组国家中，日本的货币化率虽然很高，但“货币迷失率”并不高，而且比较稳定；英国的“货币迷失率”有很大波动，原因是采用了M2的统计口径。在第二组国家中，货币化率和“货币迷失率”总体趋势相同，但是各国经历过不同的冲击。而在第三组国家（地区）中，中国香港的货币化率尽管近年来不断上升，但“货币迷失率”的波动却不大；韩国、新加坡的“货币迷失”则经受过大的冲击。各组国家和地区货币

---

① 各国统计数据均来自国际货币基金组织的《国际金融统计》。在本书的计算中，各国家与地区货币统计口径的选择具体如下：美国、德国、法国为M2（经过季节调整），英国为M4（经过季节调整），日本为M2+CDs（经过季节调整）；巴西为M2A，俄罗斯、南非为M2，印度为Money+Quasi-Money；韩国、中国香港为Money+Quasi-Money，新加坡、泰国为M2。

化率和“货币迷失率”的平均情况如表2－3至表2－5所示。

表2－3 部分发达国家货币化率与“货币迷失率”

单位：%

项 目	美 国	英 国	德 国	法 国	日 本	平 均
货币化率	45.09	6.19	25.20	32.18	103.30	42.39
“货币迷失率”	－1.08	9.92	2.38	－0.98	1.61	2.37

注：时间区间为1978～2005年，按可得数据处理。

资料来源：IFS。

表2－4 部分转型国家货币化率与“货币迷失率”

单位：%

项 目	巴 西	俄罗斯	印 度	南 非	平 均
货币化率	12.84	25.40	29.98	28.52	24.19
“货币迷失率”	41.68	156.07	3.44	－0.17	50.26

注：时间区间为1978～2005年，按可得数据处理。

资料来源：IFS。

表2－5 部分亚洲国家和地区货币化率与“货币迷失率”

单位：%

项 目	韩 国	新加坡	泰 国	中国香港	平 均
货币化率	34.96	101.63	58.85	195.25	97.67
“货币迷失率”	4.87	1.10	3.60	0.85	2.61

注：时间区间为1978～2005年，按可得数据处理。

资料来源：IFS。

在1978～2005年间，中国的货币化率为77.38%（或73.65%）、“货币迷失率”为7.39个百分点（或7.28个百分点）。因此，与各国数据相对比，中国货币化率虽然高于第一组和第二组国家，却低于第三组国家和地区；而“货币迷失率”虽然稍高于第一组和第三组国家和地区，却低于第二组国家（主要是远低于巴西和俄罗斯）。中国货币化和“货币迷失”的区间表现如图2－1和图2－2所示。

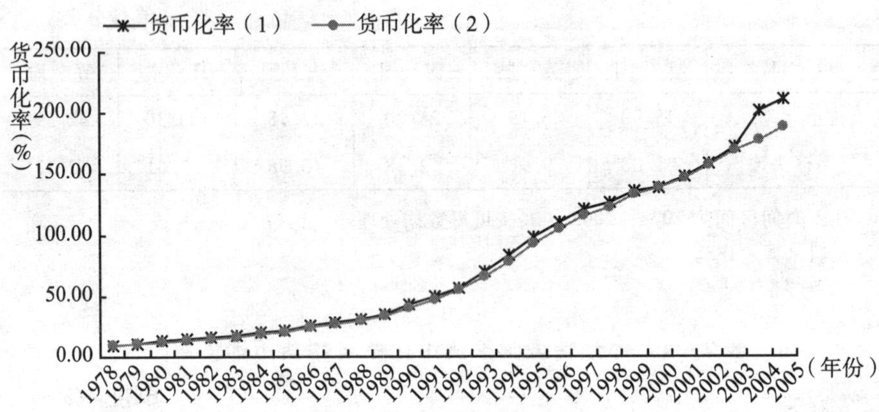

图2－1 中国货币化率

注：货币化率（1）采用IMF的GDP缩减指数计算，货币化率（2）采用测算的GDP缩减指数计算。

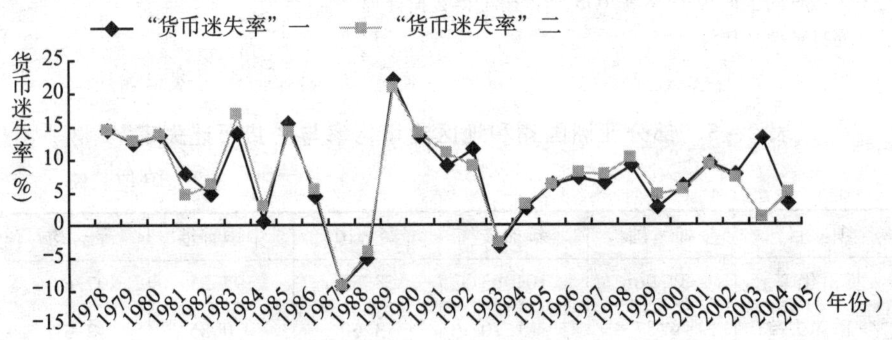

图2－2 中国“货币迷失率”

注：“货币迷失率”一采用IMF的GDP缩减指数计算，“货币迷失率”二采用测算的GDP缩减指数计算。

由此可见，虽然不能把“迷失的货币”确定为一个世界性的、广泛存在的经济现象，但是它具有一定的普遍意义。中国“迷失的货币”现象，是由于伴随着不断上升的经济高货币化而引起人们的关注的；但是，正如图 2 - 2 所示，中国“货币迷失”的波动性似乎在不断减弱，并趋于平稳。这是本书所要研究问题的起点。

第二节　“迷失的货币”相关研究

本书在导论部分里已经述及与“迷失的货币”相关的一些概念，它们包括美国“失踪的货币”、“超额货币”、“中国之谜”等，本节将要介绍这些方面的相关研究。

一　美国的相关研究

美国对于其“失踪的货币”的研究，主要沿三个方向进行。米什金（2001）总结了前两个方向。

第一个方向集中于是否由于不正确的货币定义而导致了货币需求函数的不稳定。为此，研究者努力把 20 世纪 70 年代金融创新所产生的新工具纳入到不同层次的货币中，这一方向的代表人物主要包括 Gillian et al（1979）、Judd et al（1982）等。

第二个方向集中于努力为货币需求函数寻找新的变量以使之趋于稳定，其代表人物主要包括 Hamburger（1979）、Heller et al（1979）、Mishkin（1983a，1983b）等。进入 20 世纪 80 年代，美国货币流通速度不断下降（Rasche R H，1987），于是有人开始关注 M2 需求函数（Small D H et al，1989）；90 年代初，M2 增长速度急剧下降，M2 需求函数也出现问题（Higgins B，1992；Hetzel R L，1992）；但在 90 年代末期，M2 流通速度比较稳定，似乎 M2 需求与宏观经济有了某种稳定的关系，然而对 M2 需求稳定性的怀疑仍然存在（Ragan K et al，1998）。并且，Fair（1987）发现，传统货币需求函数在美国以外的其他国家也出现了类似情况。

第三个方向主要是随着计量技术的发展，新的模型被构建出来以提高货币需求模型的稳定性和预测能力。由于戈德弗尔德（Goldfeld，1973）把邹至庄（Chou Gregory，1966）建立的局部调整模型引入到货币需求中解释不了“失踪的货币”，所以一般滞后模型、误差修正模型和缓冲存量模型都先后被采用，其中应用较多也比较成功的是误差修正模型。实际上，随着货币经济学的发展，对于货币需求和货币流通速度的理论研究已不再是最前沿的论题。

二 中国的相关研究

中国对“迷失的货币”的研究，除了在20世纪90年代初探讨过“超额货币”如何产生外（樊纲，1991；林志强，1991），其余的很大程度上是在因循易纲（Yi Gang，1991）所提出的货币化线索来寻找其原因。90年代的研究（例如，易纲，1996；张杰，1997）主要集中于界定现象、存在的合理性与正面意义；随着中国经济货币化程度不断超过发达市场经济国家，研究的注意力开始逐渐转移到货币化路径与趋势上（刘明志，2001；余永定，2002；韩平等，2005）；最新的研究则开始关注高度货币化（或M2/GDP）的金融制度和金融结构原因（张杰，2006；谢平等，2007）。

对于以“中国之谜”尝试解决“迷失的货币”问题的研究，国内目前可以分为两条路径（伍志文，2003）。第一条路径试图在传统货币数量论的基础上，通过做修补工作来解决货币超额问题，包括时滞效应假说（帅勇，2002；刘伟等，2002；刘斌，2002）、统计偏差假说（货币供应量统计偏差与价格指数偏低）、地下经济假说、被迫储存假说（王春同等，2000）、货币空闲假说、货币沉淀假说（郭浩，2002）、综合成因假说（帅勇，2002）等。

第二条路径则努力为货币需求添加新的货币变量，以修改传统货币数量论，包括价格决定的财政理论（龚六堂等，2002）、货币化假说（易纲，1996；谢平，1994）、货币传导机制梗阻假说（夏斌等，2001；刘伟等，2002）、货币流通速度下降假说（易纲等，1999）和虚拟经济货币积聚假说（伍志文，2003）。王韧等（2007）认为，第二条路径实际上就是从外部变量角度去解释“货币迷失”的成因；而且，货币化假说中还应包括李斌（2004）和赵留彦等（2005），虚拟经济货币积聚假说还包括戴根有（2000）、石建民（2001）和中国人民银行研究局课题组（2002）。

最后，近几年来，研究者开始注意从经济发展、经济与金融结构角度分析可能的“货币迷失”原因。其中，李斌（2004）采用发展经济学的方法，分析了中国经济的两部门特点所导致的“结构约束”与“需求约束”，认为其原因在于经济运行内在机制的变化。李健（2007）以货币“双重职能论”考察了货币需求的结构变化，认为货币需求已经超越货币供给成为均衡的主导力量，而均衡表现除了物价之外还应包括资产价格和金融指标。王韧等（2007）认为，在不同的阶段，货币与价格、产出间的长期稳定关系依赖于不同外部变量影响方式的结构性调整，所以“货币迷失”是经济运行方式阶段性调整的必然产物。谢平等（2007）认为，以银行为主导的金融系统和商业银行存在的巨额不良资产导致了 M2/GDP 的异常，但是，它并不必然导致金融风险。

三 对相关研究的总结

美国对“失踪的货币”和货币需求的研究尝试了货币统计、引入新变量、使用新计量技术等方向，其目的在于建立稳定和可预测的货币需求函数。随着现实中货币政策对利率的日益关注，作为一个传统主题，货币需求在当前货币理论和货币政策中不再占有重要位置。

中国对“迷失的货币”的研究围绕着超额货币、货币化、“中国之谜”等提出了不同的假说，在不同程度上解释了同一问题的不同内容，虽然不可避免地存在不足，但是总体的认识是在不断前进和全面的。

两相对比，美国“失踪的货币”的相关研究及其货币政策实践，当然对中国“迷失的货币”的深入研究具有很好的借鉴意义——前者至少可以在分析框架、研究思路、技术手段等方面给后者提供启示。但是，由于中国经济转型以及在此过程中出现的现象是史无前例的，现有的理论不可能对此具有完全的相容性，因而还必须寻找中国的特殊因素。从目前对“货币迷失”的研究结果看，对于以前研究的不足已形成了比较一致的认识——当然，这也是理论研究积累和前进的基础。

黄达（2003）[511~512]很早就具体指出了超额货币的有关假说——统计偏差假说、货币化假说、货币流通速度下降假说以及逐渐消失假说等——存在的问题。易纲（Yi Gang，1991）在提出货币化假说前，也论证了价格指数偏低假说与被迫储蓄假说不能成立。就当前的认识而言，货币化假说（包括高 M2/GDP）已经从具体原因、拐点、路径等上升到了金融结构与运行（谢平等，2007）、特殊金融制度中经济主体利益博弈（张杰，2006）的层面。但是货币化假说难以回答的问题是：商品和存量资产货币化之后是否还有服务和流量资产的货币化？如果有，那么应如何依据现有框架来进行分析？“中国之谜”的有关假说存在一个倾向，就是把“货币迷失”等同于货币供给增长不断上升与价格水平稳定甚至下降的矛盾。实际上，无论是“中国之谜”还是“货币迷失”，关注的重点应当是经济持续增长（同时价格水平保持稳定）。

总之，中国经济转型的现实是经济高速稳定增长，货币增长速度更高，同时价格平稳。这就似乎出现了矛盾，而研究的最终目的，就是对此做出解释或建立可能的解释框架。货币化只是这一过程中的次生现象，价格平稳甚至下降也只是这一过程的部分现象，经济增长才是这一过程中最为核心的现象；次生现象有可能包含核心现象甚至整体现象的有效信息，而部分现象则不一定会包含核心现象的有用信息。同时，这一过程的复杂性还在于其传导环节与效率的复杂性。所以，如果仅仅是为了解释现象而解释现象，那么有关解释的理论价值和实践意义可能不会太大。

第三节　货币经济学动态与中国经济转型

本节将首先总结货币经济学发展所隐含的意义以及两种分析，然后简要强调现代货币经济学的要点，最后说明中国经济的转型以及对其的研究。本节目的是为理解后文的进一步分析提供一个简单而又必要的理论与实践背景。

一 货币经济学与两种分析

从“货币理论”到“货币经济学”意味着什么？

在《货币理论》这部被认为是第一本针对研究生的“完备的教科书”里，哈里斯（1989）认为，“货币理论本质上是关于货币在宏观经济模型中作用的问题（当然，要了解这种作用往往还要求研究宏观模型的微观基础）”；而沃什（2004）在其所著的教材《货币理论与政策》里，详细地解释道：“货币经济学探讨实际产出、实际利率、就业、实际汇率等宏观层面的实际变量与通货膨胀率、名义利率、名义汇率、货币供给等名义变量之间的关系。”实际上，当冯·诺依曼与奥斯卡·摩根斯坦（Morgenstern et al，1944）的期望效用公理体系和马科维茨（Markowitz，1952）的资产组合理论建立起来时，货币经济学中就开始分离出金融学，直到“金融（学）以其不同的中心点和方法论而成为经济学的一个分支”①。与此同时，从货币经济学50多年的历史发展来看，在一般意义上，它的内容与宏观经济学几乎重叠，而且，目前两者都使用动态随机数学方法来建立模型，区别只是，货币经济学“强调价格水平的确定、通货膨胀和货币政策的作用”（沃什，2004）。在这里，如果货币经济学被视为（狭义的）货币理论②和货币政策理论，那么就已隐含了这样的观点：货币理论不重视经济增长而仅重视经济波动，或者说，经济增长是由真实因素决定的，货币并不发挥作用。

除非经济失衡，否则货币对真实经济活动的演进就无足轻重，而

① “……其基本的中心点是资本市场的运营、资本资产的供给和定价。其方法论是使用相近的替代物给金融契约和工具定价”。参见 Stephen（2000）[27]。

② 在本书以下部分中，如不特别指明，“货币理论”均做狭义理解，即不包括货币政策理论的货币理论。

失衡无论如何严重，似乎又都是暂时的，因此，货币自然无法长久地影响真实经济。于是，经济失衡前后和失衡过程中的货币似乎已被遗忘。

熊彼特（2001）[427~429]在《经济分析史》中对“真实分析”（real analysis）① 和“货币分析”（monetary analysis）进行了重要区分。他认为：“真实分析所依据的原则是，经济生活的所有主要现象都可以用商品和劳务，用有关它们的决定，用它们之间的关系来描述。货币只不过是配角，是用来便利交易的一种技术装置……但只要它运转正常，它就不会影响经济过程。经济过程的运转与物物交换没有本质的区别。这实质上就是货币中性的含义。因此，货币被称为实际经济的‘面纱’。”坚持真实分析的经济学家们认为，“不仅完全可以舍弃货币因素，而且必须将其舍去，正如要看到面纱后的面容，就必须揭去面纱一样……货币价格让位于商品之间的交换比率，因为这才是货币价格背后真正重要的东西”。实际上，如果说凯恩斯“关于产出的货币理论”是 20 世纪对传统真实分析的一次最重要的革命（Dillard，1988），那么，由他奠基而发展起来的现代货币经济学已经偏离了他最初的思想轨道——凯恩斯在《就业、利息和货币通论》里强调要打破传统“二分法”，建立起“生产性的货币理论”，这些目标在后来的货币经济学发展中已经渐行渐远。但是，正如熊彼特所说：“不得不承认，实际经济运行的主要特征或许正依赖于货币这块‘面纱’，没有了这块‘面纱’，隐藏在它背后的经济过程将面目全非。”一方面，现代金融日益发达、复杂，信用因素愈发重要；另一方面，货币却越来越远离经济分析的框架。对此，货币经济学如何解释？而货币经济学又解释了什么？这的确是值得思考的问题。

① 书中把“real analysis”译为“实物分析”，笔者认为译成“真实分析”似乎更妥。原因有二：其一，熊彼特也担心读者会把此处“real”的含义与其另一含义——“实际的”——相混淆（例如，“real income”意指实际收入，可参见该书第 427 页脚注）；其二，基于前面的原因，“real”（实际的）可以与“nominal”（名义的）相搭配，应当更加符合熊彼特的本意。

二 现代货币经济学：理论与政策

在不同的方向上，理论都没有停止过它的发展。

凯恩斯《就业、利息和货币通论》诞生之后，对于现代货币经济学的发展传统，钱荣堃（1989）认为："当代西方的货币理论分成不同的流派。其中主要的流派有凯恩斯主义、货币主义和合理预期学派（也称理性预期学派）。"

遵循或者发展凯恩斯主义的传统，在主流的新古典综合派（后改称"后凯恩斯主流经济学"）与以正统自居的新剑桥学派的争论中，20世纪60年代又诞生了一个后凯恩斯经济学派——凯恩斯主义的非均衡学派；之后的80年代，随着经济自由主义思潮席卷西方宏观经济学领域，主张政府干预的新凯恩斯主义学派诞生，并且其影响日益扩大。凯恩斯主义的非均衡学派和新凯恩斯主义学派继承和发展了凯恩斯思想的一些旧价值，表现出了理论发展的反动趋势。

在凯恩斯主义发展的同一时期，美国20世纪70年代的"滞胀"为货币主义带来了成为主流的机会，正是货币主义学派和凯恩斯主义学派的争论将货币经济学再次融入了宏观经济学。然而，在1979~1982年短暂的"货币主义试验"失败之后，理性预期学派取代货币主义成为自由主义的真正代表，并建立起了所谓的"新古典主义宏观经济学"，而其主张的"货币政策无效论"又在货币主义的"货币最重要"那里完成了彻底的自由蜕变。"卢卡斯批判"确立了货币是造成实际产出变动的基本动因这一观点，并将其发展成货币商业周期；而随后的真实商业周期（RBC）彻底拒绝了货币甚至在经济波动中的作用——货币经济学和宏观经济学分开似乎又具有了自然合理的趋势。

20世纪90年代，货币经济学已经完全模型化。总体而言，货币经济学的建模工具可以分为三类：代理人（representative agent）模型、迭代（overlapping generations）模型（简称OLG模型）和人为拟定（ad hoc）模型。其中，迭代模型已经逐渐失宠，部分原因就在于它只强调了货币的储值功能（McCallum，1983）。

具体而言，在货币理论方面，其模型主要用来描述货币需求的经济行为，即如何把货币纳入一般均衡体系。这些模型主要有三类：货币效用（MIU）模型、预付现金（CIA）模型和交易成本（transaction costs）模型。而近年来货币理论研究的一个趋势是，货币需求这一传统性的课题正日渐淡出研究的视野，主因是当前西方国家中央银行普遍以短期利率作为政策操作目标，而不再强调货币供给。

在货币政策理论方面，其研究更加集中在货币政策目标、政策执行（工具选择和操作程序）、利率变量的作用以及利率规则上①。货币政策研究的模型基本属于人为拟定模型，其中，新凯恩斯主义的模型得到了日益广泛的应用——虽然模型的理论基础不是很强，但模型的结构能更好地接近最优化行为。

对于现代货币理论和货币政策理论的发展，B. 弗里德曼和哈恩说过，“货币经济学所表现的，是先验的理论推理（模型）与不断发展的经验证明（证据）之间的相互依存关系，虽然此两者间的共生性有时未必那么充分”②。事实上，正如王传伦 2002 所指出的那样，“西方当前的货币经济学也就是在这样的基础③上建立起其理论体系的……这可能与他们对货币本质的认识有关，与对货币功能的认识有关……我们在进行货币经济理论的探讨时，应更加重视货币经济与实体经济的关系和相互影响，应更加重视货币对人类基本经济活动即生产活动的作用，不应把货币仅仅看成交易的工具”④。

① 值得一提的是，在货币政策传导机制方面，相对于传统的货币机制观（money view）（其中的利率机制观最流行），随着新凯恩斯主义的确立与发展，信贷机制观（credit view）正越来越引起人们的重视。

② 参见弗里德曼 B 等（2002a）的《英文版序言》。

③ 这里的“基础”指的是“货币仅仅是交易和计价的一个工具”，参见弗里德曼 B 等（2002a）^{5}。

④ 参见弗里德曼 B 等（2002a）《译者序》。

三 中国经济的成功转型与经济学研究

1979 年以来，中国坚持渐进式改革，成功实现了经济由计划向市场、由传统向现代的转型（厉以宁，1995）。“中国奇迹”（林毅夫等，1994）以及在货币经济学上出现的两个现象——高“货币化”（Yi Gang，1991；易纲，1996）与“迷失的资金”（李扬，1998），成为国内外经济学家们热衷的“中国之谜”（麦金农，1997；易纲，1995）①。中国经济的成功转型和崛起，既对现代经济学提出了挑战——以成熟经济和规范市场中的经济问题为研究对象，同时也为它的发展提供了新鲜的素材。例如，方兴未艾的转轨经济学②就把政府行为及其对经济的影响作为其研究的一个核心内容（钱颖一，2003）；而杨小凯（1997a）认为，新兴古典经济学有可能迅速取代新古典经济学成为主流经济学③，前者是“一种可用来分析中国经济的新理论”④。

伴随着中国经济的转型，中国的经济学研究也在不断地“本土化、规范化、国际化”（林毅夫，1995、2005）。正如学者们的普遍共识，对于中国的经济现象，如果没有亲身感受和深入了解，任何经济模型（无论是语言模型还是数学模型）都难以准确刻画其本质。唯有借鉴现代经济学的先进理论和丰富经验，并把握中国的国情、历史与现状，才能真正理解中国的问题。

---

① 易纲在《中国经济转轨对现代经济学提出的问题》中总结了“中国经济增长之谜”、“中国经济规模之谜”、“改革道路之争”、“中国农村改革与人口密度”、“中国乡镇企业之谜”等五个现象。

② 参见罗兰（2002）。

③ 杨小凯原文为“分工和专业化的文献正在成形，我预期新兴古典经济学在今后20 年会取代新古典经济学成为经济学的主流”，参见杨小凯（1997a）[83]。但该文后面加注“［原刊载于茅于轼与汤敏编辑的《当代经济学前沿》（第三集）］”，笔者没有查到该名字的书，疑为《现代经济学前沿专题》（第三集）（汤敏、茅于轼主编，商务印书馆），但后书出版于 1999 年。由于难以验证，决定遵从杨小凯所著《当代经济学与中国经济》的 1997 年。

④ 参见杨小凯（1997a）[164]。

现代经济学具有成熟的研究规范，其主流方法论来源于“盎格鲁—美利坚”思想传统中的实用主义哲学（Pragmatism）（汪丁丁，1999）①。目前的主流方法论有两个流派：以西蒙（H. Simon）和布劳格（M. Blaug）为代表的波普（K. Popper）“否定主义”方法论和以弗里德曼（M. Friedman）为首的芝加哥学派“工具主义”方法论②。在工具主义方法论上，弗里德曼（Friedman M，1953）以“假设不相关命题”（irrelevance-of-assumptions thesis）而闻名；但是，“现代经济学现行的科学哲学事实上或许是以‘无关痛痒的证伪主义’为特征的”（布劳格，1990）[257]。实际上，现代经济学采取“假设—演绎”的实证研究方法，而基本上不采取归纳的实证研究方法，也基本上不作规范分析。在具体的技术方法上，现代经济学越来越使用动态均衡、最优化、随机过程等数学分析，计量分析技术成为研究的必要手段。此外，在货币经济学的研究上，除了前文提到的在分析原则上真实分析与货币分析的分歧之外，还有后文将述及的分析范式上存量分析与流量分析的差异。

目前，由于历史渊源和学科划分的原因，中国对货币经济学的研究归属于金融研究的范畴。“中国的金融研究与国际上发达国家的金融研究是有差别的，这种差别有人理解为‘差距’。我认为主要不是‘差距’，而只是一种方法上的不同而已……有人认为中国的经济研究

① 汪丁丁在布劳格等著《经济学方法论的新趋势》的《丛书序言：走向资本主义时代的经济学方法论》中提出——“直面现象的经济学方法论”是对未来世纪的发展至关重要的新的方法论。参见布劳格等（2000）[11]。

② “否定主义”的英文为“falsificationism”，国内多译为证伪主义，所以下文采取后者。证伪主义，可以用一句话概括——“没有证实逻辑，但是有反驳的逻辑”；也可以更通俗地解释——“不管你看到的白天鹅有多少都不能从中推断说所有的天鹅都是白的，但是只要看到有一只天鹅是黑的就足以拒绝所有天鹅都是白的这个结论”。波普强调证实和证伪之间存在不对称——“从严格的逻辑观点来说，我们永远也不能因为某个假说和事实相符而断言说它是真的；从事实的真实性到假说的真实性的推理就暗藏着我们犯了‘肯定结果’的逻辑错误”（布劳格，1990）。所以，现代经济学认为，理论不能被证实，只能不被证伪。“工具主义”的英文为“instrumentalism”。

不是学术，这或许是对的，但是多年来中国的经济研究是符合中国需要的，因此也是合理的，而且是必要的”（唐旭，2003）。以前面提到的“货币化”和“迷失的资金”现象为例，一个是改革中的经济持续增长伴随的高广义货币—收入比，另一个则是开放条件下的国内储蓄高度过剩—外资不断涌入，由它们所引起的对货币供求、通货膨胀、内外均衡、资金流动以及货币政策等一系列相关的货币经济学专题研究活动，持续至今。而那些置身局外的西方学者们，由于缺乏对中国经济的深刻体察，自然很难理清它们的内在逻辑；至于他们的“药方”的有效性，对于自鸦片战争以来做了150多年富强梦的中国来说，“新古典经济学在中国转型实验中的作用有限”（陈平，2006）。

本章附表

附表1 M2、实际GDP、CPI增长率与货币迷失率

单位：%

年份	M2增长率	实际GDP增长率一	CPI增长率	货币迷失率一	GDP缩减指数	实际GDP增长率二	货币迷失率二
1978			0.7		28.0		
1979	25.80	9.26	2.0	14.54	28.6	9.26	14.54
1980	26.39	7.97	6.0	12.42	29.6	7.81	12.58
1981	21.25	5.09	2.4	13.76	30.3	5.17	13.68
1982	15.90	6.18	1.9	7.82	30.2	9.26	4.74
1983	18.74	12.50	1.5	4.74	30.4	11.18	6.06
1984	34.84	18.23	2.8	13.81	31.9	15.25	16.79
1985	25.39	15.40	9.3	0.69	35.3	13.23	2.86
1986	29.28	7.27	6.5	15.51	37.0	8.53	14.25
1987	24.23	12.55	7.3	4.38	39.0	11.53	5.40
1988	20.96	11.25	18.8	-9.09	43.7	11.32	-9.16
1989	10.85	5.13	18.0	-4.81	47.4	4.14	-3.82
1990	36.61	2.93	3.1	21.96	50.0	4.09	20.80
1991	27.11	9.60	3.4	13.52	53.5	9.10	14.02

续附表 1

年份	M2增长率	实际 GDP 增长率一	CPI 增长率	货币迷失率一	GDP 缩减指数	实际 GDP 增长率二	货币迷失率二
1992	30.67	16.00	6.4	8.88	57.9	14.05	10.83
1993	35.97	11.29	14.7	11.32	66.9	13.68	8.93
1994	34.44	13.52	24.1	-3.09	80.7	13.11	-2.68
1995	29.47	9.72	17.1	2.65	93.1	9.34	3.03
1996	25.80	10.03	8.3	6.17	98.9	10.18	6.02
1997	19.82	9.92	2.8	7.10	100.6	9.05	7.97
1998	14.72	9.23	-0.8	6.29	99.7	7.88	7.64
1999	16.30	8.82	-1.4	8.88	98.4	7.59	10.11
2000	14.00	10.97	0.4	2.63	100.0	8.91	4.69
2001	14.07	7.37	0.7	6.00	102.3	8.06	5.31
2002	17.78	9.20	-0.8	9.38	102.5	9.54	9.04
2003	19.00	10.25	1.2	7.55	104.5	10.65	7.15
2004	15.30	-1.75	3.9	13.15	111.4	10.41	0.99
2005	17.57	12.49	1.8	3.28	115.0	10.96	4.81
平均	23.50	9.64	5.79	7.39		9.75	7.28

注：GDP 缩减指数根据国家统计局公布的可比价格 GDP 定基比指数与同比指数计算得到。

附表 2 M2、实际 GDP 与货币化率

年份	M2（十亿元）	实际 GDP（1）（十亿元）	实际 GDP（2）（十亿元）	货币化率（1）（%）	货币化率（2）（%）
1978	11.59	120.18	130.17	9.64	8.90
1979	14.58	131.32	142.23	11.10	10.25
1980	18.43	141.79	153.33	13.00	12.02
1981	22.35	149.01	161.27	15.00	13.86
1982	25.90	158.21	176.20	16.37	14.70
1983	30.75	177.98	195.90	17.28	15.70
1984	41.46	210.43	225.77	19.70	18.37
1985	51.99	242.84	255.65	21.41	20.34
1986	67.21	260.49	277.46	25.80	24.22
1987	83.50	293.18	309.44	28.48	26.98
1988	101.00	326.16	344.47	30.97	29.32
1989	119.50	342.90	358.75	34.85	33.31

续附表 2

年份	M2 （十亿元）	实际 GDP（1） （十亿元）	实际 GDP（2） （十亿元）	货币化率（1） （%）	货币化率（2） （%）
1990	152.94	352.94	373.42	43.33	40.96
1991	193.50	386.82	407.39	50.02	47.50
1992	254.02	448.70	464.63	56.61	54.67
1993	348.80	499.36	528.21	69.85	66.03
1994	469.24	566.87	597.48	82.78	78.54
1995	607.51	621.94	653.26	97.68	93.00
1996	756.32	684.32	719.75	110.52	105.08
1997	906.25	752.23	784.91	120.48	115.46
1998	1039.62	821.63	846.78	126.53	122.77
1999	1209.05	894.09	911.02	135.23	132.71
2000	1378.36	992.15	992.18	138.93	138.92
2001	1572.35	1065.24	1072.15	147.61	146.65
2002	1851.95	1163.30	1174.46	159.20	157.69
2003	2203.80	1282.51	1299.51	171.83	169.59
2004	2541.07	1260.09	1434.73	201.66	177.11
2005	2987.56	1417.47	1592.03	210.77	187.66
平均	—	—	—	77.38	73.65

注：实际 GDP（1）、实际 GDP（2）分别根据 IFS 的 GDP 缩减指数和测算的 GDP 缩减指数计算得到。

本章附图

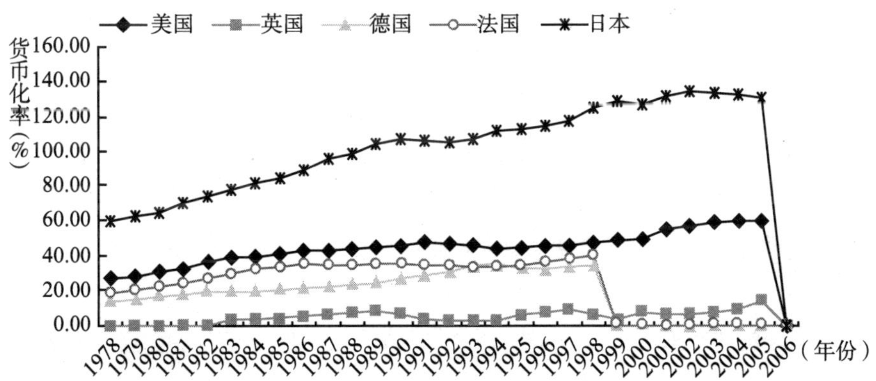

附图 1 美国、英国、德国、法国、日本货币化率比较

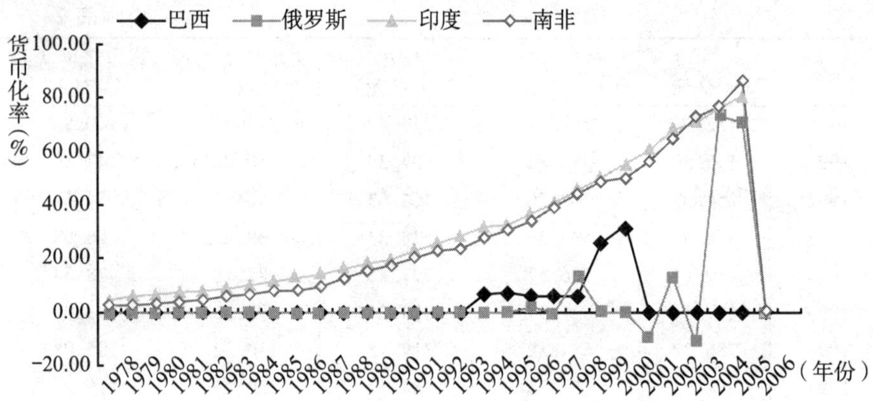

附图 2　巴西、俄罗斯、印度、南非货币化率比较

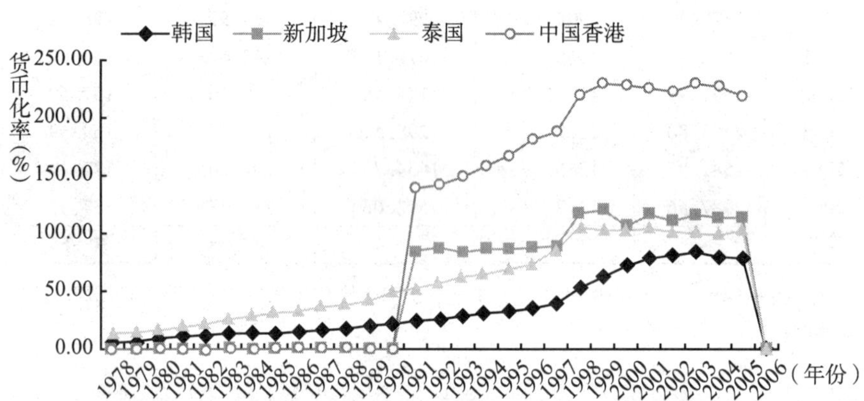

附图 3　韩国、新加坡、泰国、中国香港货币化率比较

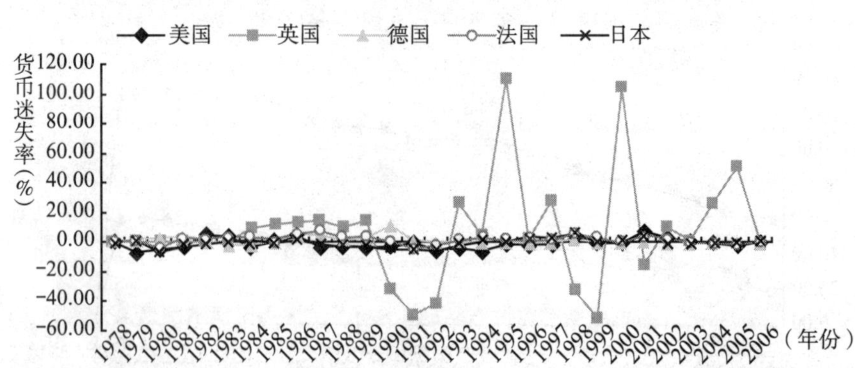

附图 4　美国、英国、德国、法国、日本货币迷失率比较

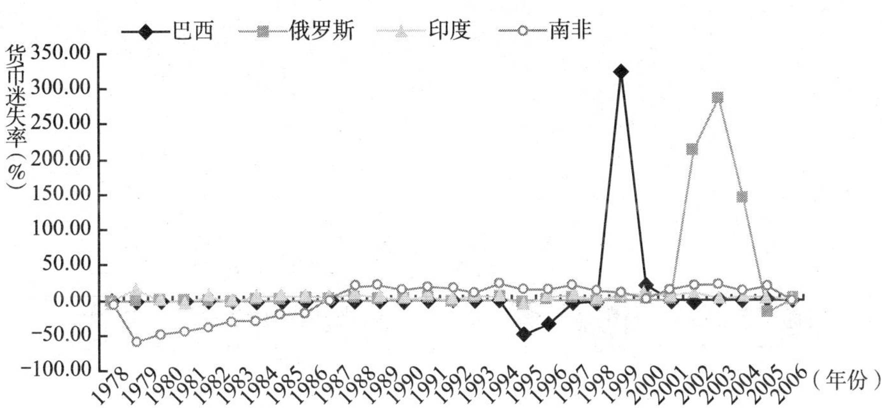

附图5 巴西、俄罗斯、印度、南非货币迷失率比较

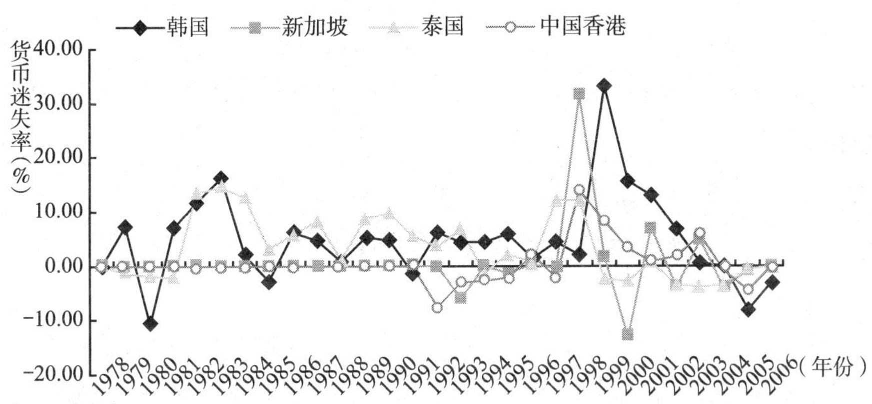

附图6 韩国、新加坡、泰国、中国香港货币迷失率比较

第三章　现代货币经济学的主流范式

本章将简要回顾货币经济学的主要学说和思想，然后对主流范式的传统和基本结论进行概括，并在此基础上对货币经济学研究的核心范畴进行界定。

第一节　货币经济学的主要学说

在当前的货币经济学教科书中，我们通常会看到货币增长理论、货币需求理论、货币供给理论、利率理论、通货膨胀（以及通货紧缩）理论以及货币政策理论等专题。这些专题分解并详细阐述了“货币—经济”的关系，譬如货币对经济增长以及波动的作用、经济运行对货币的需要、怎样创造和控制货币、货币政策如何影响经济以及如何决策等等。历史上的各种货币学说正是围绕着这些主题不断发展起来的。本节介绍其中最主要的六个学派：近代货币数量论、凯恩斯和凯恩斯主义、货币主义、理性预期学派、凯恩斯主义的非均衡学派、新凯恩斯主义学派。

一　近代货币数量论

传统货币数量论包括了古典货币数量论和近代货币数量论，而近代数量论又包括交易说、收入说和现金余额说（弗里德曼 M，1992）①。

（一）交易说

最著名的货币数量论是费雪（Irving Fisher）在其1911年出版的《货币的购买力》一书中提出的交易说②，它可以表示为：

$$M \cdot V_{MT} = P_T \cdot T \qquad (3-1)$$

式（3-1）中，M代表流通货币量；V_{MT}代表货币流通速度；P_T代表社会商品的平均价格；T代表社会商品交易数额。

费雪认为“货币（通货）和存款的流通速度，取决于……人口密度、商业习惯、交通便捷程度以及其他技术条件，但与货币和存款的数量以及价格水平无关”，因此货币流通速度是稳定的（不是“不变的”）。这样，货币流通量（“飞着的货币”）仅仅同向、等比例地影响着物价。

（二）收入说

收入说的形成在时间上晚于交易说和现金余额说，其代表性的观点来自安吉尔（Angell，1936）。由于交易说中的中间交易在实践中无法度量，因此安吉尔选择用国民收入交易来表示货币数量论：

$$(Y =) MV = PNy = Py' \qquad (3-2)$$

这里，Y代表名义国民收入；M代表流通货币量；V代表货币流通速度——单位时间内货币被用以媒介商品的次数；P代表价格指数；N代表人口；y代表以不变价格计算的人均国民收入；y'代表以

① 根据汉达（2005）的观点，这三种变体是交易说、现金余额说和威克塞尔的“累积过程论”。

② M. 弗里德曼认为，费雪的交易说公式来源于西蒙·纽科姆（Newcomb，1885）。

不变价格计算的国民收入①。

从交易说到收入说，人们需要货币的原因已经悄然发生了转变——前者强调的是货币的转移支付，而后者突出的则是货币的财富贮藏。

（三）现金余额说

倡导现金余额说的著名学者包括庇古、马歇尔和早年的凯恩斯。其中，庇古（Pigou，1917）作为现金余额说最早的提出者②，其创造性贡献在于，他从个人保存财富的动机和行为出发，刻画了人们对货币余额的需求，进而又站在货币供求均衡的角度得出了著名的剑桥数量论：

$$\frac{M^d}{Y} = k(r) \tag{3-3}$$

$$M = (M^d =) k(r) Y = k(r) P y \tag{3-4}$$

这里，M^d 代表企业和个人持有的现金余额；Y 代表名义国民收入；r 代表投资内部收益率；M 代表货币供给量；P 代表价格指数；y 代表以不变价格计算的人均国民收入；$k(r)$ 代表货币流通速度——它是利率的函数，$k'(r) < 0$。庇古认为：“财力的生产性用途越没有吸引力、货币性用途越有吸引力，变量 k 就会越大。”由于剑桥学派通常把 k 视为一个常数（这样，货币流通速度也就成了一个常数），所以，货币余额（“坐着的货币”）主要对物价产生影响。

在现金余额说中，人们对货币的需求已经被认为是既来源于货币作为交易媒介的职能，也来源于货币作为价值储藏手段的职能。这一点后来被凯恩斯发展为货币需求的三种动机。

---

① 虽然逻辑上要求的是国民收入，但在计算货币流通速度时，经常会用国民生产总值取代国民收入（具体计算时又基本选择了 GDP）。M. 弗里德曼在 1992 年认为国民生产总值估计的误差更小一些。

② 有人认为，庇古的老师马歇尔最早在口头上提出了“现金余额说”。参见斯皮格尔（1999）[499]，也可见帅勇（2005）[118]。

二　凯恩斯和凯恩斯主义

（一）凯恩斯的思想

较早时，凯恩斯（1997）[6]就认为，货币（供给）是由“计算货币”而派生的：“货币契约还有一个特征是，国家或社会不但强制履行实现其交割，而且还会决定以合法或合乎习惯的方式清偿按计算货币订立的契约时必须交割什么东西。因此，国家首先是作为法律当局出现，强制支付符合契约所载的名义或表征的东西。”在《就业、利息和货币通论》中，他又进一步在持币三动机的基础上提出了他的货币需求函数：

$$M^{d} = M^{tr} + M^{sp} = kY + L(r) = kPy + L(r) \tag{3-5}$$

其中，M^{d}代表货币需求；M^{tr}代表交易性货币需求；M^{sp}代表投机性和谨慎性货币需求；k是一个常数且大于0；Y代表名义国民收入；$L(r)$代表投机性和谨慎性货币需求，是利率r的函数，$L'(r)<0$；P代表价格指数；y代表以不变价格计算的人均国民收入。凯恩斯认为这里的利率是由货币供求决定的，并最终影响到经济总量，其传导机制可以表示如下：

货币供给增加→超额货币供给→购买债券→债券价格上涨→利率下降→投资增加→总需求增加→产出、就业增加或价格上涨

当然，以上机制也可被视为货币政策的作用机制，利率是其中的关键环节。凯恩斯认为，货币政策很重要，但财政政策更为重要。因为财政政策不受利率的影响，其传导会更有效率。凯恩斯的学说由希克斯（Hicks，1937）和汉森（Hansen，1953）以IS－LM模型的形式做了进一步的解释，直观地表述了财政政策和货币政策的有效性，并成为凯恩斯主义的经典模型。

（二）凯恩斯主义的发展

对凯恩斯思想的继承和发展，统称为“后凯恩斯主义”（Post-Keynesianism），它包括新古典综合派（Neo-Classical Synthesis）和新

剑桥学派（Neo-Cambridge School）。

新古典综合派的主要人物有萨缪尔森（Samuelson）、托宾（Tobin）、索洛（Solow）、海勒（Heller）、杜生贝（Duesenberry）等。这一学派认为［例如，Tobin（1963）］，基于美国的实践，货币供给主要由商业银行与企业行为决定，中央银行无法控制。原因在于，首先，商业银行的存款派生和信用创造可以供给货币；其次，金融创新能变相创造部分货币；最后，各企业之间的“非自愿”商业信贷事实上成为银行信贷的替代融资形式。

新剑桥学派的主要人物有琼·罗宾逊（Joan Robinson）、卡尔多（N. Kaldor）、斯拉伐（P. Sraffa）、帕西内蒂（L. Pasinetti）、伊特韦尔（J. Eatwell）等。在货币理论方面，他们都对凯恩斯的外生货币思想进行了修正和发展，分别提出了内生货币论和形式外生货币论。

新剑桥学派认为，尽管从表面看来，货币是由中央银行通过资产运用渠道进行投放的，但实际上，中央银行并不能完全自主地决定货币供给量的大小。从英国的实际出发，他们认为［例如，Kaldor（1970）］，中央银行之所以对货币供给控制有限，是因为①商业银行面对高涨的货币需求会设法逃避中央银行的控制，因而主动增加信贷；②金融体系和私人部门也可以通过商业票据等形式变相“创造”货币；③货币供给存在方向上的不对称，即由于存在其他部门的阻力，中央银行在减少货币供给方面的能力远小于其扩大货币供给的能力。

20世纪80年代之后，后凯恩斯主义的货币内生理论又进一步发展为水平主义［Horizontalism，也称“适应主义”（Accommodationism）、结构主义（Structuralism）等］。

三　货币主义

货币主义曾经长期被称为芝加哥学派，除了其创始人米尔顿·弗里德曼之外，主要人物还有布伦纳（K. Brunner）、梅尔泽（A. H. Meltzer）、安德森（L. C. Anderson）、莱德勒（D. Laidler）等。

弗里德曼 M（2001）在他那篇著名的《货币数量论的重新表述》中，应用资产需求理论建立了一个新的货币需求理论——现代货币数量论。其货币需求函数可以表示如下：

$$M^d/P = f\left(r_b, r_e, \frac{1}{P}\frac{dP}{dt}; w; \frac{Y}{P}; u\right) \tag{3-6}$$

其中，r_b 和 r_e 代表债券和股票的名义收益率；$\frac{1}{P}\frac{dP}{dt}$代表通货膨胀率；w 代表非人力财富与人力财富之比；$\frac{Y}{P}$代表永久性收入；u 代表个人嗜好。

当货币供求均衡时，就可得到：

$$V = Y/(M/P) = Y/(M^d/P) = Y/f\left(r_b, r_e, \frac{1}{P}\frac{dP}{dt}; w; \frac{Y}{P}; u\right) \tag{3-7}$$

M. 弗里德曼认为，货币需求对利率并不敏感，其变化主要取决于收入，而永久性收入又相当稳定，因而货币需求是稳定的。这样，货币流通速度就是稳定的和可预测的。与此同时，货币供给也就成为名义收入的决定因素。

为了说明货币供给的短期和长期效应，在适应性预期（adaptive expectation）① 下，M. 弗里德曼引入了“自然失业率”的概念：“所谓‘自然失业率’是这样一种失业率，它可以根据瓦尔拉斯的全面均衡方程体系计算出来，只要给予这些方程以劳动市场和商品市场的现实的结构性特征，这些特征包括市场不完全性、需求和供给的随机变化、获得有关工作空位和可利用的劳动力的情报的费用、劳动力的流

① 卡甘（P. Cagan，2001）给出的定义是，预期的价格变化率是按照实际发生的价格变化率与当时预期的变化率之间的差额的一定比例，在每个时期重新修订的。适应性预期可以数学公式表达为：$P_t^* = P_{t-1}^* + \eta(P_{t-1} - P_{t-1}^*)$，其中，$\eta$ 称为适应性系数，其取值在 0～1 之间。

动费用，等等。”①

采用线性表达的菲利普斯曲线可以写为：

$$\pi(t) = \alpha(U^N - U(t)) \tag{3-8}$$

其中，$\alpha > 0$，U^N 可以理解为自然失业率。由于 20 世纪 70 年代的“滞胀”打破了以上关系，于是适应性预期的菲利普斯曲线开始出现：

$$\pi(t) = \alpha(U^N - U(t)) + \pi^e(t) \tag{3-9}$$

这样，在长期中，由于存在公众的适应性预期，只有当实际通货膨胀率与预期通货膨胀率相等时，失业率才处于自然失业率水平。而在短期内，由于货币供给量的变化所带来的价格水平上涨没有被企业和劳动者认识到，于是就导致就业扩大和产出增加。由于长期菲利普斯曲线是垂直的，所以货币扩张只能引起总体价格水平的上升。

至于货币政策的作用，M. 弗里德曼认为，由于纯粹的财政政策往往以非生产性的财政支出“挤出”生产性的私人投资，从而造成经济效率降低，所以扩张的财政政策最终还是要通过货币供给的扩张来实现。因此，“货币政策最为重要”。

四　理性预期学派

理性预期学派的主要代表人物有：卢卡斯（R. E. Lucas Jr）、巴罗（R. J. Barro）、华莱士（N. Wallace）、萨金特（T. Sargent）、泰勒（J. Taylor）、麦克勒姆（B. McCallum）和普里斯科特（E. Prescott）等。

作为 M. 弗里德曼的学生，卢卡斯在理性预期②下，将“自然失业率”发展成了“自然率”——“在既定的微观经济结构中，由于

① “自然失业率”的概念是由 M. 弗里德曼在 1967 年美国经济学会年会的会长演说中提出的，参见弗里德曼 M（1979）[120]。

② 穆思给出的定义是，预期可以根据所有的事实与信息，从而与对将来的最准确的预测保持一致。参见 Muth（1961）。

人们对通货膨胀已形成了理性预期并按此来进行决策和经济活动，因而形成了一种与理性预期相适应的总产出、总就业和失业水平，这就是‘自然产出水平’和‘自然就业水平’'”①。

以卢卡斯（Lucas，1972）命名的“卢卡斯供给曲线”（Lucas supply curve）的标准形式是：

$$y(t) = y^N + \beta(p(t) - p(t)^e) \quad (3-10)$$

其中，$\beta>0$，其他变量均为对数形式。$y(t)$为实际GDP；y^N为产出的“自然率”；$p(t)$为t时点的一般价格水平；$p(t)^e$为预期在t时将出现的价格水平。在t时点上，产出和劳动供给的决策已经由前期给定。将公式（3-10）进行滞后一期差分，可得：

$$y(t) - y(t-1) = y^N(t) - y^N(t-1) + \beta(p(t) - p(t)^e) - \beta(p(t-1) - p(t-1)^e) \quad (3-11)$$

令GDP的增长率为$g(t)$，通货膨胀率为$\pi(t)$，可得：

$$g(t) = g^N + \beta(\pi(t) - \pi(t)^e) \quad (3-12)$$

其中，g^N为“自然增长率”。式（3-12）是卢卡斯供给方程的动态形式，它说明实际增长率对“自然增长率”的偏离取决于实际通货膨胀率与预期通货膨胀率的偏差。

对货币政策的作用，理性预期学派得出了“货币政策无效”的结论：由于公众的理性预期，货币供给扩张带来的通货膨胀能被准确地预测。因此，即使在短期内，货币供给对产出的扩张冲击也不复存在，短期和长期菲利普斯曲线都是垂直的。货币政策无效的命题后来陆续被证实，但也不断被证伪②。

20世纪80年代之后，随着“滞胀”的消失，货币主义和供应学

---

① 转引自刘涤源（1995）[124]。

② “货币政策无效”被证实的有Sargent（1976）和Barro（1977）；发现被预期到的政策行为对总产出波动有影响的有Mishkin（1982）和Gordon（1982）。

派逐渐失去了最适宜的环境和土壤，理性预期被西方经济学界普遍接受。由于它们都坚持古典经济学和新古典经济学的基本理论主张，所以实践中就逐渐以理性预期学派为主体，互相融合形成了新古典宏观经济学派。

五 凯恩斯主义的非均衡学派

非均衡学派的主要代表人物有美国的克洛沃（R. W. Clower）、莱荣霍夫德（A. Leijonhufvud）、格罗斯曼（S. J. Grossman），法国的贝纳西（J. P. Benassy）、马林沃德（E. Malinvaud）、格兰蒙特（J. M. Grandmont），比利时的德雷兹（J. H. Dreze）、波兹（R. Portes）和匈牙利的科尔内（J. Kornai）。一般认为，尽管帕廷金（D. Patinkin）坚持一般均衡思想，但是，他在《货币、利息与价格》（帕廷金，1996）中的分析具有"动态非均衡"的性质，通常被认为是非均衡分析的来源。

非均衡学派认为，新古典综合派用 IS－LM 曲线将凯恩斯思想纳入一般均衡体系中，不但没有为之建立微观基础，反而更加背离了凯恩斯短期非均衡的理论精髓。因此，需要在非均衡关系中重建凯恩斯主义宏观理论和微观基础。他们认为，在瓦尔拉斯一般均衡中，由于存在掌握完全信息的独立拍卖人以及价格的瞬时调整机制，实现计划的（概念的）供给与需求相一致的市场出清并无问题。但是，在现实中，由于不完全信息以及不完全竞争的存在，各个市场的实际成交只能取决于有效的需求或供给中的某一方，因此实现的是一种非瓦尔拉斯的短边均衡（非市场出清）；而在达成短边均衡时，数量信号的调节过程比缺乏弹性的价格信号调节过程更快，其机制包括按比例的配给制和按时序的排队制；更进一步的，单个市场的非瓦尔拉斯均衡（如劳动市场）会通过溢出效应（spill-over effects）扩散到其他市场（例如商品市场），从而使经济中的就业、产出、价格等总量都将受到影响。

六 新凯恩斯主义学派

经过20世纪70年代西方经济“滞胀”的现实挑战，也为了应对新古典宏观经济学派自由主义思潮的理论挑战，在和凯恩斯主义的新古典综合派激烈争论之后，80年代形成了主张政府干预的新学派——新凯恩斯主义学派（简称新凯恩斯主义）。

不同于非均衡学派国际性的成员构成，新凯恩斯主义的主要人物均来自美国，包括曼昆（N. G. Mankiw）、萨默斯（R. Summers）、布兰查德（O. Blanchard）、罗泰姆伯格（J. Roteimberg）、费尔普斯（E. S. Phelps）、阿克洛夫（G. Akelof）、耶伦（J. Yellen）、斯蒂格利茨（J. Stiglitz）、格特勒（M. Gertler）、伯南克（B. Bernanke）、费希尔（S. Fischer）、罗默（D. Romer）以及米什金（F. Mishkin）等。

新凯恩斯主义也叫做“新凯恩斯主义经济学”或“新凯恩斯学派”，以区别于凯恩斯主义（包括非均衡学派和新古典综合派等）①。新凯恩斯主义同样坚持非市场出清②，但区别于凯恩斯主义的工资和价格刚性（rigid price）的假设，它认为存在名义工资和价格黏性（sticky price）。同时，新凯恩斯主义还引入了经济主体最大化原则（包括厂商利润最大化和消费者效用最大化）和理性预期假设，它们与名义工资和价格黏性假设一起成为新凯恩斯主义的三大假设，从而

---

① 新凯恩斯主义经济学的英文名称是“New Keynesian Economics”，新凯恩斯学派的英文名称是“New Keynesians”、“New Keynesian Economists”或“New Keynesian School”。需要注意的是，20世纪七八十年代的“Neo Keynesian Economists”不同于以上英文名称。它比较含混，既可以包括托宾、莫迪利安尼、索洛等，也可以包括琼·罗宾逊、卡尔多、帕西内蒂、斯拉伐等，还包括非均衡学派。国内有些学者曾误把“Neo-Keynesian Economists”等同于“新凯恩斯主义”。例如刘涤源（1995）第十七章第四节“新凯恩斯主义一例：一般非均衡理论”中存在“所谓美国托宾式的、英国剑桥式的以及以非均衡分析为特点的新凯恩斯主义”；又如蒋自强等（2001）第三章“新凯恩斯主义与非均衡学派”中就把克洛沃和莱荣霍夫德称为“‘新凯恩斯主义’（或‘新凯恩斯学派’）”。

② 对于非市场出清，非均衡学派采用了数量信号调节机制解释，新古典综合派采用了IS－LM模型和存在通货膨胀与失业替代关系的非利普斯曲线来解释。

为新凯恩斯主义奠定了微观基础。

新凯恩斯主义的理论观点比较丰富，目前还处于动态发展中，主要包括价格黏性论、劳动市场论和信贷配给论，其具体结构概略梳理如表3－1所示①。

表3－1　新凯恩斯主义理论框架

价格黏性论	名义价格黏性论	菜单成本论 交错调整价格论	
	实际价格黏性论	厂商信誉论 需求非对称论 投入产出表理论 寡头市场—价格黏性论	
劳动市场论	名义工资黏性论	交错调整工资论	单期合同
	实际工资黏性论	长期劳动合同论	交错合同 指数化合同 公开信息隐含合同论
		隐含合同论	非对称信息隐含合同论 纯局内人的工资调整
		失业滞后论 （局内—局外人模型）	有局外人压力的工资调整 失业持久性—工资调整 效率工资—劳动市场
		效率工资论	效率工资微观基础* 效率工资—经济周期
信贷配给论	利率选择效应—信贷配给 贷款抵押选择效应—信贷配给		

注：*效率工资微观基础包括四个模型：怠工模型、劳动转换模型、逆向选择模型和社会模型。

① 这里引用和简化了王志伟（2002）第五章“新凯恩斯主义学派”的内容。

除了价格政策和就业政策，新凯恩斯主义主张的经济政策主要是货币政策和信贷政策。货币政策能够稳定产出和就业，并提高资源利用率；信贷政策中的配给机制，则可以使政府通过提供贷款补贴或贷款担保来降低市场利率，使具有社会效益的项目也可以得到贷款。

2002 年，由斯蒂格利茨和格林沃尔德（B. Greenwald）合著的《通往货币经济学的新范式》出版，这标志着新凯恩斯主义有可能将“在传统意义上属于微观经济学的银行行为与在传统上属于宏观经济学的货币理论与货币政策真正通过金融市场结合在一起”（易纲，2005），从而开创货币经济学的新局面。

第二节　主流范式与基本结论

本节将介绍货币经济学的主流理论范式，即瓦尔拉斯—希克斯—帕廷金传统，并把现代货币经济学的基本结论归纳为对货币的界定、宏观结论与微观基础，最后简单说明货币经济学的分析范式即货币存量分析与货币流量分析。

一　主流理论范式

瓦尔拉斯—希克斯—帕廷金范式是货币经济学的主流理论范式，它是在试图真正统一相对价格决定与绝对价格决定的努力中，经由瓦尔拉斯、希克斯、帕廷金的努力逐渐形成的，在对它存在质疑与批评的同时，对它的完善和发展也在继续。

（一）两分法

“两分法”（dichotomy）是货币经济学乃至经济学的一个惯常说法。一般认为，从古典数量论产生以来，基于货币之于经济作用的两种不同的观点，经济学产生了货币理论和价值理论的分野，由此形成了划分经济学的传统方法——两分法。

不过，本书在此采用莫迪利亚尼（Modigliani，1944）的界定，他总结了当时经济学家对于价格确定的看法——定价过程中存在一种两分现象，即均衡的相对价格决定于经济的“实体部门”（real sector），由商品的超额需求方程式来表示；而均衡的绝对价格水平决定于“货币部门”（monetary sector），由货币的超额需求方程式来表示①。

根据两分法，可以很自然地得出结论，货币在经济中的作用是中性的②。但是，经济学家们面临的挑战是如何真正统一价值理论和货币理论。

（二）瓦尔拉斯—希克斯—帕廷金范式

瓦尔拉斯试图将货币纳入价值理论，他的尝试尽管不成功，但经过从希克斯到帕廷金的努力，瓦尔拉斯—希克斯—帕廷金范式最终被建立起来。

1. 瓦尔拉斯的尝试

瓦尔拉斯（1900）系统地提出了一般均衡理论，而且试图把货币纳入其中。瓦尔拉斯定律认为，整个市场（例如 n 个市场）中商品的超额需求与超额供给的总额等于零。换言之，在一组特定的相对价格下，某些市场的超额需求一定对应着另一些市场的超额供给，而且超额需求的总和等于超额供给的总和。如果把货币市场作为第 $n+1$ 个市场引入该体系中，将出现：

$$P_{n+1}X_{n+1}^{XS} = \sum_{i=1}^{n} P_i X_i^{XD} \tag{3-13}$$

其中，P_{n+1} 为货币的价格；X_{n+1}^{XS} 为货币的超额供给；P_i 为第 i 商品的价格；X_i^{XD} 为第 i 商品的超额需求。

由式（3-13）可知，没有货币的情况下，绝对价格水平为 P_i 的加权平均，再加上 n 种商品的超额需求，一共有 $n+1$ 个方程，但是只有 n 个独立方程，所以只能决定 n 种商品的相对价格而不能决定绝

① 对此，帕廷金（1996）是坚决反对的，因为他所进行的工作就是统一货币理论与价值理论。

② “货币中性”与“货币超中性”的概念后文将有说明。

对价格水平。

因为负的超额供给就是超额需求，令货币价格 P_{n+1} 等于 1（固定货币价格，才能表现商品价值），式（3-13）可以进一步写为：

$$P_{n+1}X_{n+1}^{XD} = X_{n+1}^{XD} = -\sum_{i=1}^{n} P_i X_i^{XD} = \sum_{i}^{n} P_i X_i^{XS} \tag{3-14}$$

也即，货币的超额需求函数可以写为：

$$M^{XD} = -\sum_{i=1}^{n} P_i X_i^{XD} \tag{3-15}$$

而根据货币数量论的“现金余额说”，由式（3-15）左右两端减去货币供给量，可以得到货币的超额需求方程式为：

$$M^{XD} = kPy - M^s \tag{3-16}$$

这样，把相对价格和绝对价格结合在一个模型中，即把价值理论（瓦尔拉斯定律）和货币理论（货币数量论）结合起来时产生了两个货币超额需求函数——方程（3-15）和方程（3-16），但这两者的性质截然不同。在方程（3-15）中，货币的超额需求函数是绝对价格水平的一次齐次函数，即货币超额需求与绝对价格水平同比例变动；在方程（3-16）中，货币超额需求函数是绝对价格水平的非齐次函数，绝对价格的变动将引起 M^{XD} 的变动，但并不是同比例的变动，因为它只影响货币需求 kPy，而并不影响货币供给 M^s。

由此可见，无论是瓦尔拉斯一般均衡模型还是货币数量论模型，都无法同时解释相对价格和绝对价格的决定，也无法同时给出两者对需求的影响——统一的经济被人为地分割成两个互不联系的方面。因此，两个模型都不被认为是真正的货币经济模型，它们远离了现实的货币经济。

2. 希克斯与“共存性”难题

希克斯（1935）继续了瓦尔拉斯的分析逻辑。希克斯认为，由于

“边际效用分析不是别的，它只是一种一般的选择理论”，而且，人们的确在对其持有的货币量进行选择，所以，可以将货币理论纳入价值理论之中。

希克斯建立货币需求理论的主要困难在于，“当利息率为正值时为什么人们持有货币”，即所谓“货币和生息资产的共存性”难题。希克斯提出了解决“共存性”难题的一个思路，即持有货币（甚至在它不提供利息时）有助于克服某些“摩擦”，例如交易成本、风险等。恰当的货币理论可以仔细分析这些摩擦，并推导出货币需求。由此，希克斯（Hicks，1937）建立了 IS－LM 分析框架，在边际效用分析的基础上，将货币供求纳入到瓦尔拉斯体系中，同时也奠定了主流货币经济学分析范式（存量分析）的基础。

尽管由希克斯建立的 IS－LM 分析框架一直是货币分析的基本工具、教科书不可或缺的内容。但他的努力并没有得到经济学家的普遍承认——“庇古效应”① 对 IS－LM 曲线的独立性提出了质疑，更使随后的新古典综合派放弃了弹性工资和价格的前提；而 IS－LM 分析框架更大的缺陷则在于存量分析与流量分析的混杂，甚至希克斯自己也认识到了这一点：“由于，两条曲线中，一条是关于流量的，一条却是关于存量的，因此，这两条曲线不应该画在同一个图像里。它们所涉及的时间根本就不相同，将两者置于同一图上是非常不合理的。”②

3. 帕廷金与实际余额效应

帕廷金（1996）修改了希克斯的交易模式，重新界定了货币的效用，以“持有货币的效用”代替了“花费货币所获得的效用”。他假定人们的收支并不同步，因而货币的效用不在于为进行中的交易提供支付服务，而在于它随时可以提供这种服务。帕廷金（1996）[30]认为：“我们用‘实际余额’表示期初货币持有额的实际价值，即这些货币

① 即实际财富与消费之间存在一种直接关系，当按实际价值计算的财富增加时，消费支出也会增加。

② 转引自曾刚（2006）[27]。

持有额所表现的对商品的购买力。这样，我们可以得出下述关系：个人对任何特定商品的超额需求函数取决于所有商品的相对价格、他的实际收入和他的实际余额。”通过引进“实际余额效应”（real balance effect）①，两分法的矛盾就能够被消除。帕廷金得到的结论是，从长期来看，正是由于“实际余额效应”② 的存在，名义货币供给的变动才会只引起物价同比例的变动，而不对消费、投资、利率、收入等实际经济变量产生实质影响。

---

① 帕廷金（1996）[31~32]认为，“若个人期初余额出于某种原因高于必需的水平，他就会通过增加对各种商品的需求量、增加计划支出、减少货币余额来纠正这种状况。另一方面，若期初余额低于他认为是必需的水平，他就会通过减少对商品的需求量、降低计划支出、增加货币余额来纠正这种状况……上述是关于实际货币量变动对于商品需求的效应的传统解释，我们将它称为‘实际余额效应’”。

② 帕廷金的“实际余额效应”就是“庇古效应”——“‘实际余额效应’相当于我原来在‘价格灵活性与充分就业’［美国经济评论，第 38 卷（1948 年），第 556 页］中所说的‘庇古效应’，它显然是一种不怎么好的术语”。参见帕廷金（1996），第 32 页脚注①。实际余额效应（庇古效应）和凯恩斯效应都是财富效应（wealth effects）的一部分，可以简单地认为，前者强调的是商品市场上的财富效应，而凯恩斯效应强调的是证券市场上的财富效应。参见摩根（1984）[50]。“财富效应”最早由哈伯勒（Haberler，G.）1937 年在《繁荣与萧条》（*Prosperity and Depression*）一书中提出，意指价格下降时，财富实际价值增加，于是持有者会支出更多货币以维持以前的货币财富比例，从而经济中总需求提高，经济会自动趋向充分就业。财富效应的政策意义是紧缩通货可以解决失业。这里还需要简单解释一下“外部货币”（outside money）与“内部货币”（inside money）的问题。格利（J. G. Gurley）和肖（E. S. Shaw）在 1960 年认为，外部货币（相当于货币基础）是经济中的净财富，而内部货币（由银行体系借贷业务而创造的活期存款构成）不是净财富。佩塞克（B. P. Pesek）和萨文（T. R. Saving）则认为内部货币也是净财富（Pesek et al，1967）。帕廷金（Patinkin，1969、1972）反驳了佩塞克和萨文的观点，他认为，如果银行体系的进入不存在限制，则无论该体系是否为完全竞争结构，存款都不是净财富；如果存在进入限制，则银行的超额利润应包括在净财富中，以计量实际余额效应。实际上，帕廷金 1965 年在《货币、利息与价格》第二版时便增加了一个“货币中性”的前提假定——“不同时存在外部货币和内部货币”（参见第十二章第五、六节——“银行系统和金融中介机构”及“续”）。结合我国货币政策的实践，基于内部货币的货币发行认为是“经济发行”（如购买企业债券），它对于货币和经济稳定有利；但基于外部货币的“财政发行”则不一定。

帕廷金的理论贡献在于：商品的需求和超额需求不仅取决于相对价格和预算约束，还取决于绝对物价水平，因为后者的变动会带来货币实际价值的变动；这同时意味着齐次性假设和萨伊同一性不能成立。这样，帕廷金在逻辑上解决了希克斯“共存性”难题，完成了价值理论与货币理论在瓦尔拉斯框架之内的统一。主流的货币经济学范式，即所谓的“瓦尔拉斯—希克斯—帕廷金”范式至此正式形成。

（三）对主流理论范式的质疑与完善

1. 哈恩的质疑

哈恩对“瓦尔拉斯—希克斯—帕廷金”范式提出了批评。哈恩（Hahn，1965）指出，该范式有一个涉及其存在性的基本问题——货币经济模型是否存在均衡状态？进一步说，如何保证该经济体中的均衡是货币交易均衡而不是物物交换均衡？因为在物物交换中，货币价格为零。而价值为零的货币（纸币）为什么在与商品交换时会具有正价值？这就是著名的“哈恩难题”（Hahn's problem）。哈恩难题的提出，意味着货币理论还没有建立起它的微观基础。

而克洛沃（Clower，1967）对帕廷金预算约束的批评，则和“哈恩难题”一起，指出了瓦尔拉斯—希克斯—帕廷金传统所欠缺的货币交易职能的问题；同时也说明，货币经济学在货币的基本范畴上尚未建立起统一、明确的认识。

2. 托宾的完善

通过建立以资本账户分析为基础的资产选择一般均衡理论，托宾（Tobin，1969）进一步完善了上述理论范式。他认为，应该集中研究各经济单位、各经济部门乃至整个经济体系的资产负债项目，以此构建有代表性的资产选择模型，它能够说明各项资产的需求和供给、各项资产的价格和利率，是如何在相互联系的市场中取得资产供求的平衡的。他的分析框架如下：

$$f_i(\hat{r}, Y/W)W = A_i \qquad (i = 1,2,3,\cdots,n) \qquad (3-17)$$

其中，A_i 代表各种资产（货币也是其中一种）的净需求数量；$\hat{r}$

为各种资产的收益率向量；Y 为前一期的收入，可以看做一个外生变量；W 为资产（或财富）总额。资产总额的限制为：

$$\sum_{i=1}^{n} A_i \equiv W \tag{3-18}$$

各种资产占资产总额的比例满足：

$$\sum_{i=1}^{n} f_i \equiv 1 \tag{3-19}$$

根据式（3－18）和式（3－19），可以得到：

$$\sum_{i=1}^{n} f_i(\hat{r}, Y/W)\,W \equiv \sum_{i=1}^{n} A_i \equiv W \tag{3-20}$$

因此，式（3－17）所表述的方程组只包括了 $n-1$ 个独立的等式，只能决定 $n-1$ 个资产收益率。根据凯恩斯的看法，货币是收益率等于零的资产，因此，货币的名义收益率无须再用等式来加以确定。这样，正好可以确定剩下的 $n-1$ 种资产的收益率。

托宾的结论是，一切货币问题都可以通过上述这套资产市场联立方程的演算来解决。托宾用资产选择理论拓展了希克斯的一般均衡货币分析框架，将单一资产的模型拓展到了多种资产的情形，基本完成了主流货币经济学分析框架的构建工作。

二　现代货币经济学的基本结论

现代货币经济学的基本结论可以归纳为三个方面，即对“货币”的界定，对货币数量与产出、价格等总量关系的界定，以及对货币经济学微观基础的界定。

（一）对货币的界定

什么是货币？这是货币经济学发展中始终存在的基本问题。对此，经济学或货币经济学教科书进行了两种回答。第一种直接回答“什么是货币”，第二种则回答“货币包括什么”，这实际上就是货币定义的演绎法与经验法①。

演绎法是强调货币本质的富于哲理的方法。它首先区别出货币与其他事物显著的本质特征，然后再根据这种特征给出货币的定义。以目前所达成的共识，货币独有的，也是货币最显著的特征是交易媒介职能。此外，货币还具有价值贮藏和计价单位的职能。因此，最普遍的货币定义是“货币是发挥交易媒介（medium of exchange）、价值贮藏（store of value）和计价单位（unit of account）职能的商品”。这一对货币职能的认识也符合从物物交换经济到货币经济的历史与逻辑的统一。

经验法则从统计计量上寻找那些与名义收入关系最密切的金融资产并将其界定为货币，其典型代表就是货币主义学派的 M. 弗里德曼，他和施瓦茨的一系列研究对经验性货币界定进行了详细阐述。一般认为，工具主义的货币经验界定舍本逐末，从先验的结论出发，其逻辑是不严谨的。

需要说明的是，即使我们从演绎法得到了基本被接受的货币定义，并不意味着同时也得到了“货币是什么”的答案。“货币是什么”的问题涉及对货币本质规定性的认识，而它也是包括马克思在内的众多经济学家以及一些哲学家、历史学家和社会学家所共同关注过的更深层次的问题。

（二）宏观结论

在宏观层面上，货币经济学关注的是货币数量与产出、价格等总量的关系。从最近的实证统计结果来看，以麦肯德里斯和韦伯（McCandless et al，1995）的研究为典型代表，其结论是：长期中，通货膨胀和货币供给增长率的相关系数几乎等于1（根据不同的货币供给统计口径，该系数介于0.92和0.96之间），而无论是通货膨胀还是货币增长，与实际产出增长率都没有关系；短期内，产出和价格均受到货币供给的冲击，其波动程度和时滞长短各国有差异。这个实

① 参见迈耶等（1990）[216]。

证结果支持了货币经济学的宏观结论，即长期来看，货币之于经济产出而言是中性的，它只能表现为价格的变化。

如果仅此而已，货币经济学在宏观层面上似乎已失去了继续研究的必要性，但恰恰相反，货币经济学面临的挑战就是要解释这些变量相关关系背后的因果关系，以及不同货币政策制度的关系。实际上，正如主流学说的思想发展所显示的那样，经济学家对于货币对经济作用的探索和认识，始终沿着螺旋式的轨迹上升，并在与经验事实不断验证的对比中，越来越接近事物发展变化的真正规律。

（三）微观基础

尽管货币经济学似乎已经得出了被经验支持的宏观结论，但是依然缺乏一个坚实的微观基础。譬如“哈恩难题”的存在，就说明了主流理论范式并没有把货币真正融入一般均衡体系中。从 20 世纪 60 年代货币的交易媒介职能被再次重视以来，货币效用模型（Sidrauski，1967）、预付现金模型（Clower，1967）和交易成本模型（Jones，1976；Kiyotaki et al，1989、1993）被纷纷建立起来，试图回答为什么需要货币交易媒介，或者货币交易媒介的价值何在的问题。当这些努力都没有取得令人满意的答案时，新货币经济学（New Monetary Economics，简称 NME）与新凯恩斯主义出现了。

新货币经济学以布莱克（Black，1970）、法马（Fama，1980）和霍尔（Hall，1982）为代表，其实质是在现代化与自由竞争条件下，通过取消货币进入物物交换的一般均衡体系，但是，这样同时也就取消了货币经济学。

与新货币经济学不同，新凯恩斯主义的信贷配给论，尤其是斯蒂格利茨提出的货币经济学“新范式”，通过考察银行的最优化选择，用可贷资金的可得性替代了货币，建立了货币经济学的微观基础。而这一微观基础是否真正合理、坚实，后文将做出相应的分析。

三　货币经济学的分析范式

经济中的变量可以分为存量（stock）和流量（flow）。存量是只能在时点上衡量的变量，因此没有时间范围；而流量是只能在一定时期内作为速度来衡量的变量，它具有时间范围。这种划分对于经济理论是必要的，而对于货币的理论来说，则特别重要。

货币经济学按照分析方法的不同，可以分为存量分析与流量分析两种范式，这种差别从根源上来自对货币不同职能的重视。科恩（M. Kohn）在1989年认为，货币理论世代沿袭的传统主要是从其作为交换媒介的职能来理解货币的，“凯恩斯以前的几乎每一位货币理论家都信奉这种传统，其特点可以说是对货币的‘流量’分析，相比之下，凯恩斯及其追随者的则是‘存量’分析”①。

（一）货币存量分析

从凯恩斯开始，货币存量分析成为货币经济学的主流分析范式。哈里斯说过，“货币是一种资产，即是一种可以一直保存的东西……货币是作为存量来衡量，而不是作为流量来衡量的……关于货币的这种观点包含在研究货币理论的一种特殊方法之中，这种方法是资产选择方法。这是整个现代货币理论的基础”②。

（二）货币流量分析

货币流量分析的思想由来已久。对古典经济学家而言，货币是一种便利交易的媒介，犹如人体的血液，在经济系统中周而复始地循环流转，费雪的交易方程式就是对这种思想的概括。其后，罗伯特森（D. H. Robertson）通过“窖藏货币”（退出流通的货币）这一概念，把货币的价值贮藏职能也纳入了该分析框架，从而使货币流量分析得到了进一步的完善。

纵观历史，货币存量分析与流量分析的分歧长期存在，而它们各有优点。在利率的决定上，正如罗伯特森所证明的那样，他的可贷资金决定（流量分析）可以得到与流动性偏好决定（存量分析）大致相同的结论；在对金融资产定价时，目前经济学家运用得最主要的还

---

① 参见蒋硕杰（1999）的“序”，第1页。

② 参见哈里斯（1989）[15-16]。

是存量分析方法，因为使用流量分析将会非常复杂，特别是当存在通货膨胀时。而且，坚持货币存量分析的主流经济学家也指出了流量分析的一个缺陷①。尽管如此，从理论角度而言，货币流量分析相比存量分析要更真实和更完善一些②。

第三节　货币经济学的核心范畴

在前文对货币经济学主要学说思想、主流理论范式与分析范式进行简要回顾与总结之后，本节将界定货币的一些核心范畴——货币与经济的关系和其他更深层次的命题——这既是理论发展的逻辑延续，也是最新研究的发展方向。

一　货币与经济的关系

如前所述，从宏观层面上看，长期上，货币对于经济增长是中性的；而在短期上，它可以造成产出的波动。实际上，任何现实的经济体都是在波动中实现增长的，因此，货币与经济的关系，更主要地体现在它如何成为经济增长的影响因素和如何造成经济周期性波动。

（一）货币与经济增长

20 世纪 80 年代中期以来，伴随着内生增长理论的发展，经济学家开始尝试在经济增长分析中引入货币因素，这些努力包括建立货币效用模型、预付现金模型和交易成本模型，但此前托宾效应（Tobin，1965）的提出才是真正的发端。

1. 托宾效应

托宾效应是通货膨胀非中性问题的一个经典版本。新古典增长理论不考虑货币因素，它认为真实利率是由实际变量唯一决定的。当托宾将货币作为资产选择的一种方式直接引入模型时，他发现，如果假

---

① 参见本书第三章第二节有关内容。

② 参见蒋硕杰（1999）中希克斯、莱德勒、斯托克曼等人的文章。

定储蓄与实际可支配资产保持在固定比例，则稳态时实际货币余额的减少就会导致一个更高的资本水平，进而促进经济的增长。

内生增长理论扩展了资本的内涵，将资本视为物质资本与人力资本的综合，因此，De Gregorio（1993）定义了一个内生增长意义上的托宾效应——通货膨胀率和经济增长率之间的正相关关系：如果通货膨胀率的升幅小于货币增长率升幅，则为托宾效应；如果货币增长率的提高导致了通货膨胀率更大幅度的上升，则为逆托宾效应。

而 Gillman et al（2003）将金融部门引入他们所构建的模型，得出了通货膨胀将通过生产要素价格对资本密集度和产出增长率产生负效应的结论。不过，他们同时承认，通货膨胀对加总的资本—有效劳动比率的影响是不确定的，托宾的资产组合效应在一定程度上缓解了通货膨胀的要素再分配效应对经济增长的不利影响。

2. 货币效用模型

托宾模型事先假定了定义良好的货币需求函数，因而经济中资本可以实现对货币的替代。这一点最初遭到了希德罗斯基（Sidrauski，1967）的批评。在希德罗斯基模型中，货币是超中性的，托宾效应被否定。但随后的研究并没有简单认同希德罗斯基的观点。当生产中货币可以替代资本时（Dornbusch et al，1973），或者在个人效用函数中货币可以替代闲暇时（Brock，1974），超中性都是不成立的。Fisher（1979）则进一步指出，只要经济主体的效用函数不是对数可分的形式，非中性就可能在过渡路径中出现。

对货币政策如何通过跨代再分配影响经济增长以及内生增长的实现路径，Mino et al（1995）进行了重新探讨。假设生产函数为标准的新古典凹函数和“AK”技术的结合，如 $Y=\psi K^{\beta}L^{1-\beta}+AK$ [其中 ψ、$A\geqslant 0$，$\beta\in(0,1)$]，把货币直接纳入行为人的效用函数，他们得出了两条增长路径：①如果货币增长率大于某一临界值 $\hat{u}$，稳态时经济将收敛到 AK 技术条件下的内生增长路径，货币政策的跨代再分配机制将使增长得以持续；②如果货币增长率处于 $[\mu,0]$（$\mu<0$）区间，经济将选择外生增长路径，即稳态时的增长率由外生给定的人口

增长决定；③当货币增长率处于［0，μ］（$\mu>0$）区间时，两种稳态增长都可能出现，但外生增长路径更为稳定。因此，他们一个引人注目的结论是，扩张性的货币政策有助于发展中国家走出“低增长陷阱”。

3. 预付现金模型

克洛沃（Clower，1967）觉察到了货币与非货币商品之间的不对称关系，随后斯托克曼（Stockman，1981）将离散时间引入货币与增长的关系中。在一般的新古典增长模型里，如果把货币看做一种生产要素，超中性就会被拒绝；但货币作用于产出增长的方向，通常依赖于生产函数关于货币的偏导数，当生产函数为凹函数时，增加货币供给一般会导致稳态产出的减少。

Cooley et al（1989）将预付现金模型进行了随机动态化，得出了逆托宾效应的结果——货币增长率的提高会导致通货膨胀率更大幅度的上升，而消费、资本和产出均会降低。吴仰儒和张俊喜（Wu et al，2000）不仅论证了既存的货币短期关系，更发现了通货膨胀福利成本远高于传统模型所描述的数值。这些结论同样适用于货币效用模型。

4. 交易成本模型

交易成本模型主要有三类：购物时间模型（Saving，1971）、现金式交易成本模型（Brock，1974）和搜寻理论（Kiyotaki et al，1993）。

交易成本模型建立在货币交易媒介职能上。从前文可知，通过对货币交易职能的强调，货币确立了其在经济中存在的理由，所以，交易成本模型代表了货币经济学的一个前进方向。但是，交易成本模型存在一个难题——如何选择适当的交易服务生产函数的形式。Dornbusch et al（1973）对比货币效用模型和现金式交易成本模型后，发现货币增长对真实变量的影响模糊不清。王平和叶创基（Wang et al，1992）对比了货币效用模型、预付现金模型和交易成本模型（基于购物时间模型），得出了相同的定性结论。张俊喜（Zhang，2000）则通过采用一次齐次的交易服务生产函数形式，考虑四类货币降低成本，从而涵盖了现金交易成本模型，完成了三类模型的最终统一。

托宾效应提出以后，将货币引入一般均衡的货币效用模型、预付现金模型和交易成本模型各有优点，而且它们被证明相互间具有替代关系。这三种模型在长期上都较好地解释了实证中货币中性及超中性的结果。但是，它们的短期表现却不尽如人意，关键原因在于经济学家公认的黏性工资和价格调整对货币冲击和货币政策效应起着至关重要的作用（张俊喜，2001）。

（二）货币与经济周期

1992 年，P. Bridel 专门总结认为，在凯恩斯的《就业、利息和货币通论》之前，如何解决在资本主义经济中总量反复地经历趋势性波动的问题，一直被经济学家们看成是对该专业的主要挑战（Bridel，2000）。更早的李嘉图、桑顿（Thornton）等均认为在经济周期（当时也称"贸易周期"，即"trade cycle"）中，货币和信贷是外生的，并起着重要而且独立的作用。"一战"后，经济学家把边际主义与货币理论相结合，开始认真考虑"将周期性现象纳入到经济均衡理论体系中来"的可能性（Hayek，1933），"他们特别感兴趣的是作为经济周期基本特征的信贷周期，即交替的信贷膨胀和信贷收缩"。

1. 信贷周期

威克塞尔的"累积过程论"阐明，在短期内，市场利率围绕自然利率波动，而自然利率在长期中是由资本存量的供给和需求决定的，它可以保证计划投资与充分就业储蓄之间的平衡。

霍特里（Hawtrey，1913）则坚持认为经济周期是一个纯粹的货币现象，他特别强调了在信贷周期中商人们所持存货的作用。虽然，他并没有完全否认信贷涨缩对投资的影响，但是，他认为，与存货可得性对批发商储蓄的直接影响相比，信贷波动并不重要。

凯恩斯的《货币论》（凯恩斯，1997）也认为，信贷周期的原因具有非货币性质，它是由投资率相对于储蓄率的波动引起的。他认为，英格兰银行利率对投资的影响并不限于"一种特殊形式的投资，即商人们对流动性商品（即存货）的投资”；同时，短期内货币或信贷量与价格水平不再有直接的联系——货币和信贷的变化并不能促成强制的、难以为继的储蓄过程。

罗伯特森和哈耶克尖锐地批评了凯恩斯的分析，他们认为，凯恩斯缺乏适当的序贯稳定性分析（即动态的、流量的分析），而且缺乏与资本理论的明确结合。

罗伯特森（1931、1933）对周期中实际量与货币量的相互依存进行了深入的序贯分析。他认为，周期是由过度投资造成的，过度投资的倾向是分散经济的典型特征，这种倾向是由于周期开始时投资数量的交互作用所导致的。

哈耶克（Hayek，1933）则认为周期是由于生产结构转变造成的，他将自然利率与市场利率的差异与强制储蓄中的波动联系起来，并将其看做波动的原因。哈耶克的“追加信贷”理论认为，这两种利率的差异是由新创造出的货币引起的。由“延伸的市场利率”所造成的借贷资本的增加，使得投资超过了自愿储蓄——一种累积的膨胀结果。

2. 经济周期①

卢卡斯（Lucas，1977）指出，经济周期指的是本质上特征相似的趋势的重复性波动。他开创了（货币）经济周期研究的新时代——引入了理性预期，但是，目前占主导地位的是实际经济周期理论。

卢卡斯（Lucas，1977）认为，竞争性经济波动是基于货币幻觉的，即建立在对（实际的与）货币的冲击缺乏充分信息的基础上。从

① “二战”后经济周期理论发展迅速，目前可以分为凯恩斯主义和非凯恩斯主义两类。前者包括新古典综合派的乘数—加速数模型与希克斯周期模型、新剑桥学派的卡尔多周期模型、新凯恩斯主义的不变与可变加成周期理论。非凯恩斯主义周期理论内容较多，影响较大的有消费不足论、投资过度论、货币信用过度论、创新周期论、心理周期论、太阳黑子论和政治周期论。最有影响的是新古典宏观经济学的货币周期模型和实际周期模型。参见武康平（2006）[75]。

总体上而言，一个纯粹名义的冲击将会带来实际的效应。正如夏佛林(S. Sheffin) 所指出的那样：从原则上说，由幻觉而引发经济周期是完全可能的，由这些持续机制［指库存积累、资本积聚、劳动力供给的时际替代、劳动力需求的变动成本（cost-of-change)］产生经济周期波动也是完全可能的（夏佛林，2000)。

由于理性预期学派持“货币政策无效”的观点，随后的研究就更多地与“货币政策无效”命题的验证交织在了一起，对此前文已有交代，这里不再赘述。

针对实际经济周期理论对货币因素的排除，20 世纪 80 年代后的凯恩斯主义倾向强调了货币冲击在衰退中的作用。但其中一个主要的问题是，由于大部分货币属于内部货币（产生于贷款创造），而贷款是在周期前就内生地与产出保持共同运动的，因而其同步性在计量上难以解决。于是，罗默等（Romer et al，1989）尝试用货币震荡(monetary episode) 的事前迹象（美联储的政策会议记录）去印证真正的货币“冲击”（monetary“shocks”)。尽管他们的观点得到了验证，但对于其论证的逻辑合理性却一直存在争论。

Bernanke et al（1989）建立了另外一种引入货币因素的周期模型。他们认为，经济增长率下降时，借款人抵押品价值也将降低（银行提高风险升水)，这增加了借款人融资成本和经济中的风险升水，因而加速了衰退的扩散。

正如前文所述，新凯恩斯主义正在通过为黏性工资与价格建立微观基础来解释货币的非中性——货币供给的增加会导致更高的实际余额和更低的实际利率。

目前，经济周期的研究已经不再关注冲击的来源，而是集中在经济中内在的协调问题（夏佛林，2000)。尽管大多数宏观经济学家可能都赞同麦克勒姆（McCallum，1986）的观点——经济波动是和经济增长有关的次级问题，但是 King et al（1986）以及 Dotsey et al(2000) 认为，把对经济波动的研究与对经济增长的研究分开是不适当的。

二 更深层次的命题

本书认为，从深层次看，目前货币经济学更关注的货币与经济增长（稳定的以及波动的）关系的命题，包含了三个基本范畴：货币中性与非中性、货币内生与外生、利率内生与外生。

（一）货币中性与非中性

“货币中性”作为对货币数量论基本命题的简述，其思想可以追溯到休谟1752年的经典论述——《货币论》、《利息论》和《贸易平衡论》。但是，它作为一个术语而出现，则被认为是由哈耶克（Hayek，1931）引入到英语中的。

哈里斯界定了三种货币“中性”。他认为，（一般均衡模型框架内的）货币中性是指，“如果在由名义货币供给变动所引起的最初均衡被破坏之后，新的均衡是在所有的实际变量的数值和货币供给变动之前相同时而达到，货币就是中性的。当模型不能满足这些条件时，货币就是非中性的”，“判断一个特定模型中货币是不是中性的最普通的标准是，确定名义货币供给的变化会不会引起均衡的相对价格和利率的变动，或者，在另一方面，仅仅是引起绝对价格水平的同比例变动”（哈里斯，1989）[54]，前者就是非中性的，因为相对价格或利率的变化包括了消费或投资方式的变化。这是比较静态的货币中性。随后，他指出，超级中性则涉及“经济的均衡增长路径”——即货币供给增长率的中性。至于第三种“中性”，他说道，“另一种思想集中在稳定政策的中性上：在一个按特定方式形成预期的世界上，不仅是货币供给的变动，而且还有任何一项稳定政策的变动是否可以影响实际变量的问题”（哈里斯，1989）[55]——即货币政策的中性。

如果只是简单地从“货币经济学”的词语上看，我们就可以认为货币是非中性的。但货币中性与否的意义，不仅在于它是一个前提、一个假说或者一种过程机制，更在于它为货币经济学的研究提供了一个参照系。“货币中性只是一种理论的抽象，是进一步研究的出发点，而不是现实生活中的货币中性。只有这样我们才能正确理解熊彼特曾

经说过一句看似矛盾的话：货币中性概念本身就内含这样的意思，实际上，货币并不一定是中性的。”（帅勇，2005）[248]

（二）货币内生与外生

货币内生与外生的经典界定来自德赛（Desai，1981）。他首先定义了一个包括4个变量P、Y、R和M的宏观模型，其中，P、Y、R是非货币变量，可以用X表示，而M则表示货币。模型真正的外生变量如时尚、技术、国际变量等用Z来表示。其次，他认为相关的X和M是以Z为条件的联合分布；进而，X是M和Z的函数，M是X和Z的函数。于是，在计量上，可以将X和M的联合分布分为X关于M、Z的条件分布和M关于Z的边际分布；或者，也可以将X和M的联合分布分为M关于X、Z的条件分布和X关于Z的边际分布。这样，如果对于X来说M是外生的，我们就认为货币是外生的，但它仍然可由Z所决定；如果M虽然不受X的现值影响，但仍受X和Z的过去值影响，那么，货币就是弱外生的。

依此考察，商品货币与可兑换货币基本是外生的（但黄金在国内外大量流动时则为弱外生的），内部货币无疑是内生的，外部法币则无疑是外生的。但是，在现代信用经济（credit economy）中，既存在内部货币与外部货币，又存在非银行金融部门与复杂的银行体系；尤其是在金融创新带来金融工具多样化的条件下，从狭义货币到广义货币，其外生性在不断地弱化，而内生性在不断地增强（De Cecco，1987）。

所以，德赛（2000）认为，货币外生性、内生性问题主要取决于所考察的货币经济的类型（商品货币、纸币、信用货币）。“这个问题还取决于这种货币发行的银行和金融体系的复杂性。过去200多年的争论仅用货币一词来概括各种不同的情况，而且也没有澄清问题究竟是货币的外生性还是货币的可控性问题，所考虑的究竟只是货币存量还是货币流通速度。”

（三）利率内生与外生

与货币的内生与外生相比，利率内生与外生不是主流理论关注的重点；而货币经济学对于利率的研究似乎更多地把精力放在了利率决定与结构问题上。从利率理论的发展来看，不管是实物决定理论还是货币决定理论，不管是局部均衡分析还是一般均衡分析，大多数经济学家都默认了一点——利率是内生的。这里，不能包括马克思和凯恩斯，按照水平主义最重要代表人物莫尔（Moore，1988）[254]的说法，“尽管马克思和凯恩斯都没有明确承认，但是，信用货币经济中利率的决定是一个纯粹的外生货币现象，这是货币非中性的核心逻辑的关键所在”。而与水平主义（卡尔多、莫尔、M. Lavoie）不同，结构主义（Minsky、Rousseas、R. Pollin、T. I. Pally、Wray）尽管也坚持货币内生的观点，但它认为利率不是完全外生的。环流学派（Circuit School）[也称流程理论（Circuit Theory），如 A. Graziani，G. Deleplace，E. J. Nell，A. Parguez，M. Seccareccia]则更强调短期利率的外生性。

综上所述，货币中性与非中性作为货币与经济关系理论研究史上延续至今的传统命题，它既是前提，又是假说，还是一种逻辑机制，另外两个范畴可以被认为是它的合理延伸。而货币内生与外生则是对货币中性与非中性的深入分析与逻辑检验，并随着货币制度与经济实践的发展，其内容被不断地丰富。由于利率是现代经济中联系货币与经济无法绕开的、难以割裂的中间变量，因此利率内生与外生的理论与政策意义同样重要。

第四章　中国货币与经济增长的一般分析框架

本章首先利用有关数据考察了中国货币与产出、价格的实证关系。由于得到的结论与部分国际上的同类研究不太一致，因此本书对货币理论的一些基本问题，从货币的产生、职能、本质到货币经济的本质、内生货币与外生利率，进行了重新考察。最后以上述分析为基础，提出了一个分析中国货币与经济增长关系的初步框架。

第一节　中国货币与产出、价格关系的实证研究

在第三章中，现代货币经济学对货币与经济这一核心问题已经得出了基本的结论，即长期中，货币对于经济增长是中性的或者是超中性的，但是货币对于经济波动以及短期内货币的作用则是非中性的。本节就利用中国的数据对此进行实证研究。

一　货币供给与产出和价格的动态相关性研究

动态相关性是指因变量与提前或滞后自变量的相关程度，它可以更准确地描述变量之间的相关关系。刘斌（2002）曾对产出、价格与货币供给的动态相关性进行了分析，而本书决定选择动态偏相关分

析。运用动态偏相关系数的指标①，可以更加准确地描述产出、价格与 M0、M1、M2 等的相关关系。

（一）GDP 与货币的动态相关性

首先讨论 GDP 与 M0（i），M1（i），M2（i）（$i=0$，±1，±2，…）之间的动态偏相关系数。根据本章附表 1 的数据，计算结果见表 4-1。

表 4-1　GDP 与货币的动态偏相关系数

阶　数	M0	M1	M2
-8	0.317024	0.362605	0.077712
-7	0.177774	-0.010870	0.153591
-6	0.159222	-0.248210	0.243629
-5	0.140484	-0.067580	0.280622
-4	0.102434	0.246078	0.014573
-3	-0.025660	-0.036890	-0.164980
-2	0.095519	0.022469	-0.093180
-1	0.037364	0.059530	0.024277
0	0.302118	0.107620	0.163919
1	0.050273	-0.011090	0.174801
2	-0.053250	-0.162180	0.165453
3	0.120385	0.128304	0.300542
4	-0.459250	-0.124940	0.099457
5	-0.143010	0.102470	0.118031
6	-0.157420	-0.155240	0.138304
7	-0.107610	0.022378	-0.060850
8	-0.141940	0.085589	0.210249

① 动态偏相关系数是指在控制其他滞后和提前变量影响的条件下，某滞后或提前变量与某变量的线性相关程度。

根据表4－1得到图4－1。

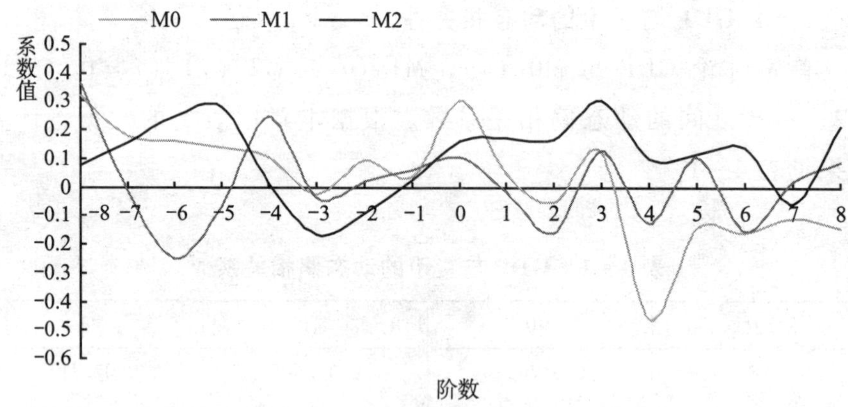

图4－1　GDP与货币的偏相关系数

这一计算结果表明，第一，GDP与大部分时期的M2正相关，并与超前3期的M2相关性最高；第二，GDP与大部分滞后期的M0正相关，与大部分超前期的M0负相关，并与滞后8期的M0相关性最高；第三，GDP与M1的相关关系则不太有规律。这三点说明，在GDP增长之前，M0提前8个季度开始增加；而在GDP增长之后的3个季度，M2才开始增加。即M0先于GDP而变化，M2则滞后于GDP而变化。由此可以得到的初步结论是：中国的M0具有先行指标意义，M2则具有一定的内生性；各期货币对GDP的影响具有叠加效果。

（二）CPI与货币的动态相关性

在此，继续分析CPI与M0（i），M1（i），M2（i）（$i=0$，±1，±2，…）之间的动态偏相关系数。根据本章附表1的数据，计算结果见表4－2。

可见，CPI与大部分滞后期的M0、M1、M2正相关，与大部分超前期的M0、M1、M2负相关；同时，CPI与滞后6期的M0、滞后3期的M1、滞后3期的M2相关性最高。这些结果说明，在CPI增长之前，M0 提前 6 个季度开始增加，M1 和 M2 则提前 3 个季度开始增加。即，M0、M1、M2 都先于 CPI 而变化。

表 4－2　CPI 与货币的动态偏相关系数

阶　数	M0	M1	M2
－8	0.118748	－0.547450	－0.417250
－7	0.153247	0.022194	－0.244810
－6	0.297314	0.081613	0.091276
－5	0.001783	0.185399	0.408749
－4	0.216212	0.149143	0.729021
－3	－0.047010	0.280825	0.838265
－2	0.085867	－0.010780	0.756032
－1	－0.032970	－0.104170	0.593190
0	0.093108	－0.007560	0.387985
1	0.044156	－0.043970	－0.291810
2	－0.023370	－0.041390	－0.601150
3	－0.064410	0.074784	－0.604550
4	－0.196990	0.094329	－0.672690
5	－0.040470	－0.015860	－0.625930
6	－0.125180	－0.015310	－0.362630
7	－0.099410	－0.036230	－0.491260
8	－0.443340	－0.215080	－0.615020

根据表 4－2 得到图 4－2。

二　货币供给对产出和价格的影响——单方程分析

由于货币、产出、物价的动态相关关系仅仅是一种定性的短期关系，因而还需要对它们进行单方程回归分析，进一步揭示中间的逻辑因果关系（以下数据都经过对数处理）。

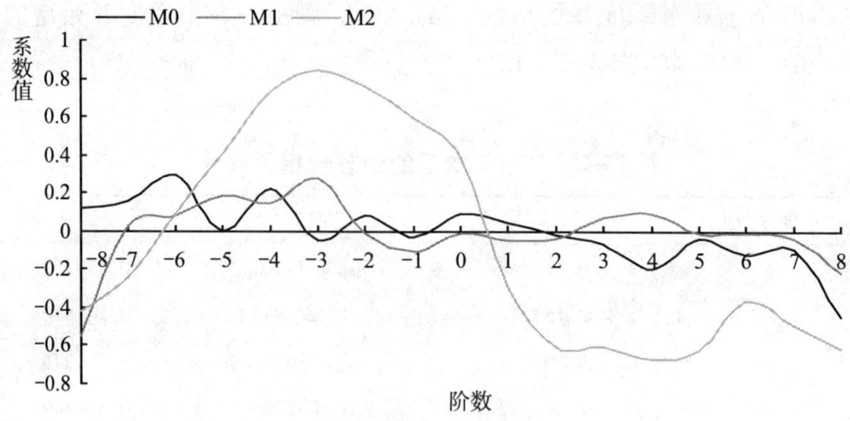

图 4－2 CPI 与货币的偏相关系数

（一）建立 M2 对 GDP 影响的单方程

首先考虑方程中滞后阶数的选择，如表 4－3 所示（具体参见书后“各章有关计算过程”）。

可以得到 GDP 的方程为：

$$GDP_t = \underset{(0.20)}{-0.28}GDP_{t-1} \underset{(0.19)}{-0.44}GDP_{t-2} \underset{(0.20)}{-0.39}GDP_{t-3} \underset{(0.22)}{+0.03}GDP_{t-4} \underset{(0.19)}{-0.08}GDP_{t-5} \underset{(1.04)}{-0.58}M2_t \underset{(1.54)}{+2.73}M2_{t-1} \underset{(1.55)}{-0.92}M2_{t-2} \underset{(1.40)}{+0.60}M2_{t-3} \underset{(1.52)}{-0.38}M2_{t-4} \underset{(0.95)}{-0.29}M2_{t-5} \underset{(1.64)}{+5.54} \quad (4-1)$$

$$R^2 = 0.9655 \qquad DW = 1.94$$

具体结果参见书后表 4－4。

对方程（4－1）中 M2 的系数进行 $\sum b_i = 0$ 的 Wald 检验，结果见书后表 4－5。

由表 4－5 可知，M2 对 GDP 有影响，即以季度数据考察的货币是非中性的，下文将继续考察这种非中性的程度。

（二）建立 M2 对 CPI 影响的单方程

首先考虑方程中滞后阶数的选择，如表 4－6 所示（具体参见书后“各章有关计算过程”）。

于是，可以得到 CPI 方程为：

$$CPI_t = \underset{(0.14)}{1.07}CPI_{t-1} - \underset{(0.18)}{0.12}CPI_{t-2} - \underset{(0.10)}{0.07}CPI_{t-3} - \underset{(0.11)}{0.04}M2_t + \underset{(0.13)}{0.40}M2_{t-1} - \underset{(0.13)}{0.32}M2_{t-2} - \underset{(0.10)}{0.03}M2_{t-3} + \underset{(0.09)}{0.52}$$

$$R^2 = 0.9959 \qquad DW = 2.25 \qquad (4-2)$$

具体结果参见书后表 4－7。

对方程（4－2）中 M2 的系数进行 $\sum b_i = 0$ 的 Wald 检验，结果见书后表 4－8。

由表 4－8 可知，M2 对 CPI 确实有影响。

三　货币供给对产出和价格的影响——多方程分析

对货币供给、产出和价格建立向量自回归方程，目的在于明确这三者之间是否存在长期的稳定关系，然后进行冲击响应分析和误差分解。

（一）M2、GDP、CPI 的 VAR 方程建立

首先，尝试能否对 M2、GDP、CPI 进行协整分析。

对季度 M2、GDP、CPI（已做过对数化处理）进行单位根检验，结果见表 4－9（具体参见书后“各章有关计算过程”）。

根据表 4－9 可知，lnM2 为二阶平稳变量，lnGDP、lnCPI 为水平平稳变量（0 阶平稳变量）。单位根阶数不同，因此不能进行误差修正（VEC）模型的分析。

进一步对上述变量进行向量自回归（VAR）分析。首先考虑方程滞后阶数，结果见书后表 4－10。

因此，可知 VAR 的滞后阶数为 3。于是，利用 E-views5.0 软件，可以得到 VAR 方程为：

$$\begin{bmatrix} M2 \\ GDP \\ CPI \end{bmatrix} = B_1^T \begin{bmatrix} M2(-1) \\ GDP(-1) \\ CPI(-1) \end{bmatrix} + B_2^T \begin{bmatrix} M2(-2) \\ GDP(-2) \\ CPI(-2) \end{bmatrix} + B_3^T \begin{bmatrix} M2(-3) \\ GDP(-3) \\ CPI(-3) \end{bmatrix} + C^T$$

$$(4-3)$$

其中，

$$B_1 = \begin{bmatrix} 0.897271 & 1.527305 & 0.313623 \\ 0.025479 & -0.449483 & -0.004464 \\ 0.231167 & -0.740718 & 1.055013 \end{bmatrix}$$

$$B_2 = \begin{bmatrix} 0.178071 & -1.100998 & -0.221483 \\ 0.021729 & -0.646300 & 0.024824 \\ -0.041930 & 0.418602 & -0.132929 \end{bmatrix}$$

$$B_3 = \begin{bmatrix} -0.099857 & 0.947242 & -0.087903 \\ -0.004759 & -0.487617 & -0.016552 \\ -0.216459 & -0.224684 & -0.039450 \end{bmatrix}$$

$$C = \begin{bmatrix} 0.095441 \\ 9.598973 \\ 0.524879 \end{bmatrix}$$

具体见书后表4－11。

（二）GDP、CPI对M2的冲击响应与误差分解分析

首先，借助E-views 5.0软件，根据建立的VAR方程（4－3），得到GDP对M2的冲击响应曲线，见图4－3。

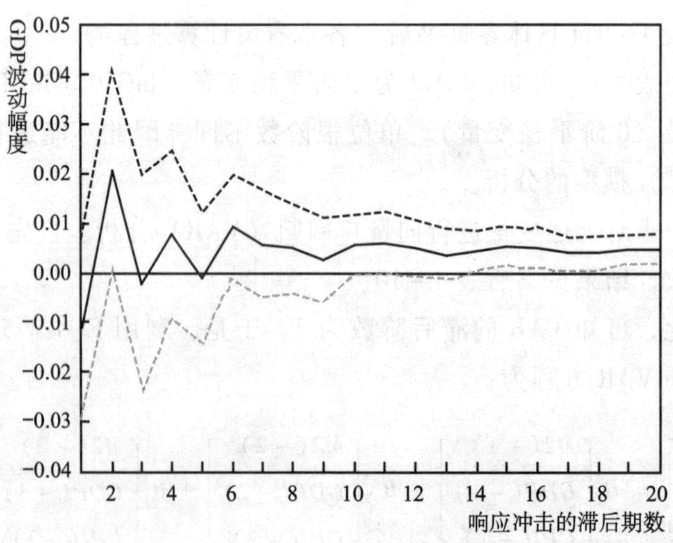

图4－3 GDP对M2的冲击响应曲线

由图 4－3 可知，M2 短期和长期对 GDP 都有影响。

其次，同样可以得到 CPI 对 M2 的冲击响应曲线，见图 4－4。

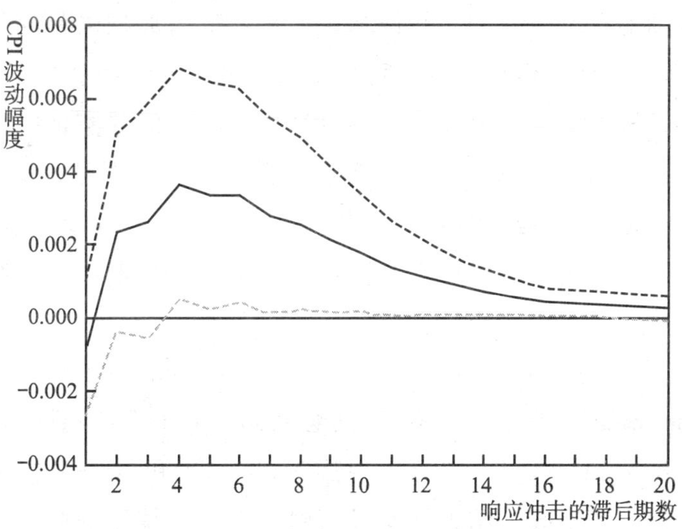

图 4－4　CPI 对 M2 的冲击响应曲线

由图 4－4 可知，M2 短期和长期对 CPI 的影响都为正。

进一步对 GDP 进行误差分解，结果见书后表 4－12。由表 4－12 可知，产出冲击解释了产出波动的 90% 左右，货币冲击解释了 10% 左右的产出波动。

接着，对 CPI 进行误差分解，结果见书后表 4－13。由表 4－13 可知，物价冲击解释了 80% 左右的物价波动，货币冲击解释了 20% 左右的物价波动。

四　简短总结

本节的实证结果说明，短期内货币供给与产出具有一定的相关性（但是 M1 的相关性不具有规律性），即短期内货币是非中性的；而长期中，货币供应量的变化将对产出产生影响，尽管影响的程度不大，但在所选取的季度数据区间内（1993 年第一季度至 2005 年第四季度)，的确意味着货币是非中性的。这与目前国际上的部分研究结论不太一致，但与国内最近的研究结果基本相同。

（一）国际上的相关研究结论

从国际上有关研究的一般性结论上看，最为典型的是麦肯德里斯与韦伯（McCandless et al，1995），他们研究了110个国家近30年的产出增长率、平均通胀率和货币供应量增长率之间的实证关系，认为长期内产出增长率与货币供应量增长率没有关系。而且，Kormendi et al（1984）对50个国家的研究结果、Boschen et al（1995）对美国的研究结果，都认为货币供应量变化对产出不产生长期影响。需要注意的是，这些研究采用的是年度数据。

利用VAR方法研究货币如何影响经济由Sims（1972、1980）开创，Leeper et al（1996）将VAR方法从两变量拓展到了三变量和更多变量。Bernanke et al（1998）使用VAR方法和脉冲响应分析对美国的情况进行了检验，结果证实了米尔顿·弗里德曼的观点，即货币冲击最先对实际产量产生效应，而对价格的效应会有近两年的时滞，但对价格的作用时间要更为持久。

如果在VAR模型中，货币、产出和价格之间不存在协整关系(例如，当前文采用季度数据时)，那么可以认为三者之间不存在长期稳定的关系。Hoffman et al（1991）、Stock et al（1993）、Swanson（1998）及Dutkowsky et al（2001）等人的研究认为三者存在协整关系，而Friedman B et al（1992、1993）、Thoma（1994）则认为不存在协整关系。

（二）国内的相关研究结果

国内的相关研究结果与本书得到的结论大致相同。

冯春平（2002）认为，货币冲击有波动性，这与货币政策效果不对称性问题脉络一致。刘金全等（2002）以1992~2000年数据进行传统的双变量因果关系检验时，发现存在由经济增长到货币供应增长的单向因果关系；但是，使用VAR分析货币供应、实际产出和价格水平关系时，发现任意两个变量之间都存在双向因果关系。刘金全

（2004）还发现虚拟经济对实体经济具有显著的“溢出效应”，无论货币供给规模还是价格水平的波动，都对实体经济规模和增长具有正向作用和影响。张茵等（2005）系统地总结了三者间关系的不同观点，他们的一个重要结论是，“货币适应产出和价格的变动，而不是导致这些变动”，这意味着中国的货币是内生于经济的。李斌（2004）则从发展经济学的视角认为货币需求被低估，而货币、产出、价格三者关系是“两部门陷阱”内生机制的反映。但是，战明华等（2005）认为只有 M2 与 GDP 之间存在着相互间的正向影响关系。

本书的结论是，短期和长期内货币都是非中性的；而无论短期还是长期，货币供应量的变化和物价的变化则具有很强的相关性，货币供给对物价会产生永久性影响。因此，对中国目前的货币政策来说，货币供应量作为确定价格水平的一个重要变量，确定货币供应量的政策目标仍然具有实际意义。刘斌（2002）还指出，在政策意义上，如果以货币供应量作为中间目标，应采用潜在产出而不是事后均衡产出进行估计①。

第二节　对货币经济学基本问题的再认识

经验性研究的结果基本支持了国内研究的基本结论。同时，国内的研究也已经逐渐认识到，解释中国货币经济的典型特征应该从内在属性上寻找原因。实际上，这也意味着对中国“迷失的货币”这一既成事实的实践，当现行理论范式难以给出令人满意的解释时，有必要对货币理论的一些基本问题进行新的考察，这包括：货币的产生、货币的职能、货币的本质、货币经济的本质、内生货币与外生利率。

① 潜在产出的相关文献很多，国内最近的有郭庆旺与贾俊雪（2004）、刘斌与张怀清（2001）、邱晓华等（2006）。

一　货币的产生

货币的产生似乎是一个不需要更多讨论的问题。但由于历史上没有详细资料可以证明货币经济取代物物交换经济的原因与方式，这似乎就构成了对其争论的一个原因；而关于货币产生的不同理解，又会进一步导致对货币职能及其本质形成迥然不同的观点和立场，这也是值得思考的一个原因。

（一）关于货币产生的主流观点

按照主流的观点，货币的产生解决了物物交换的难题（例如，需求的双重巧合、交换比价的复杂波动等），从而减少了交易成本，促进了经济结构的演变和经济范围的扩大。这种传统发端自门格尔（Menger，1892），经现代的琼斯（Jones，1976）、Kiyotaki et al（1989，1993），最终在杨小凯与博兰（Yang et al，1992）那里得到了完整的证明。

杨小凯（1997）[39~40]对他们自己的模型进行了总结，“这个模型用我们的理论证明，货币的出现是分工演进的一个结果……这是第一个可解释货币出现和货币对生产率影响的一般均衡模型。在我们之前，第一个可以解释哪种物品成为商品货币的均衡模型发表于1989年，但那个模型不能解释为什么货币出现及货币对经济增长的影响（Kiyotaki et al，1989），而我们的模型不但能解释这两个现象，也能解释哪种物品会成为商品货币”。杨小凯认为，专业化和分工对于货币的出现是至关重要的。但是，需要注意的是，这里谈的是商品货币①。而且，杨小凯等（1999）[413]虽然认为分散型市场能够确定有效

① 杨小凯等将商品货币定义为不是用来消费和生产的商品，而是用来进一步交易的商品；而将纸币定义为法律制度强制推行的便利交易的物品，但它不能用来消费和生产。他们的新兴古典一般均衡模型体现了斯密的内生比较优势，因此均衡和帕累托最优生产力依专业化水平而定，而后者又取决于交易效率。他们认为，商品货币的产生影响交易效率，因此也对生产力有重要影响；而纸币的产生会由于促进了分工而可能提高生产力。参见杨小凯等（1999）[397~399]。

的货币制度，但同时也指出，如果没有政府的支持，“看不见的手”不可能有效地工作。政府对看不见的手的支持体现在提供可行而且可靠的信贷系统以及相关的纸币上，它们依赖于法制和相关的执行系统以及社会秩序。

本书认为，货币的职能可以跨越不同的货币形态演化，对货币产生的证明不仅仅包括它最初的诞生，还应该包括它产生后的延续存在，例如纸币为什么产生和存在，即货币产生的证明是广义的，应包括其现代形式的存在。后一点正是主流理论所没有证明的①，而它的意义又直接关系现代经济的性质。

即使在先前的 Kiyotaki et al（1989）那里，他们将门格尔（1892）强调的“易出售性”（saleability）转换为“可接收性”（acceptability），并通过纳什均衡证明了其自我强化属性（self-reinforcing nature）后，Kiyotaki et al（2000）也承认，“当然，可接收性还依赖于时间、地点和环境，而且并不是固定不变的……与其说可接收性是物品的一种属性，不如说是一种社会习性”。

如果再追溯到门格尔那里，就有可能出现一个“先有鸡还是先有蛋”的问题。门格尔（Menger，1892）认为，由于直接交换难以符合双重需要，所以间接交换开始出现并盛行，在此过程中，“最终某一种商品获得共同地、一般地或习惯性地被接收为交换媒介的地位。它便成为货币”②。这个观点隐含了一个更重要的观点——市场先于货币而出现，货币必然合乎逻辑地产生于市场。以此为起点，随后发展起来的主流理论观点的自然逻辑就是，货币的出现必然使经济系统发生一些改变（降低交易成本与提高效率）；但是，一旦货币出现后，接下来货币变量的变化对基本物物交换的比率就再没有什么影响了。由此，货币中性、“面纱观”、自然利率等观念就一脉相承了。这就是

① 这实际上就是由强调价值贮藏职能转向交易媒介职能后，主流理论面对的“哈恩难题”。

② 参见怀特（2004）[6]。

前文述及的熊彼特所说的“货币分析”。

（二）关于货币产生的非主流观点

也许，非主流的观点能够提供更加符合实际的图景。

英格汉姆（Ingham，1996）的“社会关系”（social relation）理论采取了社会历史分析方法，他不同意门格尔关于货币产生于经济自发演化的说法。他认为应当从历史、人类学、钱币学及社会学等其他社会学科中搜寻证据，来探究货币的真实历史起源。

Wray（1998）同样认为，在最一般意义上，无论是货币的概念还是实践，都应归属于社会构建与组织的范畴。也就是说，市场产生于货币，诸如价格表、负债、账簿等货币性构成（Montary Constructs）都应该是市场交换与商品生产的前提条件，而不是相反。

实际上，从克拉蒲（G. F. Knapp）的“货币国定说”（state theory of money）到凯恩斯《货币论》中的“记账货币”（money of account），再到“新货币法定论”（neo-chartalism）学派（W. Mosler、L. R. Wray、S. Bell），都认为，货币是特殊的“国家的产物”，而且以货币形式征收赋税的权力使得政府有能力决定经济体系中的基础货币。对此，古德哈特（Goodhart，1998）认为，这种观点比门格尔的观点包含了更多历史与经验的真实面貌①。

二　货币的职能

一个无法否认的事实是，尽管主流理论不断引用凯恩斯 1936 年持币三动机等术语，但此后它的主要发展方向却指向了资产组合选

① 这里需要指出门格尔的现代支持者——怀特一个有趣的逻辑错误。怀特认为，“现在的不可赎回货币能够持续流通的原因是人们已经熟悉它了，并且继续接受它也就有了自我强化的性质：如果交易者期望其他交易者都接受它们，那么拒绝它对任一交易者都不是自利的”。这句话后加注了注释，注释的内容大意是——政府能够通过使用不可赎回的中央银行负债，强化它们被持续接受的能力，这些途径是公共接受（纳税和政府采购）、法定履行及强制履行。问题是“到底是谁强化了货币的接受性？”参见怀特（2004）[18,24]。

择，即主流理论重视的是货币作为价值贮藏的职能。而后，克洛沃（1967）重新唤起了对货币交易媒介职能的重视，由此拉开了建立现代货币经济学微观基础的各种努力。

（一）新货币经济学的观点

预付现金、购物时间、交易成本、搜寻等模型难以获得成功的根本原因，仍然在于建立在瓦尔拉斯框架基础上的主流理论预先排除了货币的地位（Hahn，1965、1983；Rogers，1989；Laidler，1990；Hoover，1996）。

为了解决这个难题，新货币经济学迈出了远离主流理论的一大步。它认为货币并非是整个经济系统有效运行的必要条件，可以建立一个无管制的、技术上高度精密的竞争性支付体系。在这一“无现金的”支付体系中，交换媒介与计价单位是完全分离的。

（二）自由银行学派的观点

新货币经济学曾引起了激烈的反响，但也遭到了更激烈的批判（White，1984；McCallum，1985；Meltzer，1989；Cowen et al，1994；Selgin et al，1994），尤其是来自“自由银行学派”①。

自由银行学派尽管同样倡导金融服务业的自由放任，但它强调的是货币的交换媒介职能。Selgin et al（1987）认为，在一个“成熟的”体系中，所有流通中的媒介之所以被人们接受，是因为它们是由本位货币来度量的（作为本位币的商品无须实际投入流通），并且人们完全相信它们最终可以被兑换成本位货币。怀特（White，1984）批评了“自由银行学派”，他认为，就货币职能的可分性这一点来看，交易成本论和历史记录都说明了记账单位职能与交易媒介职能难免要

① “自由银行”（free banking）指的是1837年后美国的银行制度，最早出自邓巴（Dunbar，1896）。在当代，“自由银行学派”主要倡导者怀特、K. Dowd、D. Glasner、G. Selgin，尽管都倡导自由竞争原则，但他们与M. 弗里德曼的观点不一样——后者认为，货币体系是政府管制经济的一个重要的例外。哈耶克1978年的《非国有化的货币》（*Denationalising Money*）对“自由银行学派”的思想发展有着重要影响。

不可分离地绑在一起。面对计量与缔约成本最小化的压力，这两种职能不可能自发地分离开来——除非依靠立法的干预。怀特没有意识到，作为门格尔货币自发演进产生观点的坚定支持者，这一点对他本人其实非常具有讽刺意味。

实际上，一旦承认市场经济的运行确实需要一些购买力的最终贮藏形式，那么，自由银行学派想极力回避的问题——中央集权的问题、对货币政策的权限与控制的问题就不可避免地产生了。

事实上，一直没有被给予足够重视的恰恰是货币的计价单位职能。让我们回到凯恩斯（1997）[5~6]那里，“计算货币（money of account）是表示债务、物价与一般购买力的货币，这种货币是货币理论中的原始概念……正式货币就其充分的意义来说，只能相应于计算货币而存在……货币契约还有一个特征是，国家或社会不但强制履行实现其交割，而且还会决定以合法或合乎习惯的方式清偿按计算货币订立的契约时必须交割什么东西。因此，国家首先是作为法律当局出现，强制支付符合契约所载的名义或表征的东西。”

三 货币的本质

现代货币经济学可以使用演绎法或归纳法给出货币的定义，但仍然没有回答一个更根本的问题——货币的本质是什么？本书认为，货币是信用的载体，货币的本质是信用①。

（一）信用的含义

这里，有必要首先从字面上解释信用的含义。在英语中，“credit”有较多的词义，其中有两条最为常用：“支付、贷款”（我

① “货币是信用的载体，货币的本质是信用”的说法不是笔者的创造，骆玉鼎（2000）和胡海鸥（2004）均有明确的相同说法，笔者相信他们对此有过交流和探讨。骆玉鼎（2000）认为，最早的说法甚至可以追溯至威克塞尔，罗宾逊夫人、熊彼特都有过明确说法。实际上，Hicks（1982、1989）、Chick（1986）和Moore（1988）均提出了“信用货币”（creditmoney）的说法。

们最常用的词语）与一般意义上的“相信、信任和信心”①。本书在这里采用后一个，即它在语言上的基本意义——这一意义在社会学上更为广泛和深厚，而前一个词义是“credit”在具体经济交易中的特定说法。

作为语言符号上“相信、信任和信心”的信用，它在现代社会中是一种对价值的信任和信心。而这种信任和信心是建立在主权基础上的主体间的价值等级结构，它体现为不同层次等级的具体形态，例如，它包括个人信用、企业信用、银行信用、政府或国家信用。从保证或承诺的可信性上看，政府或国家信用是最终和最高意义上的信任与信心。因为，如果回到信用的经济意义上来，政府或国家信用意味着社会的最终支付手段，而这又与国家作为法律当局规定了货币的“计价单位”密切联系在一起——在这个意义上，我们知道新货币经济学的逻辑缺陷，因为“无现金社会”（cashless society）绝不可能是无货币社会。

（二）货币的信用本质

考察货币的本质，当然离不开历史，这已是经济学家们的共识。但本书认为，作为信用载体的货币，应该更是社会结构（主权介入）的产物，其本质就是信用。

一方面，货币的本质是信用，与货币形态的历史演变相契合。货币在形态上历经实物货币、贵金属货币、可兑换纸币到不可兑换纸币的过程。在可兑换纸币之前，货币具有十足的内在价值，人们基于对

① 《牛津高阶英汉双解词典》（霍恩比，1997）[333]中，“credit”的第一词义共有四条解释，第一条为“permission to delay payment for goods and services until after they have been received; system of paying in this way”（赊购；赊购制度）（笔者认为，实际上应译为“支付；支付制度”），第三条为“sum of money lent by a bank, etc; loan”（借款；贷款）；“credit”的第三词义则专指“belief; trust; confidence”（相信；信任；信赖）［笔者认为，应译为“相信；信任；信心”更妥，参见 Wilson（2000）］。

内在价值的相信会在交换中普遍地接受货币①。但是，当可兑换纸币出现时（实际上应该是更早的非贵重金属铸币、商业汇票的出现），这种信任就开始转变为一种基于对发行主体（主权、银行或商人）承诺或保证的信任。

对此，希克斯（1987）[61~63]这样论述道：“为什么非商业性政府如此乐意铸造货币呢？在我看来还有一种更有说服力的关于起源的解释。可以从货币的另一种更复杂的形式——汇票的遭遇得到启示。商人在使用汇票时要在其上签名，这样便为它作了担保；没有担保汇票便不会被接受。吕底亚的国王克罗塞斯的铸造货币，难道不是为了这同一目的吗？……后来（约公元前400年）出现了青铜货币，毫无疑问这是象征性的货币，纯粹的支付手段，它必定按照超过其内在价值的价值流通。”②

而马克思则作了更为详细的解释。他认为，强制流通的国家纸币（即信用纸币）是直接从金属流通中产生出来的，“信用纸币的自然根源是货币作为支付手段的职能……纸币只有代表金量，才成为价值符号……但是，货币符号本身需要得到客观的社会公认，而纸做的象征是靠强制流通得到这种公认的……信用货币是直接从货币作为支付手段的职能中产生的，而由出售商品得到的债券本身又因债权的转移而流通。另一方面，随着信用事业的扩大，货币作为支付手段的职能也在扩大……而金银铸币则主要被挤到小额贸易的领域之内”（马克

① 骆玉鼎（2000）[29~30]认为，“交易货币化是一种间接交易，而间接交易区别于直接物物交换的特征就在于其断裂性”，“直接物物交易（或交换）是在信用的基础上发展起来的”。这里，他把信用初步界定为“感情储蓄”。对于后一说法，笔者认为，直接物物交换应该是在对使用价值需求的基础上发展起来的（不管是“一锤子买卖”还是经常化行为）；笔者赞同前一说法，并认为，“信用”是在货币出现后的一个范畴，与货币的支付手段职能密切相关（马克思，1986）。

② 希克斯继续解释：“虽然国王的货币开始是通过市场力量应用的，但由于对国王明显有利，结果货币一经应用，国王便不肯放弃了。他从铸币中直接获利，但因此而产生的间接利益当然更为重要。如果他可以获得货币收入，他会把货币用掉，取得大批实际的商品，而较之他直接从实物税中可能得到的东西，品种更多，‘用途’更广。”

思，1986）[146~160]。

另一方面，货币的本质是信用，也与从语言哲学上的界定意义相同或相近。韦森（2003）认为，“货币是什么？货币是人类经济活动和交往中一种附带着人们的集体意向性和‘意见约同性’的制度实在（consensus institution reality）。或者说，货币是商品交换、市场运行、经济增长、资源配置和人们生活游戏中‘人们集体意向性的制度建构’（an institutional construction of human intentionality）”。当今世界各国纸币的发行和流通已经完全不可兑换，除了国家强制以外，其被普遍接受和例行流通的原因就在于它代表了政府的信用，是信用的载体之一（国库券等也是信用载体）。未来即使出现电子形态的货币，其本质仍然是信用。

此外，对货币的本质是信用和信用的含义，还可以通过信用创造（credit creation）的概念更清楚地加以理解。威尔逊（2000）认为：“信用（credit）只有在对被授信一方的诚实和价值具有信任和信心（trust and confidence）的条件下才会被授予……但信用创造的过程在本质上是一致的，它同样需要借贷双方信任和信心的支持……从一个重要的意义上讲，在一个现代的银行系统中保持和遵守某一特定的现金比率变得更不重要了；但信用的创造仍将会存在，但通过合理的银行监管以及中央银行的货币行为和监督，将它保持在控制范围内应该是可能的。信用创造不再是一个自发的过程了。”

四　货币经济的本质

现代货币经济的本质是信用经济，这一点表现在两个方面。

一方面，现代市场经济的运行，已经无法离开货币而存在，它体现为货币性交换与货币性生产（monetary production）。史密森（2004）指出，“货币性生产”可以理解为，工业革命以来，所有的经济体系都体现为市场经济体制，而其本质是货币体制。具体地，任何企业发生的一系列生产性活动乃至最终产品的销售收益，都是用货币来计量与实现的。由此可见，经济中所有一切活动都需要借助货币来订立债务合同并进行最终结算。既然货币的本质是信用，那么现代货币经济的本质就是信用经济。

另一方面，就货币经济现实中的运行而言，交换或生产决策内在的不确定性无法通过任何技术加以消除，如此必然需要不断地判断个人支付承诺的品质。各方博弈的结果，必然是由主权货币当局(可以是国家主权，也可以是超国家经济体主权——例如欧盟）出面提供某种基础货币资产（这是生产货币化的必要条件)。这种基础性货币资产既是价值标准，又是最终支付手段。因此，现代货币经济的运行是以信用体系和层级为支撑的，其本质表现为信用经济的运行。

“信用经济”一词最初来自德国旧历史学派代表人物布鲁诺·喜尔布兰德（Bruno Hildbrand，1812～1878)①。他按交易方式的不同，把社会经济分为三个发展阶段：以物物交换为主的自然经济、以货币为媒介交换的货币经济和以信用为媒介的信用经济。马克思同意其信用经济的提法，他认为“信用经济”是“货币经济”的一种形式——此处的“信用”专指资本主义信用（骆玉鼎，2000)。

威克塞尔在《利息与价格》中进一步发展了“信用经济”的概念，提出了“纯现金经济”、“简单的信用经济”、“有组织的信用经济”和“纯信用经济”（所有交易依靠信用媒介而不需要货币），并认为现实的货币制度介于最后两种形态之间。希克斯（Hicks，1989)[104]则将信用经济的分析发展到了一个新的高度。他认为，“货币依旧是价值尺度……但是，作为支付手段的货币只是一种债务（But money as means of payment is just a debt）……不同债务具有不同的品质（quality）……当我用银行支票偿还我的债务时，债权人接受的原因在于——他对银行债务的信心（confidence）高于对我的债务的信心。”

① 参见曾康霖等（1992)[205]。

五　内生货币与外生利率

货币理论的传统内容必然包括货币供给、货币需求以及利率。尽管对它们的研究已经不再是货币经济学的核心内容，但是，此前所形成的结论与观点仍然在延续。

（一）货币供给的内生性

由于货币供给（不同层次的统计量）在发达国家货币政策中曾经占据过重要地位，所以，一些经典研究将注意力集中在货币创造过程以及货币乘数的稳定上，例如，M. 弗里德曼与施瓦茨（Fredman M et al，1963）、卡甘（Cagan，1965）等，他们与凯恩斯一样认为货币是外生决定的。

但是，1959 年拉德克利夫委员会（Radcliffe Committee）提交了一份被认为是凯恩斯货币经济学中最重要文献之一的《拉德克利夫报告》，该报告指出经济中的“流动性”（liquidity）最重要。根据报告作者之一塞耶斯（Sayers，1960）[712~713]的解释，这里的流动性“不仅包括银行的存款负债，而且包括范围广泛的其他金融中介机构的短期负债”，即“包括信贷”。这样，扩大了的货币供给必然表现出内生性来。

格利和肖（2006）在《金融理论中的货币》中指出，非货币的金融中介机构发行的间接证券和持有的初级证券都是货币的替代品，它们与货币一样都是信用中介。因此，货币供给具有内生性。

随后，托宾（1963）及其学生们在格利和肖的基础上发展了“新金融观点”（New View of Banking）。托宾（Tobin，1963）[410]认为新观点具有三个特征：①它“倾向于使货币与其他资产之间以及商业银行与其他金融中介之间的明显区别变得模糊起来”；②其重点放在“全部资产的需求与供给上，而不是在‘货币’周转速度的增长上”；③它将“利率、资产收益与信贷可得性（credit availability）的结构（而不是货币数量）作为联结货币和金融制度、政策与真实经济之间的纽带”。托宾的“新金融观点”强调了商业银行与其他金融机构的同一性——金融中介，货币与其他金融资产的同一性——信贷工具。托宾并未否认金融部门与实体部门的区别，但是，他进一步认为，人们总是在广泛的金融资产与实物资产中选择资产组合，对每一种资产的需求不仅取决于该资产的价格，而且也取决于其他资产的收益率。因此，货币供求是在经济整体运行过程中与其他资产供求一同被决定的，货币供给是内生的。

"新金融观点"提出几十年来，由于种种原因，一直未能像基础货币—货币乘数分析那样成为货币供给理论的正统。但是，从下文可以看出，"新金融观点"具有重大的意义。

货币内生的观点仍在延续。温特劳布（Weintraub，1978）以商品的劳动成本加成定价模型指出，货币供给被动适应于产出增加；卡尔多（Kaldor，1970）考察了中央银行作为最后贷款人职能，他认为，"在任何时候，或在一切时候，货币存量将由需求决定，而利息率则由中央银行决定"①。哈里斯（1989）[173]采取了货币内外共生的观点，他认为，"我们还应该区分纯理论与经验研究的结论。根据纯理论，可以得出这样的结论：货币供给的变动可能是由外生因素所决定的，例如金本位制下新金矿的发现，或者政府为战争提供资金而进行的借款。货币供给的变动也可能由货币需求所决定，以至于货币需求的增加引起了银行部门增加它的计划货币供给。此外，货币的需求和供给都要受到某些同样的影响，例如，名义收入的增加会引起货币需求与银行体系计划的供给货币同时增加"。

最后，如同在第三章中已经分析过的那样，德切科（De Cecco，1987）、莫尔（Moore，1988）、德赛（2000）在信用货币、信用经济及现代金融体系复杂性等前提下更加强调了货币的内生性。货币内生的观点目前正在被接受，但是货币内生与外生似乎已不再是货币经济学的前沿话题了。

① 参见罗西斯（1991）[90]。

（二）货币需求

如果说货币供给是内生的，那么内生的原因就在于货币需求。需要明确的是，货币理论中谈到的货币需求指的是“对作为交易媒介的货币的需求”（麦克勒姆等，2000）。

尽管货币需求对货币政策的意义很重要，但是，由于它并不稳定，所以已经逐渐淡出了主流理论研究的前沿，而迄今为止人们试图建立一个稳定的货币需求函数的努力依旧没有取得成功。

“失踪的货币”的提出者戈德弗尔德与斯切尔指出，“总之，从现有货币需求研究文献的描述中，很难获取任何有关货币政策实施的明确信息……正因为货币政策的需要，我们不懈地增进对货币需求的理解才有意义”（弗里德曼 B 等，2002a）[333]。他们总结了认为是最有希望的六个方向（弗里德曼 B 等，2002a）[334~335]。第一，货币的界定和计量问题，其中包括货币自身收益率的计算问题（即为货币支付利息）。第二，关注不同类型的货币持有动机的变化很重要。“这一点特别要紧，因为交易余额和其他类型的货币余额间的界限已经变得越来越模糊。”第三，选择恰当的数据是所有模型都存在的问题，特别是战后的季度数据是否合适。第四，对传统表达式中交易计量方法的几种可能的修正。“第一种观点认为，实际 GNP 不是正确的量度……第二种观点认为，实际 GNP 的不同组成部分有着不同量的融资需求……”第五，中央银行操作程序的变动引发了各种各样的问题。第六，放松对利率的管制引起了表达式的修正问题，并随之要求把利率设定的模型化与需求行为联系起来纳入模型。

本书认为，在现代的信用经济下，随着金融创新的快速发展，不仅货币的交易余额与其他余额的界限变得模糊，货币与金融资产的界限也变得日益模糊。在这种情况下，建立一个稳定的货币需求函数实在是太过困难。而且，货币需求是从经济个体的理性行为出发的，因此，当我们将个体基于不同动机以及不同个体的个量需要综合成为经济中的一个总量变量时，我们不可避免地要出现“合成谬误”（the fallacy of compounding），因为原本冲突的部分从总量中消失了。但是，戈德弗尔德与斯切尔的建议仍然是富有建设性的，本书在后面将尝试建立一个考虑了制度和结构因素的货币需求模型，符合他们第四个方向的第二点内容，这样至少可以部分地避免“合成谬误”的发生。

（三）外生利率

在理论上，教科书通常会介绍利率决定的三个范式：古典范式、可贷资金范式及流动性偏好范式。古典范式一般包括庞巴维克的时差利息论、马歇尔的均衡利率理论、威克塞尔的自然利率理论及费雪的投资机会理论。威克塞尔在 1898 年和 1901 年通过再生产循环将实物市场与货币市场结合起来，把利率纳入了宏观经济分析框架中，提出了“自然利率”① 的概念。费雪在 1930 年的《利息理论》与 1907 年的《利率论》中则认为，利息产生于现在物品与将来物品交换的贴水，它由主观因素（时间偏好）和客观因素（投资机会）共同决定；历史上，费雪首先开展了对实际利率和名义利率的分析。

而可贷资金理论由罗伯特森（Robertson，1934）和俄林（Ohlin，1937）提出，包括金本位下的借贷资金利率决定与纸币条件下债券供求利率决定。流动性偏好理论由凯恩斯在 1936 年提出。可贷资金理论与流动性偏好理论的论争，被认为是货币分析的流量范式与存量范式之争。但是，流动性偏好理论与其他理论的最大区别在于，凯恩斯认为，利率是由货币市场决定的（而不是存在一个由实物资本市场决定的一般利率），它将影响实物资本市场的利率（而不是反过来，利率不受货币控制的影响）——但是，这一思想没有在凯恩斯主义或新凯恩斯主义中保存下来（Moore，1988；Smithin，1989）。

因此，值得思考的问题是——自然利率存在吗？名义利率能否影响实际利率？

非货币的自然利率思想最早可以追溯到 1802 年的桑顿和 1817 年的李嘉图②，威克塞尔明确提出“自然利率”之后，它被 M. 弗里德

① 参见本书第二章第二节有关内容。

② 参见刘絜敖（1983）[89-92,101-108]。

曼和卢卡斯进一步发展为自然失业率和自然率（自然产出水平、自然就业水平）等概念①。主流货币经济学家认为，自然利率的思想作为一个实践性问题，它是一个合理的假设（Barro，1989；McCallum，1991）。但是一旦离开货币数量论隐含的商品货币框架，并承认货币在现代信用经济体系中的实际作用，我们将发现，如果没有货币作为价值标准和最终支付手段，整个信用体系将无法运转。于是，货币作为基础资产贷放所要求的利率必然对各种名义变量与实际变量的决定发挥关键作用。换言之，没有了信用本质的货币体系，借贷业务、实物资本形成乃至各种实际经济活动将无从谈起。

例如，最能代表自然利率决定的可贷资金理论中就存在两个问题②。第一个问题是，罗伯特森（Rebertson，1934）用新发债券的供给与需求流量来表示投资与储蓄，由于这种供求代表了产出与节俭等真实因素，所以当它们均衡时，就决定了唯一的自然利率。但这种利率决定显然忽略了前期已发行但还未到期的债券的存量，如果由于某种原因，对债券存量的需求降低，那么将会导致债券价格降低而利率上升，由此决定的利率将不是所谓的"自然利率"；而欲使该非均衡利率成为所谓的"自然利率"，则势必减少储蓄量，但将导致更低的收入水平。所以，并不存在一个唯一的自然利率（Regers，1989；Leijonhufvud，1981）。

另一个问题，也是更严重的逻辑问题，在可贷资金的框架里，经济只存在单一商品，而真实的投资与储蓄都是以（资本的）价值量来度量的，但价值量首先需要借助利率才能被计算或衡量，如果使用资本价值量来推导利率决定，就陷入了循环论证（罗杰斯，1989）。随后，Mishkin（2002）改用现存债券的存量而不再采用流量，并且只采用名义值来进行利率决定的分析，但这实际上已经转变为名义利率变化的理论了。所以，可贷资金理论曾批评流动性偏好理论没有考虑

---

① 参见本书第二章第一节有关内容。

② 本部分参考了史密森（2004）[101~103]对可贷资金理论存在问题的分析。

实物商品市场，而现在，它同样出现了与决定“产出与节俭”的基础力量的脱离。

即使不能简单推翻自然利率存在的命题，我们仍然可以继续考察名义利率与实际利率的关系。

根据货币主义的“芝加哥特例”①，实际利率就是资本的边际物质产品（*MPK*，以下记为 f_k）（Friedman M，1974）；希德罗斯基（Sidrauski，1967）认为，经济处于稳态时，资本的实际回报率和实际的金融利率都应等于一个稳定的时间偏好率（以下记为 ρ）。按照费雪界定的实际利率（$r = i - \pi^e$），古典范式认为（决定关系为从右向左）：

$$r = \rho = f_k \tag{4-4}$$

而现代主流思想认为：

$$r = f_k = \rho \tag{4-5}$$

但是，伯斯坦恩（Burstein，1995）认为，如果货币或信用体系在为生产融资过程中的重要地位得到正确理解，那么，“一个实际利率的货币理论”应该是：

$$f_k = \rho = r\text{②} \tag{4-6}$$

这里，利率首先在金融体系中得到决定，然后边际物质产品与时间偏好率必须按货币利率来调整。其原因在于，融资的可得性及成本最终决定了项目是否值得企业投资；而回报率低于现行融资成本的项目将不会被采纳。同样，时间偏好率也可以内生地随跨期消费决策主体的财富与消费水平的变化而变化。因此，在货币和信用经济中，货

① “芝加哥特例”（Chicago Special Case）（Burstein，1963；Friedman M，1974；Leijonhufvud，1981），指资本主义经济或多或少都能够以某一稳定的速度无限扩张。要么是因为投入的生产要素最终可以互相替代，要么技术的进步可以消除任何实际存在的物质世界的约束，因此，资本的边际产出就是常量。

② 参见史密森（2004）[106]。

币利率或融资成本才是关键因素，实际利率应按此调整。

利率外生的深刻政策意义在于，利率由金融部门的最终信用提供者——中央银行来决定，中央银行也可以进一步决定实际利率，这取决于它通过调整名义利率以抵消预期通货膨胀率的行动效果。

需要说明的是，较早以前，马克思就认为利率是由中央银行外生决定的。周诚君（2002a）[89]经过详尽分析指出，马克思认为，是剩余价值或平均利润率通过产业资本家和借贷资本家之间的竞争决定了平均利息率；而平均利息率又通过货币市场中货币供求的作用决定了市场利息率。那么，最初由谁来决定产业资本家和借贷资本家的竞争结果呢？“英格兰银行的权力，在它对市场利息率的调节上显示出来……于是它就有了确定市场利息率的权力”，即利息率是由中央银行决定的外生变量。

第三节　一个货币经济学的一般分析框架

本节将首先考察内生增长理论以及将货币引入内生增长理论的困境，然后在前两节的基础上，提出一个分析货币对经济产生影响的框架。

一　内生经济增长理论

内生经济增长理论也叫做“新增长理论”①，其最具有代表性的人物是罗默（Romer，1986、1990）和卢卡斯（Lucas，1988）。内生经济增长理论提出，收入增长的决定性因素是有效劳动的增长，这包括两个方面：技术进步内生化与人力资本内在化，它们构成了内生经济增长理论的框架。

① 所谓“新增长理论”，是相对于新古典增长理论和最优增长理论等传统经济增长理论而言的。传统经济增长理论突出强调了资本积累率对经济增长的作用，但是，资本积累率不能解释经济的长期增长，也不能解释国家或地区之间的收入差异。

(一) 技术进步内生化

如果把企业在市场经济条件下出于自身利益自觉进行研究开发(R&D)而得到的成果统称为“知识”(knowledge),罗默发现,这种知识就是一种公共品,它具有非竞争性(nonrival),而一般商品作为私人物品往往具有排他性(excludability)。而对于企业来说,知识的创造有两条途径,即专门的研发投资和边干边学(learning by doing)。

1. 专门的研发投资模式

在专门的研发投资模式下,假定知识产出对各种生产要素投入的弹性为常数,并用β, γ, ζ分别表示知识产出A对资本投入K、劳动投入L、现有知识A_0的弹性,则知识生产函数可以写为柯布—道格拉斯函数的形式:

$$\begin{aligned} A &= \varphi(K,L) = \mu K^{\beta} L^{\gamma} \\ &= \psi(K,L,A_0) = \nu K^{\beta} L^{\gamma} A_0^{\zeta} \end{aligned} \quad (4-7)$$

其中,μ, ν为非负常数,称为漂移参数(shift parameter),代表影响知识生产的外部因素(如基础科学研究)。由于$\beta+\gamma$及$\beta+\gamma+\zeta$可以为任何正数,所以难以判断知识生产的边际产出是递减、递增还是不变。但是,罗默(Romer, 1990)、Grossman et al(1991)、Aghion et al(1992)证明了经济利益激励(例如专利法对知识创造的保护),可以保证消费者剩余效应、商业窃取效应、研究开发效应的总和表现为净外部效应,而且一般情况下是正的净外部效应;Baumol(1990)、Murphy et al(1991)则指出,良好的人才管理机制可以保证知识的不断创造与积累,经济因而会得到迅速发展。

2. 边干边学模式

边干边学模式下的企业生产活动可以表示为下面的方程组:

$$\begin{cases} Y = F(K,L,A) \\ A = \varphi(K,L) \end{cases} \quad (4-8)$$

其中,$Y=F(K,L,A)$是产品生产函数;$A=\varphi(K,L)$是知识生产函数。可以证明在利润最大化目标下，边干边学模式是高增长、低效率的经济，知识可以促进经济增长和提高福利水平。

企业的专门研发投资和边干边学均是知识的内生创造与积累，因而将知识生产函数引入新古典增长模型和最优增长模型，就可以得到技术进步内生化的新增长理论。问题是，技术内生的新增长理论虽然可以解释一些经济体的长期增长，但仍然解释不了国家或地区之间的生活水平的差异——因为内生增长理论认为知识不具有竞争性，可以为任何人所利用。所以，有人认为，造成差异的可能原因不在于穷国得不到新知识和新技术，而在于穷国缺乏利用新知识和新技术的能力。

（二）人力资本内生化

内生经济增长理论认为，资本不仅包括传统的物质资本，还包括同样重要的人力资本。

卢卡斯（Lucas，1988）用人力资本解释了经济的持续增长，从而使人力资本内生化。卢卡斯假定人力资本投资的边际产出率递减，并引入了人力资本的外溢效应，同时又假定私人人力资本投资具有收益递增的效应，从而证明了人力资本增长率与人力资本投入—产出率成正比，与社会平均人力资本和私人人力资本在最终产品上的边际产出率成正比，与时间贴现率成反比。

尽管人力资本积累模型论证了人力资本对经济增长的作用，但它并没有把知识增长内生化。现代经济发展的一个事实是，知识是经济中的主导性资源，知识增长是经济增长的内在动力。所以，为了解释穷国缺乏知识利用能力而导致经济落后，必须建立一种知识经济模型，即人力资本积累内生增长模型，这样才能揭示人力资本在知识经济中的基础性作用①。

---

① 参见武康平（2006）[424]。实际上，武康平已经建立了“人力资本积累内生增长模型”，可参见该书第 428 ~ 435 页。

二　内生增长理论中的货币困境

增长模型中本来没有货币的位置，托宾（Tobin，1965）首先在新古典增长模型中引入了货币。随着内生增长理论的发展，如第三章第三节所述，经济学家们便尝试将货币引入内生增长模型中，这也构成了现代货币理论最核心的内容；但也正如卢卡斯（Lucas，1996）在诺贝尔奖获奖演说中提到的那样——通货膨胀对资本积累的影响以及货币的长期超中性问题也因此成了宏观经济学中颇具争议的中心议题之一。

（一）对托宾效应的争议

De Gregorio（1993）定义了一个内生增长意义上的托宾效应，这意味着，当一种现金式交易成本技术作用于消费品购买时，或者一种购物时间技术与内生劳动供给相关联时，逆托宾效应将占优势。Gillman et al（2003）发现通货膨胀对资本密集度和产出增长率产生了负效应。

（二）对货币效用模型的争议

希德罗斯基（Sidrauski，1967）批评了托宾模型的货币需求函数，认为对货币的正需求在于它的流量服务。Mino et al（1995）发现扩张性的货币政策有助于发展中国家走出“低增长陷阱”。货币效用模型直接假设货币具有正效用，但是，货币为什么在交易前就具有价值并产生效用呢？对此，托宾的资产组合模型和货币效用模型都难以回答。因此，货币交易职能并没有被很好地刻画出来。

（三）对预付现金模型的争议

Cooley et al（1989）得出了逆托宾效应的结果。Gomme（1993）在一个卢卡斯（Lucas，1988）的人力资本积累模型中发现，即使预付现金约束的影响仅限于消费，高通货膨胀仍可以抑制人力资本的积累，其作用机制为：货币增长率→通货膨胀率→劳动供给→“边干边学”效应→人力资本存量→经济增长率。如果将支付（金融）系统引入模型，情况会变得更糟。

（四）对交易成本模型的争议

交易成本模型是研究最多、进展最快的货币内生模型，但是如果考虑生产的外部性，其结论将很不确定。Itaya et al（2003）将 Benhabib et al（1994）的模型分别按照现金式交易成本和采购时间两个方向进行了拓展，由于劳动—闲暇的选择是内生决定的，通货膨胀通过劳动供给变化影响到了长期增长率，货币超中性命题不再成立。他们还发现，由于正的生产外部性导致了递增的规模报酬，当外部性足够强时，经济中也可能出现双重稳态：不确定性稳态和确定性稳态。

（五）小结

常玉春（2005）很好地总结了内生增长理论中的货币状况。他认为，经济学家在主要结论上的意见分歧可能意味着理论上不容忽视的缺陷。这种分歧，既可能是由分析工具方面的重大局限造成的，也可能与人们引入货币的方式有关，以至于看上去同样合理的模型会产生完全不同的结论。

笔者同意常玉春的观点，并认为最关键的一点在于，内生增长理论的核心是人力资本和技术进步的内生化。对此，Mino et al（1995）认为，生产技术和制度差异无疑对通货膨胀和经济增长的内在联系有重要影响。但是，在内生货币增长模型中，技术对货币增长率变化的反应是间接的，而且这一影响机制几乎都是事先假定的。所以，深入的研究应该立足于微观经济主体对货币政策的反应以及在此基础上经济和金融的制度、结构以及技术结构的内生化。下文将出现的一个分析框架，正是考虑了这样的特点。

三　货币对经济影响的分析框架

基于第三章第三节对货币理论核心范畴的分析，尤其是本章的实证检验和进一步的反思，本书提出一个分析货币对经济产生影响的框架（见图 4－5）。

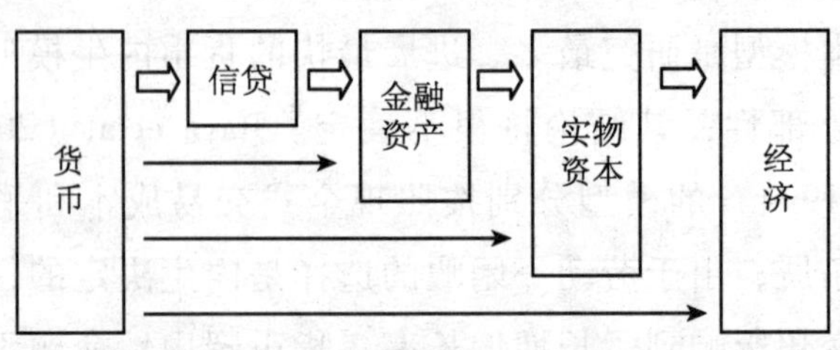

图 4-5 分析框架示意图

如图 4-5 所示，货币对经济增长的影响可能是一个复杂的机制。货币既有可能通过一条（空心箭头所代表的）主要路径影响到经济，也有可能直接影响经济以及（实线箭头所代表的）其他中间环节（当然一些中间环节也有可能会直接影响到经济）。

（一）框架建立的思想原则

首先，按照复杂经济学的观点（Chen，2002；陈平，2004、2006），"宏观经济的微观—中观（金融中介和产业结构）—宏观的三层次模型比目前流行的微观—宏观的两层次模型，可以更好地理解结构调整在宏观经济政策中的地位"（陈平，2006）[106]。根据实证的结果，长期中货币之于经济增长的作用是中性的，即货币直接影响经济增长的长期机制并不显著。但是，所有的研究者以及短期的证据都认为，货币确实影响了经济增长——关键的问题是是否存在一条稳定的影响路径。并且，由于复杂系统的内在特性，影响的传递会由于各环节的响应速度的不同，出现不同路径影响的叠加。例如，往往会存在对第 n 个环节的影响包括了第 $n-1$ 个环节（可能）的主导影响，以及第 $n-2$ 个环节以前所有环节直接传来的影响。基于此，货币与经济的联系机制需要考虑可能的中间环节，并试图寻找在特定经济体中可能存在的一个稳定路径。

其次，通过上节对内生增长理论以及货币融入内生增长模型的难题的考察，可以发现，在技术内生化与人力资本内生化这两大新增长理论的核心上，货币由于其固有的性质与职能，难以实现与经济的直接“嫁接”。然而基于交易成本视角的研究却似乎透露出一线可能——它可以把货币以交易技术、财富、闲暇选择等概念联结在边干边学与劳动供给等内生因素上——其可能性的大小又取决于金融制度、金融机构以及金融技术。

基于此，“新金融观点”的价值意义应该引起重新关注。“新金融观点”强调，对货币供给和经济活动有重大影响的不仅仅是商业银行，还包括其他金融机构。货币当局在控制商业银行的同时，也应该控制其他金融机构，这已被经济学家所接受，并体现在了各国货币政策的实践上。并且，“新金融观点”强调货币供给内生性，即货币供给并不为货币当局所完全控制，而最终取决于经济过程本身。当然，如同沃什（2000）指出的那样，“（新金融观点）这种方法的先天局限性在于它既不能为公众的资产需求也不能为金融中介组织的存在提供微观基础”①。事实上，沿着“新金融观点”思路的研究还在继续，1983 年伯南克在他最重要的论文中②，以实证研究揭示了大危机时期美国金融中介的重要性；而格特勒（Gertler，1988）则总结了金融机构如何导致货币内生性的研究。

（二）框架建立的具体思路

本框架的建立是按货币→信贷→金融资产→实物资产的思路进行的，其中信贷是最为重要的一环。

1. 货币环节

基于前文的分析，货币本质上是以国家信用为主导的社会信用体系的外在表现。货币既是社会制度（social institution），也是公共物品（托宾，2000）；作为价值标准与最终支付手段，货币还是一种制度和政策变量。但是，由于货币进入经济体系时所发挥的作用涉及对不同

① 参见彼得·纽曼、默里·米尔盖特、约翰·伊特韦尔编《新帕尔格雷夫货币金融大辞典》第三卷，北京大学等译，《新金融观点》，经济科学出版社，2000，第 32 页。

② 伯南克在他的博士论文中指出，他就是要挑战弗里德曼关于大危机时美国货币政策的观点。

层次（货币供给）的具体考察，这又演变成了一个实证分析的操作问题。尽管知道货币必然通过融通资金、联系经济中的储蓄与投资因素而发挥作用，但这也正是本书所要解决的问题。

2. 信贷环节

信贷当然是信用的具体形式，它以金融中介机构为载体融通社会的资金。一般而言，受到更多强调的是货币性金融中介机构的信贷(即银行贷款)，而不涉及格利和肖的非货币性金融中介机构的信贷，以避免发生货币的内部与外部问题。

按照斯蒂格利茨与格林沃尔德（2005）的分析，信贷的重要性在于它实际上就是社会资金可得性。尽管“可得性教义”（availability doctrine)[①] 更多地强调了信贷配给独立于利率，以及其他的改变借方需求计划的因素变化对投资产生的影响，但资金可得性的现实对于经济主体的选择具有最强烈的限制意义。中国和发展中国家的企业融资现状也的确如此。

Friedman B（1983）深入分析了信用的不同组成部分对宏观经济所起的作用，奠定了将信用因素纳入宏观经济分析模型的基础。

新凯恩斯主义重建货币经济学微观基础的努力已在本书第三章中作过一些介绍。这里补充的是，除了斯蒂格利茨等人在信贷配给方面的重要工作外，伯南克等人在货币政策银行信贷渠道方面也作出了重大贡献。伯南克与布林德（A. S. Blinder）（Bernanke et al，1988）以CC－LM 模型重新表述了信贷的重要性[②]，强调了银行在金融体系中的特殊作用以及银行贷款对于中小企业和个人的不可或缺性。伯南克与格特勒（Bernanke et al，1995）还从货币供给变动对特定借款人资产负债状况的影响上，进一步分析了信贷传导机制。特别是，新凯恩斯主义在这方面的努力，因伯南克、格特勒及克里斯特（Bernanke et

① “可得性教义”首先由 Roosa（1951）提出，主要研究者包括 Lindbeck（1962）、Modigliani（1963）、Jaffee（1971）、Koskela（1976、1979）与 Baltensperger（1978）等。

② 信贷市场与债券市场的重要差别在于其信息的不对称程度。

al，1996）的 BGG 模型建立而达到了新的高度——实现了经济实体的异化（不再将企业部门作为一个整体而认为同步赢利或亏损）、经济变量的动态化发展和一般均衡分析在同一模型中的表述。在货币的本质是信用、信用的具体形式体现为银行信贷的前提下，新凯恩斯主义基本完成了对货币经济学微观基础的重建，至此本书也回答了第三章第二节留下的一个疑问。

3. 金融资产环节

金融资产体现了经济体在金融发展、金融结构上对经济增长和发展的作用。伯南克、格特勒及克里斯特（Bernanke et al，1996）的 BGG 模型，以微观主体与资产负债表相联系的金融加速器机制为基础，进而将微观主体反应模型纳入宏观经济模型，从而建立了货币与经济的联系。金融资产既是货币、资金流量累积的结果，更是经济和金融的体制与结构变革的反映。如果以金融发展理论的视角来观察，戈德史密斯 1969 年的著作、King et al（1993）的论文是最具有划时代意义的工作，他们开创、发展和完善了分析金融体系与经济增长关系的框架。

4. 实物资本环节

本书放弃了内生增长理论中对人力资本的考虑，因为从中国实际出发，物质资本相对于人力资本来说意义更重要。邱晓华等人（2006）在《中国经济增长动力及前景分析》中得出的结论是，资本投入的贡献率和拉动作用分别为 59.2% 和 5.8%，对应的，人力资本的贡献率和拉动作用分别仅为 8.2% 和 0.8%。而且，金融因素作用于实物资本的渠道是明显存在的，但金融影响人力资本的可能性难以界定；一般认为，后者主要与教育体制及教育投入有关。

总体而言，本书建立这样一个分析框架的目的是，基于现有的理论与实证结果，试图从其中找到或者检验是否存在一条从货币到经济的增长路径。这里必须提到，本书分析框架的思想形成过程受到了瞿强的重要启发①。在下一章中，本书将对这个分析框架进行分解检验。

本章附表

附表1　季度货币、产出与价格数据

季　度	M0（亿元）	M1（亿元）	M2（亿元）	GDP（亿元）	CPI
1993Q1	4510.24	14113.10	29565.20	3949.69	117.54
1993Q2	5103.11	14915.30	31039.40	3129.99	124.84
1993Q3	5096.58	14611.10	31986.40	3525.29	128.65
1993Q4	5635.66	15847.00	34539.00	3930.70	134.17
1994Q1	5773.59	16566.50	37034.40	4317.42	143.65
1994Q2	6066.21	17995.20	40255.50	3348.51	152.14
1994Q3	6440.42	19386.00	43883.70	3671.62	161.64
1994Q4	7003.95	20117.70	46433.90	4915.44	170.26
1995Q1	7194.97	21170.70	50311.10	3869.98	176.17
1995Q2	7348.81	21780.10	53417.80	4418.90	182.17
1995Q3	7400.53	22953.20	57303.30	4442.65	185.55
1995Q4	7577.35	23482.00	60118.90	5247.00	189.17
1996Q1	8083.68	24055.50	64551.70	4721.26	192.62
1996Q2	8043.20	24972.40	68447.60	5124.92	198.69
1996Q3	8445.09	26359.30	72069.30	4781.49	200.30

① 笔者的博士学位论文2005年11月开题，在开题报告中提出了建立一个一般分析框架的最初设想。2006年11月8日，瞿强教授在中国社会科学院金融研究所作了题为《货币理论的演进与难题》的报告，他也提出了一个一般分析框架的设想——其中特别强调了信用的重要性。笔者深受启发，当时曾与他交流了货币产生的看法。瞿强教授承认框架的模型化（建立各种合适的函数）是一个很大的难题。笔者经过多次尝试，放弃了模型化的努力，如同在后文将看到的，将主要方向转为路径的检验上。在此过程中，笔者也几次与中国社会科学院金融研究所曾刚博士交流看法，他的观点基本与瞿强教授相同。

续附表1

季 度	M0（亿元）	M1（亿元）	M2（亿元）	GDP（亿元）	CPI
1996Q4	8458.25	27707.10	75632.00	5360.47	202.42
1997Q1	9183.06	29166.30	79647.70	5200.75	202.47
1997Q2	9570.80	31499.40	83043.60	5893.58	204.53
1997Q3	9466.56	32332.20	85865.40	5466.83	204.59
1997Q4	9780.13	33941.30	90625.40	5436.47	204.44
1998Q1	10094.33	33352.00	91791.60	5669.44	203.16
1998Q2	10199.08	34205.90	94921.40	5969.22	202.82
1998Q3	10573.18	36613.90	99963.20	6162.84	201.60
1998Q4	10766.64	37838.10	103961.80	5908.47	202..11
1999Q1	11223.01	38408.80	108334.10	6248.01	200.30
1999Q2	11416.31	39442.10	112022.30	6472.29	198.39
1999Q3	12307.80	41730.00	115085.50	6711.45	199.30
1999Q4	12930.02	44093.20	120905.20	6172.95	200.19
2000Q1	13097.01	45649.10	124307.50	6738.26	200.40
2000Q2	13646.53	49075.70	129500.00	7082.04	198.49
2000Q3	13954.32	50228.70	134048.60	7329.60	199.70
2000Q4	14080.41	50767.90	137835.90	6628.02	200.70
2001Q1	14211.94	53700.50	142767.60	7445.37	201.78
2001Q2	14630.09	55973.00	148052.40	7664.12	201.51
2001Q3	15129.25	56179.50	152179.60	7929.08	201.30
2001Q4	15076.10	57316.80	157235.20	7095.22	200.50
2002Q1	15382.92	59822.20	162456.70	8186.60	200.50
2002Q2	15841.55	63678.00	169354.50	8519.88	199.39
2002Q3	16303.78	66078.50	177163.00	8217.71	199.70
2002Q4	16603.65	70116.30	185194.80	7902.55	199.18
2003Q1	16928.01	71951.70	193447.70	8766.84	201.51
2003Q2	17792.24	76027.30	204246.70	8817.30	200.73
2003Q3	18385.19	78292.80	213405.70	9479.44	201.36
2003Q4	18975.07	81231.20	220379.50	8933.27	204.50
2004Q1	19095.87	85815.60	231654.60	9617.63	204.38

续附表 1

季 度	M0（亿元）	M1（亿元）	M2（亿元）	GDP（亿元）	CPI
2004Q2	19954. 43	88627. 10	238427. 50	9815. 23	207. 41
2004Q3	20612. 42	90439. 10	243756. 90	10310. 63	210. 16
2004Q4	20630. 07	95969. 70	254107. 00	9867. 60	209. 00
2005Q1	21017. 86	94743. 20	264588. 90	9056. 05	210. 17
2005Q2	21876. 40	98601. 30	275785. 50	9227. 28	211. 00
2005Q3	22369. 47	100964. 00	287438. 30	9649. 98	212. 96
2005Q4	23094. 25	107278. 70	298755. 70	14315. 15	211. 86

注：M1、M2 中国人民银行已进行了 X－11 季节调整；M0、CPI 用趋势剔除法进行了季节调整；GDP 为季度实际值——先根据季度名义 GDP 除以季度 CPI，再根据年度实际 GDP（名义 GDP 按同比 CPI 调整）同比例调整得到。

资料来源：本书附表 1、本书附表 7。

第五章　一般分析框架的分解检验

本章将首先概述中国货币经济的表层特征；然后对前一章提出的中国货币与经济增长的分析框架进行分解计量检验，以寻找货币影响经济增长的可能路径，并间接验证前述的中国货币经济特征是否具有实证依据；在上述基础上，最后进一步总结中国货币经济的深层次特征。

第一节　中国货币经济的转型特征

本节将从经济转型、金融发展、经济的货币化与金融化三个方面，概述中国经济转型在经济与金融上的表层特征。其中，经济转型上的特征是经济的市场化和现代化；金融发展上的特征是长期的银行主导金融结构以及已见成效的金融改革；经济货币化与金融化的特征是经济呈现高货币化。

一　经济转型

中国经济转型不仅是指由计划经济向市场经济的体制转型，还是指传统经济向现代经济的转型。它所表现出来的两个特征就是经济的市场化和现代化。

（一）“经济转型”的内涵

“经济转型”（economic transformation）与“经济转轨”（economic transition）是经常出现的两个术语。“经济转轨”的含义主要是指从计划经济体制向市场经济体制的转变，而“经济转型”的含义则不仅指由计划经济向市场经济的体制转型，还包括了传统经济向现代经济的转型。

本书认为，相比“经济转轨”而言，对于中国经济发展与转变的实际特征，“经济转型”是一种更加一般性的概括，它揭示了中国经济转型更深层次的内涵。

（二）中国经济转型的特征

1. 中国经济转型的市场化特征

中国经济从计划向市场的体制转变属于一个制度变量，它可以从两方面表现出来，即非国有经济活动在经济中的地位和经济的对外开放程度。考虑数据的可得性，对于前者，本书选择用“非国有工业总产值占工业总产值的比重”来表示；而后者，本书选择“进出口贸易额占 GDP 的比例”来表示。然后以这两项指标的平均值来代表制度变量，具体参见表 5 - 1。

根据表 5 - 1，可以计算出中国经济转型的制度变量指数（即“平均值”），它代表了中国经济的市场化程度①，其历史趋势如图 5 - 1 所示。从表 5 - 1 与图 5 - 1 可以看出，中国经济的市场化程度已由 1978 年的 16% 增长到 2005 年的 63%，因此，可以认为中国从计划经济体制向市场经济体制的转轨已经完成。

2. 中国经济转型的现代化特征

中国经济从传统向现代的转变属于一个结构变量，它可以从传统产业在经济中的地位变化或者第三产业在经济中的地位变化表现出来，而这两者均可以用“产业增加值占 GDP 的比重”来表示。本书倾向于选择前者，同时也附上对后者的计算，具体参见表 5 - 1。

---

① 这里的市场化程度只是本书的简单定义与计算，也仅限于本书研究使用。

表 5－1 中国经济转型的数量特征

单位：%

年份	制度变量			结构变量	
	非国有工业产值比重	进出口贸易额占 GDP 比例	平均值	第一产业增加值比重	第三产业增加值比重
1978	22.37	9.74	16.06	27.9	24.2
1979	18.98	11.23	15.11	31.0	21.9
1980	24.02	12.54	18.28	29.9	21.9
1981	21.70	15.03	18.37	31.6	22.3
1982	22.18	14.49	18.33	33.1	22.1
1983	22.98	14.42	18.70	32.9	22.7
1984	26.44	16.66	21.55	31.8	25.1
1985	35.14	22.92	29.03	28.2	28.9
1986	37.73	25.12	31.42	26.9	29.4
1987	40.27	25.58	32.92	26.6	29.9
1988	43.20	25.41	34.30	25.5	30.7
1989	43.94	24.46	34.20	24.9	32.2
1990	45.39	29.78	37.59	26.9	31.8
1991	43.83	33.17	38.50	24.3	33.9
1992	48.48	33.87	41.18	21.5	35.0
1993	53.05	31.90	42.47	19.5	33.9
1994	62.66	42.29	52.48	19.6	33.8
1995	66.03	38.66	52.34	19.8	33.0
1996	63.68	33.91	48.79	19.5	33.0
1997	68.38	34.15	51.26	18.1	34.4
1998	71.76	31.81	51.79	17.3	36.5
1999	71.79	33.34	52.57	16.2	38.0
2000	52.66	39.58	46.12	14.8	39.3
2001	55.57	38.47	47.02	14.1	40.7
2002	59.22	42.70	50.96	13.5	41.7
2003	62.46	51.89	57.18	12.6	41.4
2004	64.76	59.76	62.26	13.1	40.7
2005	62.33	63.86	63.10	12.6	39.9

资料来源：本书附表 1、附表 2，第三产业增加值比重来自 2006 年《中国统计年鉴》。

根据表5－1的数据，用“100－第一产业增加值比重”代表中国经济的现代化程度①，则其历史趋势如图5－1所示。从表5－1与图5－1可以看出，中国经济的现代化程度也有了很大的提高，第一产业增加值比重由1978年的27.9%下降到了2005年的12.6%，与此同时，第三产业增加值比重由1978年的24.2%增长到39.9%。但中国经济向现代化的转变还在进行中②。

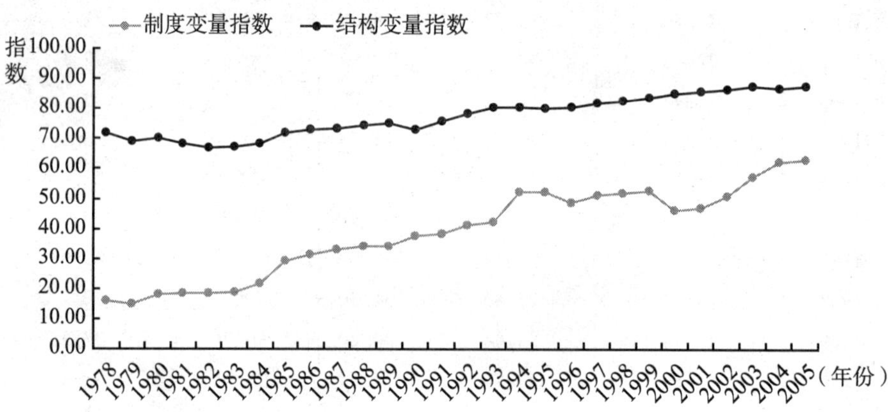

图5－1　中国经济转型数量特征

二　金融发展

1978年以来，伴随着金融体制改革的扩大和深化，中国金融业

① 这里的现代化程度只是本书的简单定义与计算，也仅限于本书研究使用。从图5－1看，中国经济现代化程度似乎很高，但实际上，农业产值的比重仍为12.6%，而第三产业产值的比重也仅为39.9%。根据《国际统计年鉴》（2006年）的不完全计算，发达国家农业产值比重低于2%，制造和加工业产值比重低于40%，第三产业产值比重高于60%，例如，2005年美国、英国、日本的第三产业产值比重依次为77%、73%和66%。当然，还有许多其他指标可以表明中国经济现代化程度仍不够高。目前，一般认为以信息产业代表的第三产业的发展状况能够预示国家经济未来发展的竞争力。

② 从1978年（47.9%）至2005年（47.5%），第二产业增加值比重比较稳定，最高为48.2%，最低为41.3%，平均值为45.28%。

不断发展壮大。描述这方面特征的核心问题是如何体现金融发展与经济增长的关系。这里主要通过金融资产结构变化与货币内部结构变化的有关数据，定量地表现两者的关系。其中，金融资产结构变化的数据说明银行在经济中一直保持主导地位，而货币内部结构变化的数据说明中国经济和金融体制改革已见成效。

（一）金融资产结构

货币、股票和债券是中国金融资产的基本构成，通过相关年度的M2货币余额、股票市值和债券余额的数据，结合GNP和GDP的数据，可以了解金融资产结构及其变化与经济的关系。结果可以发现，银行在经济中的主导地位并未改变。

1. 金融资产与国民经济总量概况

首先，初步了解金融资产与国民经济总量的概况，参见表5－2。

表5－2　中国金融资产与国民经济总量

单位：亿元

年　份	GNP	GDP	M2	债券余额	股票市值
1978	3645.2	3645.2	1159.1		
1979	4062.6	4062.6	1458.1		
1980	4545.6	4545.6	1842.9		
1981	4889.5	4891.6	2234.5	48.7	
1982	5330.5	5323.4	2589.8	92.5	
1983	5985.6	5962.7	3075.0	134.1	
1984	7243.8	7208.1	4146.3	176.6	
1985	9040.7	9016.0	5198.9	237.2	
1986	10274.4	10275.2	6721.0	401.9	
1987	12050.6	12058.6	8349.7	532.9	
1988	15036.8	15042.8	10099.6	310.0	
1989	17000.9	16992.3	11949.6	363.4	
1990	18718.3	18667.8	15293.7	1049.6	12.3

续表 5-2

年份	GNP	GDP	M2	债券余额	股票市值
1991	21826.2	21781.5	19349.9	1509.2	109.2
1992	26937.3	26923.5	25402.1	2247.8	1048.1
1993	35260.0	35333.9	34879.8	2451.9	3531.0
1994	48108.5	48197.9	46923.5	3063.8	3690.6
1995	59810.5	60793.7	60750.5	5655.4	3474.0
1996	70142.5	71176.6	75632.0	7468.7	9842.4
1997	77653.1	78973.0	90625.4	9697.4	17529.2
1998	83024.3	84402.3	103961.8	13563.7	19505.6
1999	88189.0	89677.1	120905.2	17768.1	26471.2
2000	98000.5	99214.6	137835.9	21764.9	48090.9
2001	108068.2	109655.2	157235.2	25161.1	43522.2
2002	119095.7	120332.7	185194.8	30723.8	38329.1
2003	135174.0	135822.8	220379.5	35945.2	42457.7
2004	159586.7	159878.3	254107.0	42666.2	37055.6
2005	183956.1	183084.8	298755.7	52521.7	32430.3

注：债券余额包括国家债券、企业债券、金融债券。《中国统计年鉴》2002～2005年数据未公布"企业债券年末余额"，只公布"年度新发行额"，且2002～2004年未公布"年度兑付额"，故2002～2005年"企业债"是在2001年基础上连续累计而得。

资料来源：历年《中国统计年鉴》。

以上数据表明，中国经济发展迅速，国内生产总值名义值从1978年的3645.2亿元增加到2005年的183084.8亿元。与此同时，金融资产的结构和总量也发生了巨大变化。

1981年以前，货币几乎是中国金融资产的唯一形式。1981年后才逐渐有了国债、金融债券、国家投资公司债券和国家投资债券等其他形式。股票市场起步于1990年，但发展十分迅速，如果按照上市公司市价总值计算，1990～2005年上市公司市价总值从12.3亿元增加到32430.3亿元，增加了2635.6倍。同时，债券和股票的增长远远快于货币增长。在 1986～2005 年期间，广义货币 M2 从 6721 亿元增加到 298755.7 亿元，增加了 43.5 倍；而同期各种债券余额从 401.9 亿元增加到 52521.7 亿元，增长了 129.7 倍。

2. 金融资产的基本结构及其变化

为了进一步分析金融资产的变化，本书计算了中国历年的金融资产总额。这里，金融资产总额 = 对金融机构总债权 + 对非金融机构总债权 + 对政府债权 + 股票市值。具体计算口径与方法参见本书附表 4 的注释。这样，中国货币、债券、股票占三者之和及金融资产总额的比例如表 5－3 所示。

表 5－3　中国货币、债券、股票的金融资产结构

年　份	金融资产总额（亿元）	M2/r1（%）	债券/r1（%）	股票/r1（%）	M2/r2（%）	债券/r2（%）	股票/r2（%）
1978	3043.2	38.09			100.00		
1979	3815.4	38.22			100.00		
1980	4785.6	38.51			100.00		
1981	5650.4	39.55	0.86		97.87	2.13	
1982	6396.9	40.49	1.45		96.55	3.45	
1983	7499.0	41.01	1.79		95.82	4.18	
1984	9804.2	42.29	1.80		95.91	4.09	
1985	12699.8	40.94	1.87		95.64	4.36	
1986	16386.8	41.01	2.45		94.36	5.64	
1987	19994.7	41.76	2.67		94.00	6.00	
1988	23635.0	42.73	1.31		97.02	2.98	
1989	28050.8	42.60	1.30		97.05	2.95	
1990	34744.9	44.02	3.02	0.04	93.51	6.42	0.08
1991	43132.3	44.86	3.50	0.25	92.28	7.20	0.52
1992	55115.2	46.09	4.08	1.90	88.52	7.83	3.65
1993	63578.0	54.86	3.86	5.55	85.36	6.00	8.64
1994	93212.4	50.34	3.29	3.96	87.42	5.71	6.88
1995	119248.7	50.94	4.74	2.91	86.94	8.09	4.97
1996	153517.8	49.27	4.87	6.41	81.37	8.04	10.59

续表 5-3

年 份	金融资产总额（亿元）	M2/r1（%）	债券/r1（%）	股票/r1（%）	M2/r2（%）	债券/r2（%）	股票/r2（%）
1997	197063.5	45.99	4.92	8.90	76.90	8.23	14.87
1998	229333.7	45.33	5.91	8.51	75.87	9.90	14.23
1999	263196.2	45.94	6.75	10.06	73.21	10.76	16.03
2000	310864.1	44.34	7.00	15.47	66.37	10.48	23.15
2001	343995.1	45.71	7.31	12.65	69.60	11.14	19.26
2002	384496.2	48.17	7.99	9.97	72.84	12.08	15.08
2003	462233.0	47.68	7.78	9.19	73.76	12.03	14.21
2004	516491.6	49.20	8.26	7.17	76.12	12.78	11.10
2005	583611.0	51.19	9.00	5.56	77.86	13.69	8.45

注：r1 表示金融资产总额；r2 表示“货币 + 债券 + 股票”总和。

资料来源：表 5-1、本书附表 4。

表 5-3 反映了货币、债券和股票发展的趋势和结构的变迁。

第一，广义货币 M2、债券、股票占中国金融资产总量的比重变化一致，都在上升。

1978～2005 年间，广义货币 M2 在从 38.09% 上升到了 51.19%（这是一个反常的现象），债券余额的比重（1981～2005 年）从 0.86% 上升到了 9.00%，股票市值的比重（1990～2005 年）从 0.04% 上升到了 5.56%。

通过图 5-2 可以直观看出，1993 年 M2 比重达到历史最高点 54.86%（当年 M2 增长率为 35%，1994 年 CPI 也达到历史最高点 124.10），随后下降到 2000 年 44.34%，近几年来则连续上升。形成对比的是，股票市值的比重在 2000 年达到历史最高值，此后便掉头直下①。

① 根据官方统计数字计算的 2006 年有关指标为：对金融机构总债权 374655.8 亿元，对非金融机构债权 262328.8 亿元，对政府债权 2856.4 亿元，M2（第四季度）345603.6 亿元，债券余额 59816.6 亿元，股票市值 89403.9 亿元。因此，股票市值占金融资产总额的比重为 12.26%，股票市值占“货币 + 债券 + 股票”的比重为 18.07%。

债券余额的比重一直平稳上升。

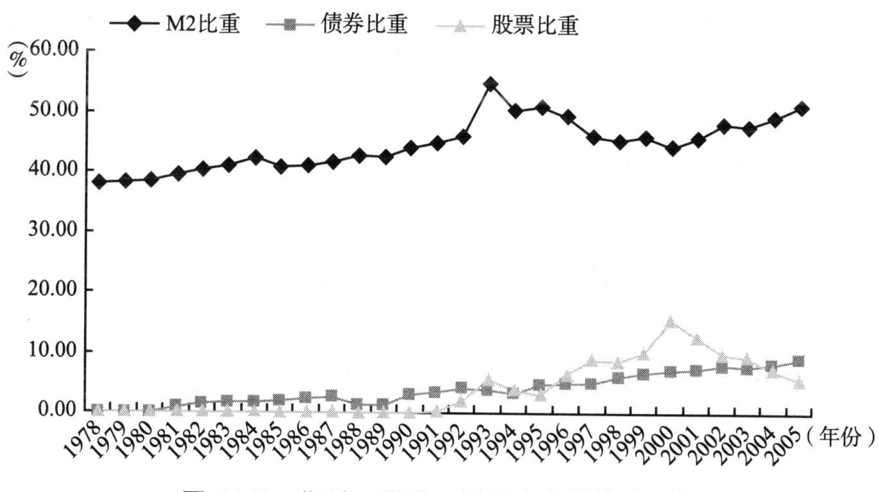

图 5－2　货币、债券、股票占金融资产比例

第二，广义货币 M2、债券、股票占三者总和的比重变化却不相同。

广义货币 M2（1978～2005 年）占三者总和的比重从 100.00% 下降到了 77.86%，债券余额占三者总和的比重（1981～2005 年）从 2.13% 上升到了 13.69%，股票市值占三者总和的比重（1990～2005 年）从 0.08% 上升到了 8.45%。从图 5－3 可以直观地看出，M2 占三者的比重在 2000 年达到最低点，此后连续上升，到 2005 年，上升幅度为 11.49%；但这应是股票市值快速下降后的相对效果，股票市值占三者总和的比重在此期间下降幅度为 14.70%。

上述分析表明，虽然银行中介在中国经济中的作用在相对下降，资本市场作用在相对上升，但银行中介的主导地位并未改变。

（二）货币的内部结构

这里选择广义货币 M2 作为货币的指标，它由流通中的现金 M0、活期存款（M1－M0）和准货币（M2－M1）构成。分析发现其结构变化的主要表现为准货币比重的增加。

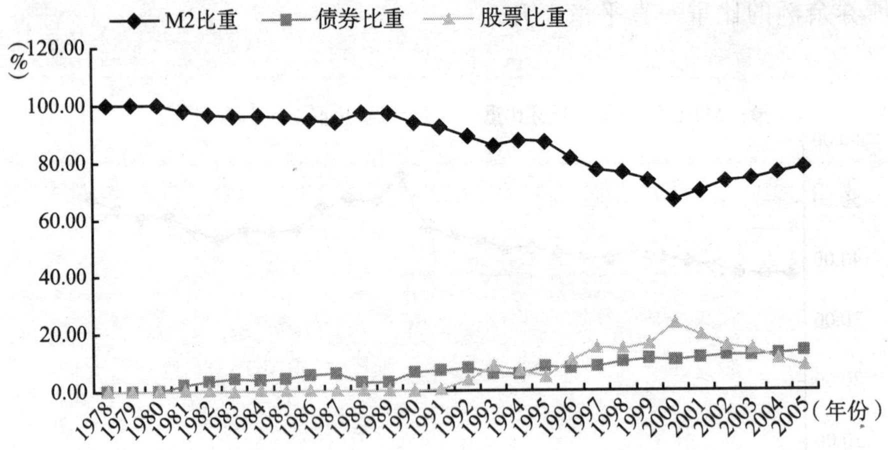

图 5－3　货币、债券、股票占三者总和比例

1. M2 各部分的作用

构成广义货币 M2 的三个部分各自的作用并不相同。现金 M0 主要实现居民对消费品的购买，而随着资本市场的发展，证券的投机需求也会对 M0 产生重要影响，同时货币市场利率波动对 M0 也有作用。一般而言，利率水平越低、资本市场越发展、居民的消费购买力越旺盛，对 M0 的需求也越大。

活期存款（M1－M0）主要媒介生产资料的购买，因而它与生产资料价格水平关系密切，反映的是企业对投资的需求。其中，货币 M1 对工业生产总值的影响最为显著，是经济周期波动的先行指标。

准货币（M2－M1）中居民储蓄存款占较大比例，它反映的是居民现期消费和未来消费间的替代关系。从短期看，准货币比重增加有利于抑制现期消费，稳定物价水平；但从长期看，将会构成强大的通货膨胀压力。

2. M2 各部分的变化趋势

表 5－4 表明，三部分总的变化趋势是，在现金与活期存款的比重下降的同时，准货币的比重增加。1978 年以来，M0 的比重从 1978 年的 18.29% 下降到了 2005 年的 8.04%；活期存款的比重在 1978～

1985 年间平均为 63.25%，到 1986～1989 年间平均下降到 43.08%，到 1990～2005 年间则进一步平均下降到 27.22%；准货币从 1978 年的 11.12% 增长到了 2005 年的 64.09%。

从图 5－4 还可以直观地看出，活期存款的比重自 1990 年以来基本保持稳定；而准货币的比重跃升主要发生在 1984～1990 年间，其上升幅度为 32.82%，相当于 1984 年水平的 150%。

3. 对变化趋势的解释

这些变化实际上与中国经济体制改革的历程相吻合。

中国在此期间正由“有计划的社会主义商品经济”转向“政府调控市场、市场引导企业”，即所谓的“双轨制”，先后推出了金融、物价、税收、流通等多项综合改革措施。

在金融体制改革方面，中国人民银行正式成为国家的中央银行，其商业银行的职能基本由新成立的中国工商银行承担——银行体系变为双层银行体系；同时，城市信用社、信托公司纷纷成立，股份制银行开始建立，股市开始出现，使单一国有银行的金融体系转变为多种金融机构并存的格局。学术界公认这是中国金融部门市场化改革的关键时期。

表 5－4 货币的内部结构

年 份	M0（亿元）	M1（亿元）	M0/M2（%）	(M1－M0)/M2（%）	(M2－M1)/M2（%）
1978	212.0	1030.2	18.29	70.59	11.12
1979	267.7	1291.7	18.36	70.23	11.41
1980	346.2	1538.0	18.79	64.67	16.54
1981	396.3	1838.1	17.74	64.52	17.74
1982	439.1	2070.5	16.95	62.99	20.05
1983	529.8	2392.7	17.23	60.58	22.19
1984	792.1	3245.4	19.10	59.17	21.73
1985	890.0	3659.1	17.12	53.26	29.62
1986	1218.4	4352.4	18.13	46.63	35.24
1987	1454.6	5308.2	17.42	46.15	36.43

续表 5-4

年份	M0（亿元）	M1（亿元）	M0/M2（%）	(M1-M0)/M2（%）	(M2-M1)/M2（%）
1988	2134.0	6452.2	21.13	42.76	36.11
1989	2344.0	6738.0	19.62	36.77	43.61
1990	2644.4	6950.7	17.29	28.16	54.55
1991	3177.8	8633.3	16.42	28.19	55.38
1992	4336.0	11731.5	17.07	29.11	53.82
1993	5864.7	15847.0	16.81	28.62	54.57
1994	7288.6	20117.7	15.53	27.34	57.13
1995	7885.3	23482.0	12.98	25.67	61.35
1996	8802.0	27707.1	11.64	25.00	63.37
1997	10177.6	33941.3	11.23	26.22	62.55
1998	11204.2	37838.1	10.78	25.62	63.60
1999	13455.5	44093.2	11.13	25.34	63.53
2000	14652.7	50767.9	10.63	26.20	63.17
2001	15688.8	57316.8	9.98	26.47	63.55
2002	17278.4	70116.3	9.33	28.53	62.14
2003	19746.2	81231.2	8.96	27.90	63.14
2004	21468.5	95969.7	8.45	29.32	62.23
2005	24032.8	107278.7	8.04	27.86	64.09

资料来源：本书附表 3。

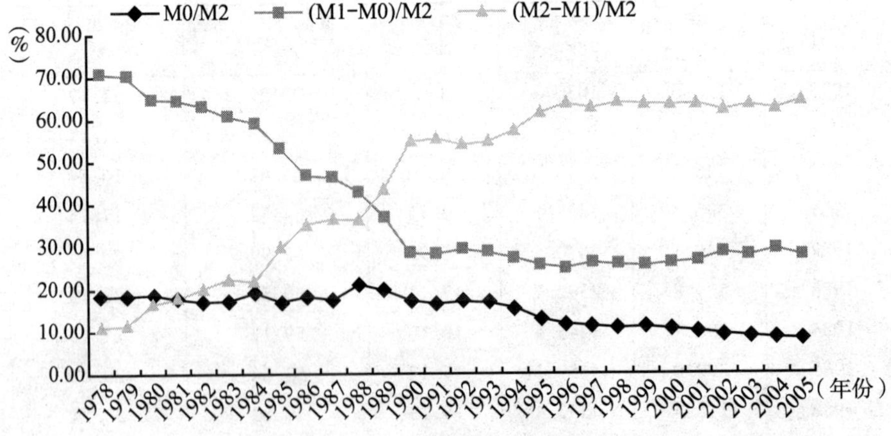

图 5-4 货币的内部结构

三　中国经济的货币化与金融化[①]

中国经济货币化与金融化的基本数据如表 5 – 5 和图 5 – 5 所示。从中可以发现，中国经济呈现出“高货币化”的明显特征。

表 5 – 5　中国经济货币化与金融化

年份	GNP（亿元）	GNPrg（%）	M2/GNP（%）	债券/GNP（%）	股票/GNP（%）	金融资产/GNP（%）
1978	3645.2		31.80			83.48
1979	4062.6	11.45	35.89			93.92
1980	4545.6	11.89	40.54			105.28
1981	4889.5	7.56	45.70	0.20		115.56
1982	5330.5	9.02	48.59	1.74		120.01
1983	5985.6	12.29	51.37	2.24		125.29
1984	7243.8	21.02	57.24	2.44		135.35
1985	9040.7	24.81	57.51	2.62		140.47
1986	10274.4	13.65	65.42	3.91		159.49
1987	12050.6	17.29	69.29	4.42		165.92
1988	15036.8	24.78	67.17	2.06		157.18
1989	17000.9	13.06	70.29	2.14		165.00
1990	18718.3	10.10	81.70	5.61	0.07	185.62
1991	21826.2	16.60	88.65	6.91	0.50	197.62
1992	26937.3	23.42	94.30	8.34	3.89	204.61
1993	35260.0	30.90	98.92	6.95	10.01	180.31
1994	48108.5	36.44	97.54	6.37	7.67	193.75
1995	59810.5	24.32	101.57	9.46	5.81	199.38
1996	70142.5	17.27	107.83	10.65	14.03	218.87
1997	77653.1	10.71	116.71	12.49	22.57	253.77

① 麦金农在 1973 年出版的《经济发展中的货币与资本》一书中，将金融资产总量与国民生产总值之间的比值作为金融深化的度量指标（FIR），本书选用国内常用说法——“证券化”或“金融化”。

续表 5－5

年份	GNP（亿元）	GNPrg（%）	M2/GNP（%）	债券/GNP（%）	股票/GNP（%）	金融资产/GNP（%）
1998	83024.3	6.92	125.22	16.34	23.49	276.22
1999	88189.0	6.22	137.10	20.15	30.02	298.45
2000	98000.5	11.13	140.65	22.21	49.07	317.21
2001	108068.2	10.27	145.50	23.28	40.27	318.31
2002	119095.7	10.20	155.50	25.80	32.18	322.85
2003	135174.0	13.50	163.03	26.59	31.41	341.95
2004	159586.7	18.06	159.23	26.74	23.22	323.64
2005	183956.1	15.27	162.41	28.55	17.63	317.26

注：易纲（Yi Gang，1991）的“货币化”即以 M2/GNP 来衡量，这里为提供比较而沿用之。

资料来源：《中国统计年鉴 2006》、本书表 5－2、本书附表 4。

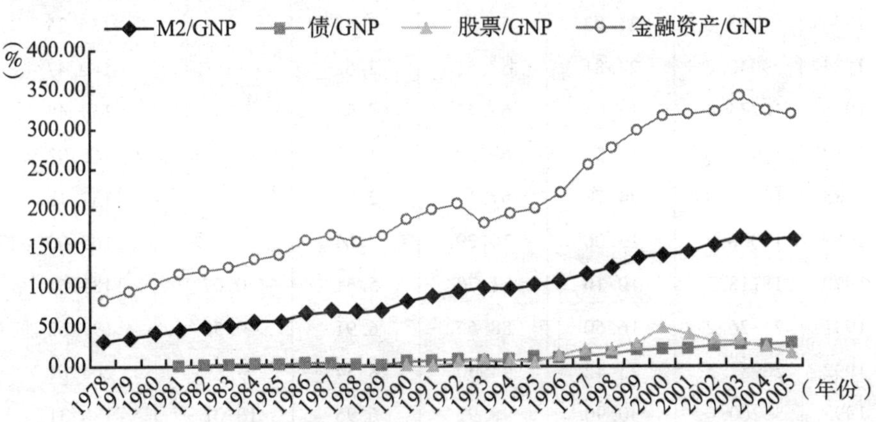

图 5－5 中国经济货币化与金融化

根据国际经验，发展中国家在经济开始快速增长的初期，代表经济货币化程度的 M2 占 GNP 的比例一般将增加；到达一定程度之后，货币化将被证券化（即金融化）所替代，表现出稳定或者下降的趋势。

这一过程的前半段与中国的发展并无二致，但是后来的发展却出乎世人的预料，中国目前的货币化程度已经达到世界最高水平。而令人难以置信的是，1996 年以后，货币的迅速增加是与国债和金融债券的增加发行、股市加快扩容的情况一起出现的，此时的大背景是中国经济走向通货紧缩、经济增长速度严重下滑。

从本书第二章关于中国“迷失的货币”的论述可知，这一现象与经济的货币化和金融化具有密切的伴生关系。关于货币迷失问题，后文有专门的论述，这里先进行以下三个简单的分析：货币化和金融化与 GNP 增长的相关分析、货币流通速度与货币流动性分析、货币化和货币增长与 GNP 增长的回归分析。主要目的在于初步说明货币化和金融化与经济增长的关系。

（一）货币化和金融化与 GNP 增长的相关分析

对表 5－5 的数据进行计算的结果显示以下几个结论。

（1）1978 年以来的货币化和金融化指标均与 GNP 的增长率负相关。其中，M2/GNP 与 GNP 增长率相关系数是－9.42%，总金融资产与 GNP 比值和 GNP 增长率的相关系数是－19.32%，债券余额与 GNP 比值和 GNP 增长率的相关系数是－28.73%，股票市值与 GNP 比值和 GNP 增长率的相关系数则高达－54.78%①。可见，股票价格的晴雨表作用在中国经济中并不存在。

（2）同期的货币化和金融化指标均与 GNP 正相关。其中，M2/GNP 与 GNP 相关系数是 94.65%，总金融资产与 GNP 比值和 GNP 的相关系数是 92.75%，债券余额与 GNP 比值和 GNP 的相关系数是 96.81%②，股票市值与 GNP 比值和 GNP 的相关系数是 62.50%。

（3）中国的货币化与金融深化的方向高度一致。这一点，可由

---

① 赵志君（2000）的结果为，1996 年以来，M2/GNP 与 GNP 增长率的相关系数是 9.02%，总金融资产/GNP 和 GNP 增长率的相关系数是 6.17%，债券余额/GNP 和 GNP 增长率的相关系数是－7.46%，股票市值/GNP 和 GNP 增长率相关系数高达－74.96%，M2/GNP 和总金融资产/GNP 的相关系数高达 99%。如果选取 1996～2005 年的数据，以上相关系数将分别是 19.65%、－4.64%、17.61%、－41.96%、94.24%。其中，债券余额/GNP 与 GNP 增长率相关程度仍列第二位。

② 此处可以理解为债券融资转化为投资，而投资推动经济增长的作用更直接，因为，自 1978 年以来，资本投入对中国经济增长的贡献率达 60%。

M2/GNP 和总金融资产/GNP 的相关系数高达 98.94% 来说明。

（二）货币流通速度与货币流动性分析

货币流通速度与货币流动性的计算结果如表 5－6、图 5－6、图 5－7所示。

表 5－6　中国货币流通速度与货币流动性

单位：%

年　份	GNP/M0	GNP/M1	M0/M2	M1/M2
1978	17.19	3.54	18.29	88.88
1979	15.18	3.15	18.36	88.59
1980	13.13	2.96	18.79	83.46
1981	12.34	2.66	17.74	82.26
1982	12.14	2.57	16.95	79.95
1983	11.30	2.50	17.23	77.81
1984	9.15	2.23	19.10	78.27
1985	10.16	2.47	17.12	70.38
1986	8.43	2.36	18.13	64.76
1987	8.28	2.27	17.42	63.57
1988	7.05	2.33	21.13	63.89
1989	7.25	2.52	19.62	56.39
1990	7.08	2.69	17.29	45.45
1991	6.87	2.53	16.42	44.62
1992	6.21	2.30	17.07	46.18
1993	6.01	2.23	16.81	45.43
1994	6.60	2.39	15.53	42.87
1995	7.59	2.55	12.98	38.65
1996	7.97	2.53	11.64	36.63
1997	7.63	2.29	11.23	37.45
1998	7.41	2.19	10.78	36.40
1999	6.55	2.00	11.13	36.47
2000	6.69	1.93	10.63	36.83
2001	6.89	1.89	9.98	36.45

续表 5－6

年　份	GNP/M0	GNP/M1	M0/M2	M1/M2
2002	6.89	1.70	9.33	37.86
2003	6.85	1.66	8.96	36.86
2004	7.43	1.66	8.45	37.77
2005	7.65	1.71	8.04	35.91

注：M0/M2、M1/M2 均以百分数表示。

资料来源：《中国统计年鉴 2006》、本书附表 3。

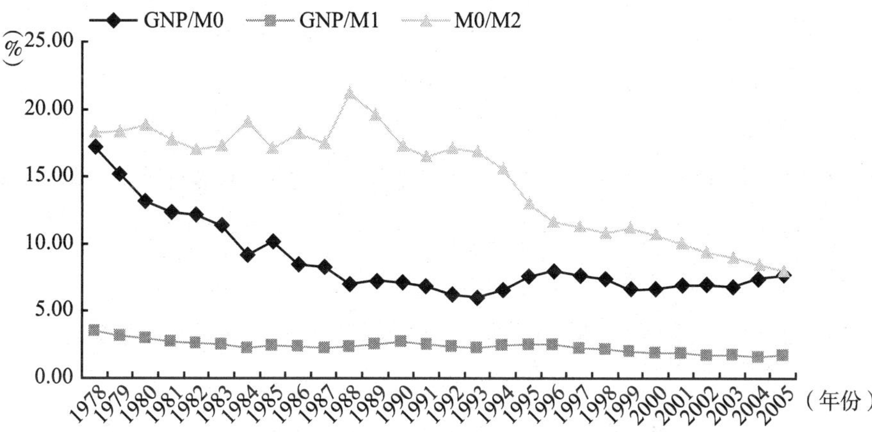

图 5－6　中国货币流通速度与货币流动性（一）

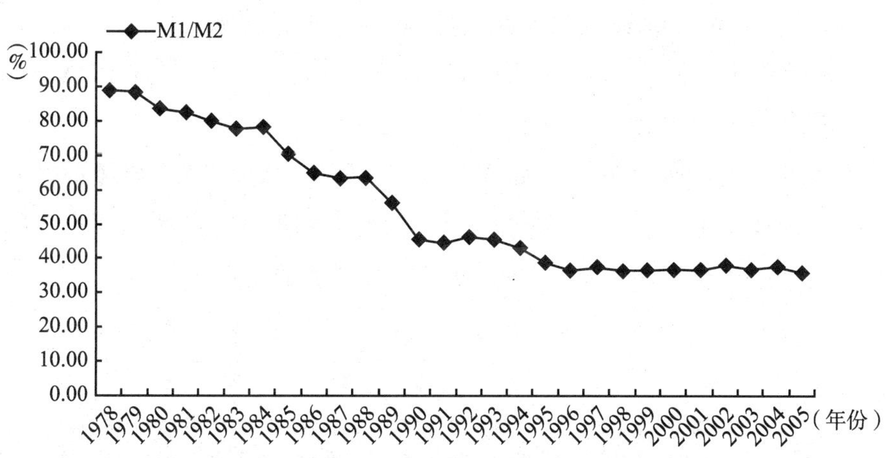

图 5－7　中国货币流通速度与货币流动性（二）

(1) 中国在改革开放初期的确经历了一个货币化的进程。这一时期原来实行配给的消费品和生产资料开始转为市场交易，表现为货币的增长速度超过产出的增长速度。这一货币化过程在 1992 年前后完成。

反映在表 5-6 中 M0 和 M1 的货币流通速度上，可以看到，M0 的流通速度从 1978 年的 17.19 下降到了 1993 年的 6.01 最低点。M1 的流通速度在微小波动中保持长期下降的趋势，从 1978 年的 3.54 下降到 1993 年的 2.23，略有反弹后（1995 年的 2.55 是最后一个高点），就一直下降，2002~2005 年平均水平已达到 1.68。

(2) 表现货币流动性的指标 M0/M2 和 M1/M2 出现了更加剧烈的下降。M0/M2 从 20 世纪 80 年代（含）以前的 18.3%下降到 90 年代的 14.1%，2000 年以来平均为 9.2%。M1/M2 的下降更甚，1978 年为 88.88%，80 年代（含）以前为 74.9%，90 年代为 41.0%，2000 年以来平均为 36.9%；其中，正如前文所分析的那样，1984~1990 年的变化最为猛烈，而从 1996 年至今比较平稳，基本保持在 36%~38%。

(3) 如果把货币化看做 M2 流通速度的倒数，那么直接可以看出，M1 的速度在三种流通速度中最为稳定。

(三) 货币化和货币增长与 GNP 增长的回归分析

鉴于本书在第六章将专门建立一个解释“货币迷失”的模型，现在仅考虑一个简单的货币内生增长检验。

如果金融资产的规模（如 M2①）及结构（货币化）与经济增长（GNP）、物价变化（如 CPI）是经济系统自身机制决定的，那么就可以尝试对这四个变量进行一个回归分析。有关数据见表 5-7。

---

① 由前文知道，M2/GNP 与总金融资产/GNP 高度相关，相关系数为 98.94%，可以用 M2 替代总金融资产；此外，总金融资产作为测算数字，可靠程度可能不如 M2。

表 5－7　中国货币化与 GNP 增长

年　份	GNP（亿元）	CPI（上年＝100）	货币化（%）	M2（亿元）
1978	3645.22	100.70	31.80	1159.10
1979	4062.58	102.00	35.89	1458.10
1980	4545.62	106.00	40.54	1842.90
1981	4889.46	102.40	45.70	2234.50
1982	5330.45	101.90	48.59	2589.80
1983	5985.55	101.50	51.37	3075.00
1984	7243.75	102.80	57.24	4146.30
1985	9040.74	109.30	57.51	5198.90
1986	10274.38	106.50	65.42	6721.00
1987	12050.62	107.30	69.29	8349.70
1988	15036.82	118.80	67.17	10099.60
1989	17000.92	118.00	70.29	11949.60
1990	18718.32	103.10	81.70	15293.70
1991	21826.20	103.40	88.65	19349.90
1992	26937.28	106.40	94.30	25402.10
1993	35260.02	114.70	98.92	34879.80
1994	48108.46	124.10	97.54	46923.50
1995	59810.53	117.10	101.57	60750.50
1996	70142.49	108.30	107.83	75632.00
1997	77653.13	102.80	116.71	90625.40
1998	83024.28	99.20	125.22	103961.80
1999	88188.95	98.60	137.10	120905.20
2000	98000.45	100.40	140.65	137835.90
2001	108068.22	100.70	145.50	157235.20
2002	119095.69	99.20	155.50	185194.80
2003	135173.98	101.20	163.03	220379.50
2004	159586.75	103.90	159.23	254107.00
2005	183956.10	101.80	162.41	298755.70

资料来源：本书附表 1、本书表 5－5、本书附表 3。

将名义 GNP 的增长率看做消费物价指数增长率、货币化增长率及货币增长率的函数，利用表 5－7 的数据进行回归分析。这里，以名义 GNP 为因变量，CPI、货币化、M2 为自变量（已经过对数化处理），进行单方程线性回归，结果如表 5－8 所示（具体参见书后“各章有关计算过程”）。

从书后表 5－8 可知，CPI 的 t 统计量不显著，将其剔除，重新进行回归，得到：

$$\ln GNP = -1.000133\ln \underset{(0.000132)}{\frac{M2}{GNP}} + 1.000036 \underset{(3.66E-05)}{\ln M2} + \underset{(0.000229)}{4.605415} \qquad (5-1)$$

$$R^2 = 1.0000 \qquad DW = 1.78$$

具体见书后表 5－9。

作为一种简单和初步分析的结果，从公式（5－1）可以看出，金融深化通过 M2 和货币化程度的变化对经济增长产生两方面的作用：一方面，回归方程中 M2 增长率的系数为正，意味着货币增长能够满足经济交易和投资需求并对经济增长起促进作用；另一方面，回归方程中货币化增长的系数为负，说明广义货币形式的金融资产增长过快，对经济增长起了阻碍作用。

第二节　一般分析框架的分解检验

本节根据有关数据资料，并结合上一节对中国货币经济特征的考察，对中国货币与经济增长一般分析框架的四个环节（即货币与信贷环节，货币、信贷—金融资产环节，金融资产—实物资本、经济环节，信贷—实物资本环节）进行了分解检验。

一　货币与信贷环节的分解检验

根据前文对一般框架的解释（第四章第三节），理论上信贷（以及银行）在货币影响经济机制中具有重要作用；根据对中国货币经济特征的考察，从经验事实上看，银行及其贷款在中国经济中具有决定性地位。因此，这里首先分别检验基础货币对广义货币 $M2$ 与存款货币银行信贷 L 是否存在因果关系。

对季度变量 $M2$、MB、L（数据来自本书附表7，这里都已做过对数化处理）进行单位根检验，结果如表 5－10 所示（具体参见书后“各章有关计算过程”）。

根据书后表 5－10 可知，$\ln M2$ 为二阶平稳变量，$\ln MB$、$\ln L$ 为一阶平稳变量。单位根阶数不同，因此不能对两个变量之间进行 VEC 模型的分析。

故此，首先对 MB 和 $M2$ 之间进行基于 VAR 分析的 Granger 因果检验，滞后阶数的选择如书后表 5－11 所示。计算可得 VAR 的滞后阶数为 3，据此，MB 和 $M2$ 之间的 VAR 方程为：

$$\begin{bmatrix} MB \\ M2 \end{bmatrix} = B_1^T \begin{bmatrix} MB(-1) \\ M2(-1) \end{bmatrix} + B_2^T \begin{bmatrix} MB(-2) \\ M2(-2) \end{bmatrix} + B_3^T \begin{bmatrix} MB(-3) \\ M2(-3) \end{bmatrix} + C \qquad (5-2)$$

其中，

$$B_1^T = \begin{bmatrix} 0.919155 & 0.016207 \\ -1.351897 & 1.073111 \end{bmatrix}, B_2^T = \begin{bmatrix} 0.137137 & -0.014104 \\ 4.114482 & 0.194375 \end{bmatrix},$$

$$B_3^T = \begin{bmatrix} -0.240558 & -0.015998 \\ -2.605478 & -0.267909 \end{bmatrix}, C = \begin{bmatrix} -0.092458 \\ 0.165030 \end{bmatrix}$$

具体见书后表 5－12。

于是，基于 VAR 分析的 Granger 因果关系检验如表 5－13 所示。

由表 5－13 可知，$M2$ 与 MB 之间呈现单向 Granger 因果关系，即存在 $M2$ 到 MB 的单向 Granger 因果关系。

进一步分析 MB 与 L 之间的关系。由于单位根阶数相同，都为一阶平稳变量，因此需采用 VEC 分析。

利用 VAR 方程得到最优滞后阶数，结果如表 5－14 所示（具体参见书后“各章有关计算过程”）。因此可得 VEC 的滞后阶数为 1。

对两个变量之间的协整关系进行检验，结果如表 5 - 15 所示。

表 5 - 13　MB、M2 的 Granger 因果关系

Pairwise Granger Causality Tests			
Date: 04/07/07 Time: 22: 36			
Sample: 1993Q1 2005Q4			
Lags: 3			
Null Hypothesis:	Obs	F-statistic	Probability
MB does not Granger Cause M2	49	1.01216	0.39688
M2 does not Granger Cause MB		4.92763	0.00506

表 5 - 15　MB、L 的 Granger 因果关系

Date: 04/07/07 Time: 23: 00				
Sample (adjusted): 1993Q3 2005Q4				
Included observations: 50 after adjustments				
Trend assumption: Linear deterministic trend				
Series: MB L				
Lags interval (in first differences): 1 to 1				
Unrestricted Cointegration Rank Test (Trace)				
Hypothesized		Trace	0.05	
No. of CE (s)	Eigenvalue	Statistic	Critical Value	Prob. **
None	0.229583	15.07293	15.49471	0.0578
At most 1	0.039820	2.031748	3.841466	0.1540
Trace test indicates no cointegration at the 0.05 level				
* denotes rejection of the hypothesis at the 0.05 level				
** MacKinnon-Haug-Michelis (1999) p-values				
Unrestricted Cointegration Rank Test (Maximum Eigenvalue)				
Hypothesized		Max-eigen	0.05	
No. of CE (s)	Eigenvalue	Statistic	Critical Value	Prob. **
None	0.229583	13.04118	14.26460	0.0773
At most 1	0.039820	2.031748	3.841466	0.1540
Max-eigenvalue test indicates no cointegration at the 0.05 level				
* denotes rejection of the hypothesis at the 0.05 level				
** MacKinnon-Haug-Michelis (1999) p-values				
Unrestricted Cointegrating Coefficients (normalized by b′ * S11 * b = I):				

续表 5 - 15

MB	L			
-3.821392	1.851164			
4.827344	-5.064025			
Unrestricted Adjustment Coefficients (alpha):				
D (MB)	0.032294	-0.010929		
D (L)	0.009642	0.003519		
1 Cointegrating Equation (s):		Log likelihood	168.5701	
Normalized cointegrating coefficients (standard error in parentheses)				
MB	L			
1.000000	-0.484421			
	(0.11957)			
Adjustment coefficients (standard error in parentheses)				
D (MB)	-0.123408			
	(0.04542)			
D (L)	-0.036845			
	(0.01406)			

结果显示在5%的置信度下两个变量之间不存在协整关系①。

因而得到 *MB* 与 *L* 之间的 VAR 方程：

$$\begin{bmatrix} MB \\ L \end{bmatrix} = \begin{bmatrix} 0.855628 & 0.103347 \\ -0.004415 & 0.987814 \end{bmatrix} \begin{bmatrix} MB(-1) \\ L(-1) \end{bmatrix} + \begin{bmatrix} 0.236439 \\ 0.224117 \end{bmatrix} \quad (5-3)$$

具体结果见书后表5 - 16。

于是得到基于 VAR 分析的 Granger 因果关系检验，结果如表5 - 17所示。

这表明两个变量之间不存在 Granger 因果关系。

以上分析说明，广义货币具有一定的内生性，基础货币在现实中

① 在10%的置信度下两个变量之间存在协整关系。本节以下部分同。

可能需要适应前者而变化；但是，银行信贷则具有外生性，即它可能不受中央银行基础货币调节的影响。

表 5-17 MB、L 的 Granger 因果关系

Pairwise Granger Causality Tests			
Date：04/07/07 Time：23：12			
Sample：1993Q1 2005Q4			
Lags：1			
Null Hypothesis：	Obs	F-statistic	Probability
L does not Granger Cause MB	51	2.77394	0.10232
MB does not Granger Cause L		0.04106	0.84028

二 货币、信贷—金融资产环节的分解检验

按照前述中国货币与经济增长一般分析框架的结构，接下来检验货币、信贷是否对金融资产（FAB）存在因果关系。

对年度变量 $M2$、L、FAB①进行单位根检验，结果如表 5-18 所示（具体参见书后"各章有关计算过程"）：ln$M2$ 和 ln$L$ 为水平平稳变量，lnFAB 为一阶平稳变量。单位根阶数不同，因此不能对两个变量之间进行 VEC 模型的分析。

于是，首先对 $M2$ 和 FAB 之间进行基于 VAR 分析的 Granger 因果检验，如书后表 5-19 所示，VAR 的滞后阶数为 5。

由此得到 $M2$ 和 FAB 之间的 VAR 方程为：

$$\begin{bmatrix} M2 \\ FAB \end{bmatrix} = B_1^T\begin{bmatrix} M2(-1) \\ FAB(-1) \end{bmatrix} + B_2^T\begin{bmatrix} M2(-2) \\ FAB(-2) \end{bmatrix} + B_3^T\begin{bmatrix} M2(-3) \\ FAB(-3) \end{bmatrix} + B_4^T\begin{bmatrix} M2(-4) \\ FAB(-4) \end{bmatrix} + B_5^T\begin{bmatrix} M2(-5) \\ FAB(-5) \end{bmatrix} + C \tag{5-4}$$

① 数据来自本书附表 3、附表 4，这里均已进行过对数化处理。

其中，

$$B_1 = \begin{bmatrix} 0.749428 & 0.588166 \\ 0.897877 & -0.385997 \end{bmatrix}, B_2 = \begin{bmatrix} -0.278386 & -0.469248 \\ 1.710372 & -0.804657 \end{bmatrix},$$

$$B_3 = \begin{bmatrix} -0.648542 & 1.851622 \\ 2.152563 & 0.084513 \end{bmatrix}, B_4 = \begin{bmatrix} -2.953913 & 1.045052 \\ 1.226467 & 0.681342 \end{bmatrix},$$

$$B_5 = \begin{bmatrix} -1.935801 & -2.170412 \\ 0.416844 & 0.476124 \end{bmatrix}, C = \begin{bmatrix} -9.887579 \\ 2.231772 \end{bmatrix}$$

具体见书后表 5 - 20。

基于 VAR 分析的 Granger 因果关系检验如表 5 - 21 所示。

表 5 - 21　M2、FAB 的 Granger 因果关系

Pairwise Granger Causality Tests			
Date: 04/08/07 Time: 11: 48			
Sample: 1988 2005			
Lags: 5			
Null Hypothesis:	Obs	F-statistic	Probability
FAB does not Granger Cause M2	13	1.92729	0.37592
M2 does not Granger Cause FAB		300.225	0.00332

可见，*M2* 与 *FAB* 之间呈现单向 Granger 因果关系，即存在 *M2* 到 *FAB* 的单向 Granger 因果关系。

进一步地，对 *L* 与 *FAB* 之间进行基于 VAR 分析的 Granger 因果检验，滞后阶数见书后表 5 - 22。因此可得 VAR 的滞后阶数为 5。

于是，得到 *L* 与 *FAB* 之间的 VAR 方程：

$$\begin{bmatrix} L \\ FAB \end{bmatrix} = B_1^T\begin{bmatrix} L(-1) \\ FAB(-1) \end{bmatrix} + B_2^T\begin{bmatrix} L(-2) \\ FAB(-2) \end{bmatrix} + B_3^T\begin{bmatrix} L(-3) \\ FAB(-3) \end{bmatrix} + B_4^T\begin{bmatrix} L(-4) \\ FAB(-4) \end{bmatrix} + B_5^T\begin{bmatrix} L(-5) \\ FAB(-5) \end{bmatrix} + C \qquad (5-5)$$

具体见书后表5-23。

于是，得到基于VAR分析的Granger因果关系检验，具体如表5-24所示。

表5-24 L、FAB的Granger因果关系

Pairwise Granger Causality Tests			
Date：04/08/07 Time：11：56			
Sample：1988 2005			
Lags：5			
Null Hypothesis：	Obs	F-statistic	Probability
FAB does not Granger Cause L	13	0.90009	0.60118
L does not Granger Cause FAB		12.4457	0.07604

这表明在5%的置信度下两个变量之间不存在Granger因果关系。

以上分析说明，广义货币增长是可以解释金融资产增长的原因，因而本章第一节的定性分析也得到了数量论证；但是，具有外生性的银行信贷却不一定能够导致金融资产规模的变化，即银行信贷对经济的影响可能不通过金融通道，而是直接影响经济行为。

三 金融资产—实物资本、经济增长环节的分解检验

金融资产对于实物资本、经济增长的影响在这里可以通过两种方法进行检验：第一种方法，从主流的存量分析上，验证是否存在FAB对全社会固定资产投资总额（TFA）、实际GDP的因果关系；作为对比，第二种方法，采用流量口径，验证是否存在金融部门资金流量表上的金融资产（FFF）对TFA、实际GDP的因果关系。

对年度变量FAB、TFA、实际GDP① 进行单位根检验，结果如书

① 数据来自本书附表1、附表2、附表4，实际GDP采用定基比CPI缩减，均已进行过对数化处理。

后表 5 - 25 所示为：ln*FAB* 为一阶平稳变量，ln*TFA* 和 ln*GDP* 为水平平稳变量（具体参见书后“各章有关计算过程”）。单位根阶数不同，因此不能对两个变量之间进行 VEC 模型的分析。

下面，首先对 FAB 和 TFA 进行基于 VAR 分析的 Granger 因果检验，滞后阶数如书后表 5 - 26 所示，由此可得 VAR 的滞后阶数为 2。

于是，得到 *FAB* 和 *TFA* 之间的 VAR 方程为：

$$\begin{bmatrix} FAB \\ TFA \end{bmatrix} = \begin{bmatrix} 0.979876 & 0.945561 \\ 0.237113 & 1.247486 \end{bmatrix}^T \begin{bmatrix} FAB(-1) \\ TFA(-1) \end{bmatrix} + \begin{bmatrix} -0.156404 & -0.374875 \\ -0.052685 & -0.897662 \end{bmatrix}^T \begin{bmatrix} FAB(-2) \\ TFA(-2) \end{bmatrix} + \begin{bmatrix} 0.413433 \\ -0.395484 \end{bmatrix} \quad (5-6)$$

具体见书后表 5 - 27。

这样可以得到基于 VAR 分析的 Granger 因果关系检验，具体如表 5 - 28所示。

表 5 - 28　FAB、TFA 的 Granger 因果关系

Pairwise Granger Causality Tests			
Date：04/08/07 Time：18：08			
Sample：1980 2005			
Lags：2			
Null Hypothesis：	Obs	F-statistic	Probability
TFA does not Granger Cause FAB	24	2. 80679	0. 08551
FAB does not Granger Cause TFA		8. 35784	0. 00249

可见，在 5% 置信度下 FAB 与 TFA 之间呈现单向 Granger 因果关系，即存在 FAB 到 TFA 的单向 Granger 因果关系。

进一步对 FAB 与实际 GDP 之间进行基于 VAR 分析的 Granger 因果检验，滞后阶数如表 5 - 29 所示（具体参见书后“各章有关计算过程”)。因此可得 VAR 的滞后阶数为 5。

于是，得到 *FAB* 与实际 *GDP* 之间的 VAR 方程为：

$$\begin{bmatrix} FAB \\ GDP \end{bmatrix} = B_1^T \begin{bmatrix} FAB(-1) \\ GDP(-1) \end{bmatrix} + B_2^T \begin{bmatrix} FAB(-2) \\ GDP(-2) \end{bmatrix} + B_3^T \begin{bmatrix} FAB(-3) \\ GDP(-3) \end{bmatrix} + B_4^T \begin{bmatrix} FAB(-4) \\ GDP(-4) \end{bmatrix} + B_5^T \begin{bmatrix} FAB(-5) \\ GDP(-5) \end{bmatrix} + C \quad (5-7)$$

其中，

$$B_1 = \begin{bmatrix} 1.024709 & 0.069738 \\ 0.213777 & 1.758385 \end{bmatrix}, B_2 = \begin{bmatrix} 0.322574 & 0.121836 \\ -0.584831 & -1.871026 \end{bmatrix},$$

$$B_3 = \begin{bmatrix} -0.194775 & -0.185444 \\ 1.247995 & 1.776081 \end{bmatrix}, B_4 = \begin{bmatrix} -0.230002 & -0.110765 \\ -2.139934 & -1.328183 \end{bmatrix},$$

$$B_5 = \begin{bmatrix} 0.067198 & 0.079496 \\ 1.247708 & 0.727083 \end{bmatrix}, C = \begin{bmatrix} 0.404150 \\ -0.221812 \end{bmatrix}$$

具体见书后表 5－30。

这样可以得到基于 VRA 分析的 Granger 因果关系检验，具体如表 5－31所示。

表 5－31 FAB、实际 GDP 的 Granger 因果关系

Pairwise Granger Causality Tests			
Date：04/08/07 Time：18：37			
Sample：1980 2005			
Lags：5			
Null Hypothesis：	Obs	F-statistic	Probability
GDP does not Granger Cause FAB	21	0.49767	0.77163
FAB does not Granger Cause GDP		2.86622	0.07355

这表明在 5% 置信度下 *FAB* 与实际 *GDP* 这两个变量之间不存在

Granger 因果关系。

从存量分析的角度看，金融资产的积累能够促进社会固定资产形成的增加，但是并不存在金融资产对实际产出的正向影响，这也验证了本章第一节中国金融深化可能阻碍了名义国民生产总值增加的初步判断。

下面尝试从流量角度进行分析。

对年度变量 *FFF*、*TFA*、实际 *GDP*① 进行单位根检验，结果如书后表 5－32 所示：ln*FFF*、ln*TFA* 和 ln*GDP* 为一阶平稳变量（具体参见书后“各章有关计算过程”）。单位根阶数相同，因此需要进一步对两个变量之间进行协整检验。

首先分析 *FFF* 和 *TFA* 之间的关系。

利用 VAR 方程得到最优滞后阶数，结果如书后表 5－33 所示。因此可得 VAR 的滞后阶数为 3。

进一步作协整检验，但是同样由于数据有限，在滞后阶数为 3 时进行协整检验无法支持，只能支持在滞后阶数为 2 时进行协整检验。结果见书后表 5－34。

由书后表 5－34 可知，两个变量之间存在一个协整方程，即：

$$\ln FFF = 2.024763 \ln TFA \tag{5-8}$$

但是该结论是在滞后阶数为 2 的情况下得到的，并不可靠。因此，进一步建立 VAR 方程为：

$$\begin{bmatrix} FFF \\ TFA \end{bmatrix} = B_1^T \begin{bmatrix} FFF(-1) \\ TFA(-1) \end{bmatrix} + B_2^T \begin{bmatrix} FFF(-2) \\ TFA(-2) \end{bmatrix} + B_3^T \begin{bmatrix} FFF(-3) \\ TFA(-3) \end{bmatrix} + C \tag{5-9}$$

其中，

① 数据来自本书附表 1、附表 2、附表 5，实际 GDP 采用定基比 CPI 缩减，均已进行过对数化处理。

$$B_1 = \begin{bmatrix} 1.272840 & 0.008276 \\ -3.243896 & 0.830643 \end{bmatrix}, B_2 = \begin{bmatrix} -1.193660 & -0.049118 \\ 7.157554 & 0.707176 \end{bmatrix},$$

$$B_3 = \begin{bmatrix} 0.267388 & -0.057112 \\ -2.928318 & -0.317392 \end{bmatrix}, C = \begin{bmatrix} -3.309983 \\ -1.151250 \end{bmatrix}$$

具体如书后表 5 - 35 所示。

在 VAR 基础上进行 Granger 因果关系检验，结果如表 5 - 36 所示。

表 5 - 36　FFF、TFA 的 Granger 因果关系

Pairwise Granger Causality Tests			
Date：04/14/07 Time：09：58			
Sample：1992 2005			
Lags：3			
Null Hypothesis：	Obs	F-statistic	Probability
TFA does not Granger Cause FFF	11	1.91912	0.26804
FFF does not Granger Cause TFA		2.62233	0.18733

这表明 *FFF* 与 *TFA* 之间不存在 Granger 因果关系。

进一步分析 *FFF* 与 *GDP* 之间的关系。

利用 VAR 方程得到最优滞后阶数，结果如表 5 - 37 所示（具体参见书后"各章有关计算过程"）。

同样由于数据有限，只能支持在滞后阶数为 2 的情形下进行协整检验，因此协整检验的结果不可靠。于是得到 VAR 方程为：

$$\begin{bmatrix} FFF \\ GDP \end{bmatrix} = B_1^T \begin{bmatrix} FFF(-1) \\ GDP(-1) \end{bmatrix} + B_2^T \begin{bmatrix} FFF(-2) \\ GDP(-2) \end{bmatrix} + B_3^T \begin{bmatrix} FFF(-3) \\ GDP(-3) \end{bmatrix} + C \quad (5-10)$$

其中，

$$B_1 = \begin{bmatrix} 1.071979 & -0.011324 \\ -9.843768 & 1.473578 \end{bmatrix}, B_2 = \begin{bmatrix} -1.148383 & 0.004426 \\ 36.52912 & -0.274623 \end{bmatrix},$$

$$B_3 = \begin{bmatrix} 0.486149 & -0.008049 \\ -25.15229 & -0.162447 \end{bmatrix}, C = [-10.69001 \quad -0.185659]$$

具体见书后表5－38。

在VAR基础上进行Granger因果关系检验，结果如表5－39所示。

表5－39　FFF、实际GDP的Granger因果关系

Pairwise Granger Causality Tests			
Date：04/14/07 Time：10：22			
Sample：1992 2005			
Lags：3			
Null Hypothesis：	Obs	F-statistic	Probability
GDP does not Granger Cause FFF	11	1.68559	0.30640
FFF does not Granger Cause GDP		1.90471	0.27020

这表明*FFF*与*GDP*之间不存在Granger因果关系。

从流量分析的角度看，金融资产与社会固定资产形成、实际GDP没有明显的因果关系，可能的原因是由于选择的变量和数据比较简单。

以上分析说明，金融资产存量的增加能够促进中国实物资本的增长，但中国经济的增长可能受到更多的实体因素影响，（货币及）金融资产到经济的直接路径并不显著，这也验证了第四章第一节中货币尽管长期可能非中性但对产出冲击仅占10%的结论。而流量角度的金融资产与社会投资、经济增长的关系，由于变量和数据的原因，暂时没有看到明显的关系存在。

四　信贷—实物资本环节的补充检验

在前面对货币、信贷—金融资产环节的检验中发现，信贷不构成金融资产的原因，但从实践上看，信贷对中国经济又具有重大影响。因此，有必要对信贷与实物资本的关系进行检验。

首先检验对数化处理的年度变量信贷 L、固定资产投资 TFA（数据来自本书附表 2、附表 7，都已做过对数化处理）进行单位根检验，结果如表 5－40 所示为（具体参见书后“各章有关计算过程”）：$\ln L$ 和 $\ln TFA$ 都为水平平稳变量，因此进一步对两者关系进行基于 VAR 分析的 Granger 因果检验。其滞后阶数见书后表 5－41。因此，可得 VAR 的滞后阶数为 2。

于是，可得到 L 和 TFA 之间的 VAR 方程：

$$\begin{bmatrix} L \\ TFA \end{bmatrix} = \begin{bmatrix} 1.156821 & 0.130617 \\ 0.826832 & 1.269883 \end{bmatrix} \begin{bmatrix} L(-1) \\ TFA(-1) \end{bmatrix} + \begin{bmatrix} -0.248898 & -0.077374 \\ -0.212621 & -0.862612 \end{bmatrix} \begin{bmatrix} L(-2) \\ TFA(-2) \end{bmatrix} + \begin{bmatrix} 0.589495 \\ -0.875368 \end{bmatrix} \tag{5-11}$$

具体如书后表 5－42 所示。

进一步，得到基于 VAR 分析的 Granger 因果关系检验，结果如表 5－43所示。

表 5－43　L、TFA 的 Granger 因果关系

Pairwise Granger Causality Tests			
Date: 04/16/07 Time: 22: 24			
Sample: 1988 2005			
Lags: 2			
Null Hypothesis:	Obs	F-statistic	Probability
TFA does not Granger Cause L	16	0.98416	0.40439
L does not Granger Cause TFA		7.73054	0.00800

可见，L 与 TFA 之间呈现单向 Granger 因果关系，即存在 L 到 TFA 的单向 Granger 因果关系。

以上分析说明，银行信贷虽然不会对金融资产产生明确因果关系，但是将直接通过社会固定资产投资的形成而影响经济增长。

这里可以进一步得到更具体的长期稳定关系。建立 $\ln TFA$ 和 $\ln L$ 的误差修正模型为：

$$\ln TFA_t = -1.64299 + 1.285736\ln L_t + 0.478427\ln TFA_{t-1} - 0.668804\ln L_{t-1}$$

移项整理得到：

$$\Delta\ln TFA_t = -1.64299 + 1.285736\Delta\ln L_t - 0.521573(\ln TFA_{t-1} - 1.18283\ln L_{t-1})$$

故，可得长期方程为：

$$\ln TFA = 1.18283\ln L \tag{5-12}$$

以上长期协整方程说明，从长期均衡看，固定资产投资的确与信贷具有正相关关系，信贷每增加 1%，固定资产投资将增长 1.18283%。这表明 1988 年以来，在中国由固定资产投资推动的经济增长中，银行信贷确实具有重要作用。

第三节　中国货币经济的深层次特征

本节在第三章和第四章关于货币经济学基本问题的理论分析基础上，综合考察中国货币经济表现出的货币内生性、利率外生性及现实中的资金可得性等深层次特征。

一　货币内生性

由前文可知，在现代信用经济条件下，货币表现出的内生性特征已逐渐被认识到；而在不同的经济体中，这种内生性的程度也许有所不同。由上一节的分析也可知，M2 是基础货币的格兰杰原因，这也表明了中国的 M2 具有内生性的特征。

对于中国货币内生性与外生性的问题，改革开放以来，随着货币调控方式从以信贷计划为特征的直接调控转向以控制基础货币为特征的间接调控，国内的研究也在逐渐认同货币内生性不断加强的观点，一个主要表现就是由内外共生的观点转向了内生观点。

（一）有关背景与经验事实

改革开放以来，倒逼机制、金融调控方式的转变等，是中国货币内生性的背景与经验事实。

（1）倒逼机制。倒逼机制是指政府、银行和企业等货币需求主体以“要挟”的方式，迫使中央银行满足其货币需求，致使中央银行无法自主决定货币供给。大多数观点认为，无论在计划经济时代还是在转轨时期，这一机制在货币供给过程中都广泛存在。

（2）金融调控方式的转变。1995 年以前，中国的银行业一直处于“贷差”时期，即存款数量小于贷款数量。1995 年起，这一状况转为“存差”，即存款数量大于贷款数量。中国人民银行对金融机构的管理方式也随之发生了转变。贷差时期，中央银行对资金进行数量控制，它包括现金管理和信贷规模管理两个方面，先后采取了“存贷挂钩、差额包干”、“实贷实存”等管理体制。

1994 年起，中国经济开始由商品和资金的“相对短缺”过渡到“相对过剩”，中国人民银行开始停止对财政的透支，缩小对信贷规模的控制范围，对部分金融机构推行贷款限额下的资产负债比例管理。此后，随着商业银行自主性的增强，1998 年起，中国人民银行开始实行“计划指导，自求平衡，比例管理，间接调控”的新管理体制。

（二）货币内生性的有关验证

简单地说，在货币乘数稳定的前提下，从货币供给模型上看，货币供给如果与基础货币保持稳定关系，则可以认为货币供给的外生性较强；否则，货币供给就体现为较强的内生性。

（1）货币内生性的有关研究。对于中国货币供给内生性的研究主要围绕货币供给模型展开。

其中，定性研究更多强调了倒逼机制、有管理的浮动汇率（被动投放基础货币）及银行超额存款准备金对存款准备金比率的制约。

在定量的研究方面，近年来对货币供给内生性模型化与定量化的研究已经比较丰富。这些实证研究通过不同的模型构造，深入到了货币供给系统各主体间的关系乃至其微观基础，证明了中国的基础货币、M1、M2 具有内生性。

（2）货币内生性的检验。由于中国从 1993 年才开始公布基础货币的数据，表 5－44 计算了 1994～2005 年 M0、MB、货币乘数 m1（M1/MB）、货币乘数 m2（M2/MB）的增长率。

（3）货币内生性的结论。从表 5－44 和图 5－8 可以看出，从 1994 年到 2005 年，货币乘数 m1、货币乘数 m2 的变化很不稳定，MB 的变化与它们几乎是反方向的；而 M0 的变化比较稳定，而且方向上与它们有一定的一致性。

表 5－44　1994～2005 年 M0、MB、m1、m2 增长率

单位：%

年　份	M0rg	MBrg	m1rg	m2rg	m1	m2
1994	24.28	30.96	－3.07	2.72	1.17	2.73
1995	8.19	20.57	－3.19	7.38	1.13	2.93
1996	11.63	29.52	－8.90	－3.88	1.03	2.81
1997	15.63	14.30	7.18	4.84	1.10	2.95
1998	10.09	1.96	9.34	12.51	1.21	3.32
1999	20.09	7.29	8.61	8.39	1.31	3.60
2000	8.90	8.54	6.08	5.03	1.39	3.78
2001	7.07	9.21	3.38	4.46	1.44	3.95
2002	10.13	13.27	8.00	3.99	1.55	4.10
2003	14.28	17.07	－1.04	1.65	1.54	4.17
2004	8.72	11.38	6.07	3.52	1.63	4.32
2005	11.94	9.32	2.25	7.54	1.67	4.64

注：rg 表示增长率。

资料来源：本书附表 3。

更直观地表示，可以参见图 5－8。

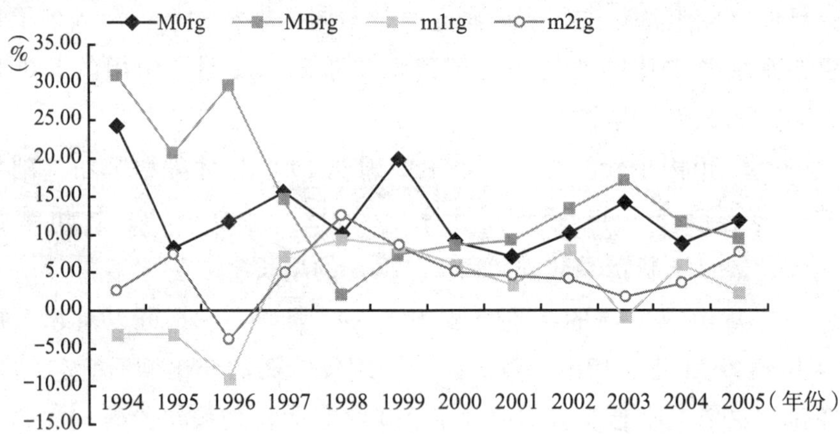

图 5-8　1994～2005 年 M0、MB、m1、m2 增长率

这说明，中国的货币供给已经具有较强的内生性，而其中银行行为（通过超额存款准备金影响 MB）和公众行为（影响 M0）发挥了作用。这一结论与国内的有关实证研究是相一致的，或者至少可以认为，中国货币供给的内生性在不断加强。

而在内生货币条件下，从基础货币（内生性可能相对稍弱）到经济的路径是复杂的——在对中国货币与经济增长一般框架的分解检验中，发现了贷款并不是金融资产的格兰杰原因，但进一步的分析又发现贷款是实物资本的格兰杰原因。实际上，张颖（2003）通过 PE-FE 模型（商品市场均衡与金融市场均衡）发现数量型传导势必让位于价格型传导，而银行的贷款供给与企业的贷款需求在其中具有重要作用。

二　利率外生性

理论上坚持利率外生观点的经济学家们认为，国家的货币当局或中央银行可以控制名义利率，并通过政策行为影响和引导公众对通货膨胀的预期，这样进一步可以影响实际利率。

这种利率外生观点的深层次假定是，经济中并不存在一个由潜在产出增长所决定的“自然利率”；实物资本回报率或者人们时间偏好率意义上的利率，由名义利率来决定，而不是相反。这种观点的背景基础来自完善的市场经济，而对于转型的中国经济来说，与完善的现代市场经济尚有相当的距离。最近的研究显示，中国经济市场化进程中存在包括市场发育不完善、市场规则和市场秩序不健全、金融领域的市场化改革滞后等八个方面的主要问题。因此，中国利率的外生性是与中国具体的实践分不开的。

（一）中国的利率体系

李扬等（2005b）对中国利率体系做过“双轨制”① 的典型评价。不过，仅就利率作为简单意义上的货币资金“价格”来说，它长期受到了管制，在很大程度上是外生的。

1. 中国利率体系结构

中国的利率体系庞大而复杂，种类繁多，形成渠道各异②。具体地看，目前实行由国务院批准的法定利率、央行制定的浮动利率、金融机构内部确定的往来利率及交易双方确定的市场利率等四大类。

如果按照官方利率与市场利率来划分的话，前者包括再贷款利率、再贴现利率、存款准备金利率、超额存款准备金利率、金融机构本外币法定存贷款利率，同时，中央银行还控制着存贷款利率的浮动范围；后者则包括银行同业拆借利率、银行间国债回购利率、交易所国债回购利率、央行票据利率、国债利率、企业债券利率、债券远期利率等。

2. 官方利率的结构

从官方利率上看，中央银行能控制与商业银行等金融机构发生借贷的利率，即再贷款利率、再贴现利率、存款准备金利率、超额存款准备金利率；而对于金融机构与借贷人之间的存贷款利率，中央银行规定了基准（即存款利率上限与贷款利率下限）和浮动区间，实际上

---

① 双轨制是指经济中既存在严格管制的利率，又存在市场化与基本市场化的利率。

② 例如，目前法定利率就有六大类。其中，央行对金融机构的存贷款利率五类 11 种，金融机构存贷款利率九类 29 种，金融机构优惠贷款利率四类 11 种，罚息利率两类 2 种，同业存款利率一类 1 种，利率浮动幅度四类 4 种。

并不能完全控制每笔具体的业务。

徐寒飞（2005）简单地分析了官方利率的结构关系，参见图5－9。

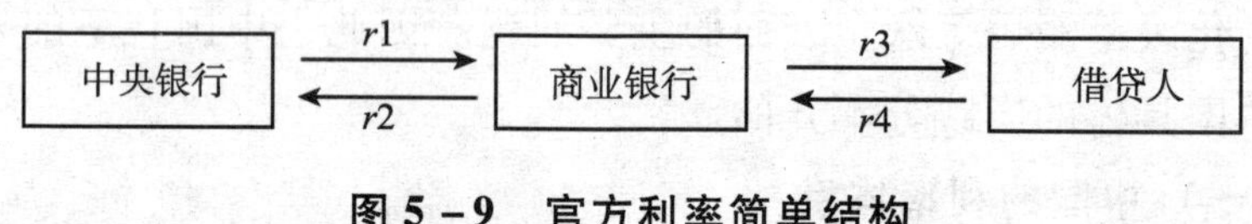

图5－9 官方利率简单结构

图5－9中，r1代表存款准备金利率和超额存款准备金利率，r2代表再贷款利率和再贴现利率，r3代表存款利率，r4代表贷款利率。

在这一利率结构中，不言自明的数量关系是：r1一定小于r2，r3一定小于r4。但r1和r4，r2和r3的大小关系究竟如何？

如果基于风险溢价原则来考虑，具有信用风险的r4应大于r1，具有逆向激励原则的r2应大于r3。进一步的，对于r1与r3的关系，如果r1大于r3，商业银行完全可以将资金作为超额存款准备金直接存入中央银行，从而获得无风险的利差收益，这无疑是经济和金融运行中的一种异常情形（但中国现实中的确发生过）。因此，超额存款准备金利率一般要小于存款利率。中央银行对官方利率的设计和安排应当符合上述基本原则，徐寒飞（2005）对超额存款准备金利率、再贷款利率、贷款利率和存款利率的历史数据（一年期）进行了验证，发现官方利率结构在绝大多数时间内是合理的。

（二）利率外生性的初步分析

按照李扬等（2005b）的划分，中国利率市场化程度包括三类：①被严格管制的利率，主要是针对居民和企业的人民币存款利率、美元小额存款利率；②正在市场化的利率，主要是银行的贷款利率和企业债券的发行利率；③基本市场化的利率，包括除企业债券发行利率以外的各种金融市场利率、人民币协议存款利率、以美元为主的外币大额存款利率和外币贷款利率等。

其中，从通过资金融通与配置而影响经济的实际作用上看，基本市场化的利率（货币市场利率、债券市场利率）并不占主导地位。而目前正处于市场化进程中的仅是官方利率中商业银行的存贷款利率，其余全部官方利率都处于央行的完全管制中。

一般的，在发达市场经济中，从政策操作上看，利率的调整往往与货币供应量的调整相伴随。进一步的，这种关系应体现为利率水平与货币供应量反向变动的联系，例如美国就表现为在利率上升的同时，市场流动性收缩。但中国的情况却并不如此。

图 5－10 显示了 1980～2006 年一年期存贷款利率与 M1、M2 增长率的变化关系，可以看出，它们同向变动的趋势特征比较明显。

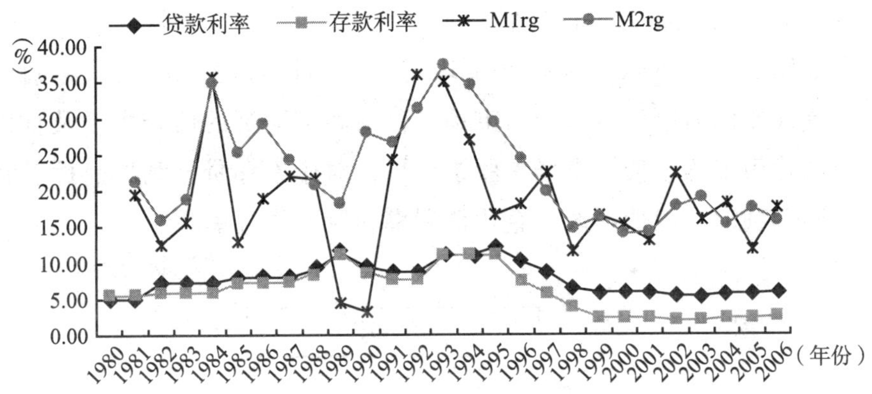

图 5－10　一年期存贷款利率与货币增长率的变化

资料来源：本书附表 3、附表 6。

进一步的计算结果显示，1980～2006 年，M1 增长率与一年期存款利率的相关系数为 18.42%，M1 增长率与一年期贷款利率的相关系数为 14.31%，均表现为弱正相关；但是，M2 增长率与一年期存款利率的相关系数为 72.28%，M2 增长率与一年期贷款利率的相关系数为 65.14%，具有明显的正相关关系。

而李扬等（2005b）检验了 M1、M2 增长率与拆借利率、回购利率等货币市场利率的关系，他们发现，1997～2003 年期间，M1、M2

变化（绝对值上）与拆借利率变动相关，但同回购利率无关；在同比和环比增长速度上，M1 与两者无关，M2 在同比增长速度上与两者正相关。

基于本书分析以及其他的相关研究，可以发现，从货币市场到信贷市场，中国利率的变动受到了明显的外部力量影响；再考虑到基本被完全管制的货币政策工具利率，可以认为，中国利率具有外生性特征。

（三）利率外生性的进一步分析

如果把利率还视作金融产品的收益，则可以从金融产品的定价机制上进一步考察利率的外生性。

1. 利率外生性的定价机制

如图 5 – 11 所示，所有利率均对应于不同金融市场上的金融产品。虚线左侧为原生金融产品市场，包括间接融资的信贷市场及直接融资的货币市场、债券市场、股票市场，对应着存贷款利率、拆借利率、回购利率、国债利率、企业债利率和股票收益率。

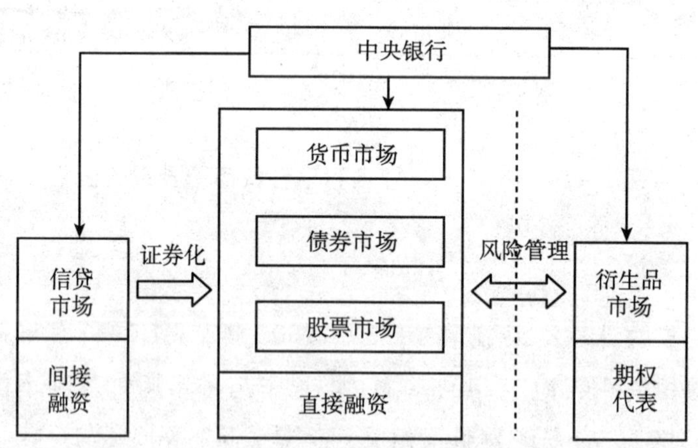

图 5 – 11 利率外生性的定价机制

虚线右侧为衍生金融产品市场，按照金融工程的基本原理，期权可以复制或模拟所有原生金融产品与其他衍生金融产品。所有金融市场均受到中央银行或货币当局的影响，以下分析先暂时不考虑它的影响。

2. 各个市场的利率决定

信贷市场上的利率定价由借贷双方博弈定价，一般认为银行等金融中介机构具有相对优势。中国目前的存款利率属于向上刚性管制，而贷款利率则属于向下刚性管制。

信贷市场与直接融资的其他金融市场通过“证券化”而连接，即金融中介结构以各种资产管理方法与其他金融市场建立联系。

货币市场、债券市场、股票市场是市场化程度较高的金融市场，它们之间存在一定的联动机制，但都受到信贷市场及外生的中央银行的影响。这些市场上的利率会由于信用状况、期限长短、流动性及制度分割而不同。

原生品市场通过风险管理与以期权为代表的衍生品市场相连接。期权的定价与金融原生品完全不同，它采用相对定价法，即假定原生品价格外生，以风险中性或无套利方法确定衍生品价格；而原生品则属于绝对定价——通过设定主观的贴现率来完成，而这个贴现率将受到中央银行的程度不同的影响。

3. 各个市场的利率外生性

中央银行对银行的影响过去通过信贷计划实现，目前采取资本充足率管理办法，但是由于基本上直接采取了利率管制，商业银行只能基于不同风险溢价要求而有限浮动，所以信贷市场利率外生程度很强。中央银行或货币当局（比如财政部）对直接融资的影响，会视情况不同而通过法律、市场甚至行政手段产生作用，这样市场化程度很高的拆借利率、回购利率、国债利率、企业债利率和股票收益率同样会围绕某个基准而根据风险要素的不同而表现其差异。当然，目前中国人民银行正在着力培育 Shibor 成为经济中的基准利率①。市场经济

---

① 中国人民银行的 Shibor 于 2006 年 10 月 8 日开始试运行，2007 年 1 月 4 日正式对外公布。

发达国家，例如美国，完全可以通过在国债市场上的操作实现利率设定与传导目的。中央银行对衍生品市场的影响既可以通过法律政策框架设计来完成，也完全可以通过作为最重要的市场参与者而发挥引导作用，当然，中国金融衍生品市场发展仅处于初步阶段。

总之，从金融市场定价机制上看，即使是市场化程度很高的利率，仍然受到中央银行对利率基准的目标设定以及其他各种手段的影响。在这个意义上，可以认为利率的外生性仍然是比较强的，而不仅仅是由于中央银行对它的管制。

三　资金可得性

从前面对货币内生性与利率外生性的分析中可以看出，中国货币经济表现出来的这些特征与中国金融体系的基本特点是分不开的。从改革开放甚至更早时期以来，中国金融体系的两个基本特征——以银行特别是国有银行为主导的金融结构，以及事实上盯住美元的汇率制度尚未改变（李扬等，2005a）①。作者认为，前一特征更为关键。

从前文可知，中国利率的外生性与利率的双轨制密不可分。双轨制导致了实体经济部门对利率敏感性相当低。实际上，对各级政府以及国有经济部门而言，预算的软约束使资金的可得性远比资金的成本重要得多；而对于以中小企业为主的新兴产业经济部门而言，由于超额利润的存在，它们同样对利率不敏感，所受到的限制更在于资金的可得性。

（一）银行主导的金融结构

首先，从资产上看，银行业在中国金融业中仍然处于最重要的位

① 自2005年7月21日起，实施了人民币汇率形成机制改革，开始实行以市场供求为基础、参考一篮子货币进行调节、有管理的浮动汇率制度。汇率机制改革以来，人民币汇率总体小幅升值，有序双向浮动，弹性明显增强，保持了在合理均衡水平上的基本稳定。参见《中国人民银行年报》（2005）第36页。截至2008年2月25日，人民币汇率（中间价）为100美元兑换714.60元，自2005年7月以来，一直处于有控制的平稳上升过程中。

置，具体见表5－45。

表5－45 2004～2006年中国金融业资产结构

单位：万亿元

时 间	银行业	保险业	证券业	其 他	金融业
2004年	31.59	1.19	0.35	—	41.28
2005年	37.47	1.53	0.80	—	—
2006年9月	42.1	1.9	1.1	—	—
2006年	43.95	1.97	—	—	—

资料来源：2004年、2005年数据来自《中国金融稳定报告》（2005、2006）；2006年9月的数据来自“全国金融工作会议”（2006年）温家宝总理讲话；2006年数据来自银监会、保监会网站。

其次，从融资上看，贷款平均占国内非金融机构部门融资总量的81%，具体见表5－46。

表5－46 2004～2006年国内非金融机构部门融资情况

年度项目	融资量（亿元）			比重（%）		
	2006年	2005年	2004年	2006年	2005年	2004年
融资总量	39874	31507	29023	100.0	100.0	100.0
贷 款	32687	24617	24066	82.0	78.1	82.9
股 票	2246	1884	1504	5.6	6.0	5.2
国 债	2675	2996	3126	6.7	9.5	10.8
企业债	2266	2010	327	5.7	6.4	1.1

资料来源：《中国货币政策执行报告》（2006年第四季度、2005年第四季度）。

再次，国有商业银行在银行业的地位虽逐渐缓慢下降，但其资产和负债份额平均仍占银行业的53.5%和52.9%以上，具体见表5－47。

表 5－47　2003～2006 年银行业资产占比

单位：%

年份	资产				负债			
	国有	股份	城市	其他	国有	股份	城市	其他
2003	56.5	12.7	4.9	25.9	54.8	13.9	5.3	26.0
2004	53.7	14.9	5.4	26.0	53.5	15.0	5.4	26.1
2005	52.5	15.5	6.4	25.6	52.4	15.7	5.5	26.4
2006	51.3	16.2	5.9	26.6	51.0	16.5	5.9	26.6

注：“国有”代表国有商业银行，“股份”代表股份制商业银行，“城市”代表城市商业银行，“其他”代表其他金融机构。

资料来源：中国银行业监督管理委员会。

中国银行业主导金融的历史由来已久，银行贷款是解决资金可得性最重要的渠道，因而长期以来“信贷集中”现象一直存在。

信贷集中体现为经营资金的集中、信贷管理权限的集中与信贷投向的集中，其中信贷投向的集中又体现为产业集中、企业集中与地区集中。

例如，根据 2006 年第四季度的《中国货币政策执行报告》的数据，2006 年全年新增人民币贷款 3.18 万亿元，其中，主要金融机构新增人民币中长期贷款 1.73 万亿元。在这些新增中长期贷款中，基础设施行业、房地产业和制造业的比重分别为 37.6%、19.7% 和 8.3%。信贷集中由此可见一斑。

研究认为，信贷集中长期化主要有两方面原因：一方面在于，国有商业银行在银行业中处于寡头地位；另一方面在于，中国经济实践中存在着地方政府主导型的投融资体制和软预算约束竞争的激励效应。

（二）中小企业融资困境

根据 2006 年《中国统计年鉴》的数据，2004 年，中国企业总数为 1375251 家，其中大型企业 2123 家，中型企业 25557 家，小型企业

1347571家；而2004年、2005年上市公司数目分别仅为1377、1381家。因此，由于股票和企业债券融资途径的难以企及，对更多的中国企业特别是中小企业而言，银行贷款是更为现实的选择；而信贷集中的现象又势必使融资机会进一步减少，从而造成中小企业融资困境。

总之，伴随中国经济转型与快速增长，中国不断发展与完善中的金融体系应体现出结构合理、功能有效的实践要求，资金可得性具有重要的现实意义（李扬，2002a）。

第六章 “货币迷失”的再认识

本章将在回顾国内对货币需求研究的基础上，首先建立起一个总量的中国货币需求模型，以此为基础对中国的货币需求进行动力分析，并考察“货币迷失”的情况；然后，给出一个货币供给的实例分析；最后，初步指出“货币迷失”的政策意义。

第一节 国内货币需求研究的简要总结

在西方发达国家，由于货币需求函数不再具有稳定性，因而有关研究的理论和政策重要性日趋下降；并且，如同前文对货币供给非独立性与货币需求“合成谬误”等问题的分析，货币供求的分析框架也已不再被研究前沿所重视。但是，对于目前的中国来说，货币需求与供给的研究仍然具有重要的理论和政策意义。自20世纪90年代以来，国内关于货币需求的定性与定量研究已经取得了较多的共识。

一 货币需求的定性研究

（一）货币需求与货币需求量

“货币需求”的基本含义在于，它是在现实中表现出的人们对一般价值形态的需求（邓乐平等，2000）。正是在这一基础上，形成了对货币需求的各种动机；此外，从更广泛的意义上看，货币需求是一种对手段的需求——社会需要货币是因为它可以为经济运行提供一种使资源合理配置与流动的导向、润滑与调节机制。对此，西方经济学家也持有基本相同的观点。例如，麦克勒姆与 Goodfriend（2000）在《新帕尔格雷夫货币金融大辞典》中把“货币需求”明确界定为是对作为交易媒介的货币的需求。

“货币需求量”，按经济学的一般理解，它指的是社会公众愿意在其收入或资产中以货币形式持有的数量。

在研究中，一般从总量意义上考察货币需求与宏观经济的关系。

现代市场经济是从事货币化生产与交换的经济，从运行上看，其本质表现为信用经济。货币作为信用的外在形式，现实中的外延比较宽泛。如果按照流动性标准来划分，货币需求的总量及结构必然会发生变动。例如，由于金融创新，金融资产流动性的不断提高（即出现“准货币”或者没有进入“货币”口径的金融资产），这必然会导致货币需求量及货币需求的下降，即发生所谓的“货币替代”①。

（二）货币需求与经济转型

国内对货币需求的定性研究特别重视了与中国经济转型实际背景结合。

随着中国市场经济体制的逐步建立与完善，经济市场化程度不断提高，经济货币化与金融深化也不断加强，中国企业与个人的货币需求均表现出了明显的转型特征。

1. 企业货币需求的转型特征

中国企业的货币需求在其内容上发生了实质性改变。从经营性货币需求上看，企业在生产、销售的各个环节上所体现出的货币化生产与交换，完全超越了传统意义上货币作为记账符号的需求。从投资性货币需求上看，伴随中国投资体制的改革与深化，投资性货币需求成为企业作为自主投资主体最现实的决策。结合目前的金融体制与结

① “货币替代”现在更多指的是，在开放经济中，强势国际货币替代本国货币执行交易媒介乃至更多货币职能的现象。

构，这种投资性货币需求又与对企业资金可得性的限制紧密联系在一起。

2. 个人货币需求的转型特征

中国个人的货币需求在其动机上发生了改变。当前的个人货币需求不仅与个人的消费决策有关，还受到宏观的医疗、住房等制度改革以及市场体制下不确定性等因素的影响。而金融资产多样化，也会为个人带来投资渠道上的更多选择，这种选择与货币需求之间也可能存在替代关系。总之，个人货币需求的动机在逐渐多样化，由此，其弹性也会发生变化。

（三）货币需求与政策取向

一般的，对货币当局而言，可以控制或施加影响的货币供给在一定程度上又与货币需求互动关联，所以，在货币政策操作上，需求型货币调控与供给型货币调控的区别受到了关注，它包括了三个方面①。

（1）在调控对象上，供给型调控认为基础货币是外生变量，可以通过它来控制和影响货币供给，因此货币供应量处于主导地位；而需求型调控的对象则是市场化的利率，它是经济的内生变量，因此货币需求处于主导地位。

（2）在行为主体上，供给型调控认为货币当局可以准确决定基础货币的投放量，而且还可以有效地影响银行派生存款能力；需求型调控则认为，企业和个人基于理性的行为选择，根据利率变动和成本—收益分析，可以自觉调整其货币需求量。

（3）在调控效果上，供给型调控传导速度较快，但是作用强度较大；需求型调控则依赖企业和个人的觉察与反应，时滞较长，但引起的冲击较小。

由于这两种调控方式存在差别，一般认为政策操作应有所侧重，当经济处于较明显的过热和过冷状态时，应主动调节货币供给来有力

---

① 这三方面区别参见邓乐平等（2000）[49]。

地抑制或刺激经济增长；而在经济运行处于正常状态时，则应更多地通过利率的微调作用来调节货币需求（厉以宁，1987；陈锡古等，1991）[①]。

（四）货币需求与金融创新

中国的金融创新主要包括两方面内容：一是金融体制的创新，二是金融工具与技术的创新。金融体制的创新即金融机构的职能转换或重新定位，这是中国金融创新的主要内容，属于重大的宏观制度变迁；金融工具与技术的创新即融资方式、信用工具的创新以及电子技术的使用，这属于微观意义上的技术进步。

金融创新对货币需求产生了以下两方面的影响。

（1）金融创新影响了货币需求量及结构。金融体制的创新和商品货币化等因素一起，共同导致了货币全面进入经济的各个环节，相应的，货币需求必然出现绝对增长趋势。同时，金融工具与技术的创新对货币需求结构以至总量也产生了影响。例如，金融电子技术的使用和支付结算系统的现代化，减弱了人们对货币流动性的偏好，使交易性货币需求趋于下降。又如，金融资产的证券化使其流动性与收益性被重新组合，从而提高了货币持有的机会成本，也造成了资产选择中对货币需求量的下降。

（2）金融创新也影响到了货币需求的稳定性。新型金融工具的出现，在流动性上减少了交易性与预防性的货币需求，增加了投机性的货币需求，这一结构性变化以及各种动机影响因素的复杂化，意味着货币需求稳定性的下降。

（五）货币需求与对外开放

随着对外开放的扩大，伴随外汇管理体制的改革，国家间商品、服务及货币资本的流动，必然通过国际收支对货币供给与货币政策产

---

① 后一选择存在逻辑上的不严谨，因为既然货币当局或中央银行可以微调利率以影响货币需求，那就意味着利率具有外生性，而需求型调控的前提则认为利率是市场化的内生变量。当然，注意调控方式的差别并进行相机选择的思想符合中国经济实践的具体特点。

生影响，进而影响货币需求。

在1979~1993年的外汇留成制时期，中国实行大力吸引外资和鼓励出口创汇的政策，外汇储备不断增加，人民币需求相应加大。到了1994年的外汇结售汇制时期，外币与人民币之间的替代作用更加明显。而自1996年起实行的银行结售汇体系和人民币经常项目下的可自由兑换，使外汇一直供大于求，基础货币被不断投放以稳定汇率，并实现对外币的替代，同时再贷款也被不断减少以对冲货币供给的增加①。

这样，货币供给的结构性变化改变了货币需求的分布结构——在满足创汇企业货币需求的同时，其他企业的货币需求受到抑制；由于存在“倒逼机制”、投资扩张冲动或产业结构调整等因素，外汇占款导致了货币需求的增加。而且，外国直接投资（foreign direct investment，FDI）带来的资本流入还会引起配套资金的增加，这个比例系数一般为6~8（邓乐平等，2000）；同时，FDI对中国企业增加与发展的溢出效应也会带来引致货币需求。当然，有研究认为，人民币亚洲化或国际化也必然带来货币需求的扩大（王自力，1997）。

二 实证研究的基本结论

对货币需求的实证研究主要围绕建立中国货币需求函数来进行，其涉及了对函数的逻辑前提、结构与变量选择等具体问题的研究。

（一）货币需求的宏观性与微观性

如前所述，货币需求存在宏观与微观两个层次上的分别。而货币需求的宏观性与微观性是建立函数的逻辑前提。国内研究对此存在着不同的观点。

（1）两个层次货币需求各自的重要性。一种观点认为，只存在宏观的货币需求，不存在微观的货币需求，用微观的货币需求不可能测算出货币需求量来（林继肯，1998）。另一种观点则强调了微观货币

① 本章第三节将提供一个中国货币供给的实例，从中可以更清楚地看到这种变化。

需求传递的重要信息以及对货币政策的重要意义，认为不能忽视对微观货币需求的研究（王松奇，1991；杜巨澜，1998）。

（2）货币需求两个层次间的关系。一种观点认为，个体货币需求加总后即为总体需求，二者“理论上的划分仅仅是为了研究的方便”，没有实质意义（邓乐平，1990）。另一种观点完全相反，认为微观主体的货币需求行为是构成宏观货币需求的基础，而宏观货币需求的一些变量反过来也会影响个体的货币需求行为，不能将微观货币需求的简单加总看成是宏观的货币需求，否则，就会犯“拼合的谬误”（陈观烈，1997）。

实际上，这些分歧的根本原因在于货币政策的需要与货币需求函数不稳定之间的矛盾。中国经济的转型，使得微观的货币需求分析始终无法给出一个许多人期望的、类似于“1∶8”那样的一个确定性“规则”，而这正是目前中国货币政策当局最需要的。

在构造符合实践需要的货币需求函数上，王曦（2001）从理论上分析了货币需求函数的微观基础。他首先采用随机存货理论推导出货币的交易和安全需求，然后将货币、实物和有价证券纳入财富，研究货币的资产组合需求，最后将两者简单相加得到了最终的货币需求函数。他建立在微观基础上的货币需求函数具有理论依据与实证结果。但是，需要指出的是，从微观简单加总而至宏观的处理不能保证可以避免合成谬误的问题。

姜波克等（2003）认为王曦（2001）的研究仍然属于第二代货币需求函数①，他们构造了具有两个特点的第三代货币需求函数：第一，函数的基础在于代表性居民调整消费与储蓄比例、储蓄中证券与货币比例的最优化行为；第二，将货币需求的三种动机纳入同一个分析框架，然后推导出代表性居民在三种动机同时作用下的货币选择

① 姜波克、陈华认为，第一代货币需求函数为货币数量论，第二代货币需求函数为对凯恩斯货币需求三动机的分割研究，第三代货币需求函数为三种动机的联合研究。

(避免了合成谬误)。

(二) 货币需求函数的规模变量

货币需求函数的影响变量一般包括规模变量、机会成本变量和其他变量。其中，规模变量被认为是影响货币需求函数最重要的变量，它是指与经济发展水平有关的收入、产量或财富等变量。国内对规模变量的实证研究结果基本如下。

(1) 秦宛顺等 (1991) 分别将社会商品零售总额、国民收入和城乡居民可支配收入作为影响 M0、M1 和 M2 的规模变量，使用 1956～1986 年间的数据，计算出这期间 M0、M1、M2 的收入弹性分别为 0.86、0.56、0.95。

(2) 谢富胜等 (2000) 基于 1994～1999 年的季度数据，认为 M1、M2 的 (GDP) 收入弹性分别为 0.62、0.97。

(3) 陆金海等 (2000) 基于 1952～1996 年年度数据，认为 1952～1996 年 M1 的 (实际 GNP) 收入弹性为 1.16，而 1979～1996 年 M1 (实际 GNP) 收入弹性为 1.23。

(4) 王曦 (2001) 基于 1978～1999 年年度数据认为 M1、M2 的 (名义 GDP) 收入弹性分别为 0.95、1.14。

(5) 汪红驹 (2002) 基于 1978～2000 年年度数据认为实际 M1 与实际 M2 的 (实际 GDP) 收入弹性分别为 1.27、1.66。

(6) 姜波克等 (2003) 基于 1995～2001 年季度数据认为 M1、M2 的 (真实货币存量与真实证券市值之和) 收入弹性分别为 0.48、0.72。

综合上述研究结果，可以认为中国 M1、M2 的收入弹性接近 1，M2 的收入弹性又稍高于 M1 的收入弹性。

(三) 货币需求函数的机会成本变量

货币需求函数的机会成本变量是指与主体的成本—收益分析有关的变量，如利率、通货膨胀预期等。其中，利率被认为是最重要的机会成本变量，但它对中国货币需求的影响可能不存在。国内对利率变量的实证研究结果基本如下。

（1）郑超愚（1996）利用格兰杰因果关系方法检验了1979～1992年的年度数据，认为M1不存在（一年期居民储蓄存款利率的）利率弹性，M2也不存在（三年期居民储蓄存款利率的）利率弹性。

（2）秦朵（1997）认为利率水平的变动对居民的储蓄行为并没有大的影响。谢富胜等（2000）认为货币需求呈现利率弹性，M1、M2的（一年期存款利率的）利率弹性分别为-0.1454、-0.1791。

（3）王曦（2001）认为M2的（一年期定期存款利率的）利率弹性为0.015（M1的利率解释未通过模型显著性经验）。

（4）郑超愚等（2000）基于1995～2000年季度数据认为，M2的（三年期居民储蓄存款利率的）利率弹性为0.5904。

（5）刘斌等（2001）[42,49,52,53]基于1984～1997年季度数据认为M1的（一年期实际利率的）利率弹性为-0.006①。

（6）汪红驹（2003）基于1978～2000年年度数据认为中国实际M1与实际M2的（一年期定期存款利率的）利率弹性分别为-0.06和0.02。

（7）蒋瑛琨等（2005）基于1978～1993年年度数据认为M1、M2的（一年期定期存款利率的）利率弹性分别为-0.004、-0.031，而基于1994～2004年季度数据认为M1、M2的（一年期定期存款利率的）利率弹性分别为-0.026、-0.027。

（8）陈涤非（2006）的研究需要特别地指出。他利用邹氏断点检验发现了中国传统货币需求函数在1993年出现了结构性变化，于是建立了一个考虑金融创新因素的新货币需求模型。基于1993～2003年的季度数据，他认为M2的（一年期定期存款利率的）利率弹性为-0.1501。

上述结果表明，多数研究认为货币需求的负利率弹性应该存在，

---

① 刘斌、黄先开、潘虹宇采用的实际利率（M1的机会成本）=1年期储蓄存款利率-1年期活期存款利率×活期存款占活期存款与现金之和的比例-同期通货膨胀率。

但是该弹性系数的绝对值基本为零，具体结果的分歧可能来自分析模型及分析指标的不同，而这种情况在实证研究中经常发生。

需要注意的是，证券市场因素作为规模变量或机会成本变量，对中国货币需求存在影响。谢富胜等（2000）认为 M1 的股市市值弹性为 0.0887。石建民（2001）基于 1993～2000 年季度数据认为 M2 的股市交易额弹性为 0.058（广义差分法）。姜波克等（2003）认为实际 M2 的上市公司净资产收益率弹性为 59.48。这三个实证分析都得出了中国股票市场的发展增加了货币需求的结论①。

特别值得一提的是，易行健（2004）在其博士学位论文中，分别指出了以上三个研究中存在的问题②。他基于 1994～2002 年的季度数据发现，无论 M0、M1、M2，还是城乡居民储蓄存款均与股票市场交易额反向相关，其中，M2 的股票市场交易额弹性为 -0.0302。

（四）货币需求函数的制度变量

制度因素是指经济体制以及相关的生产组织结构、管理体制、收入分配方式、文化习俗等，它们都是影响货币需求行为的外在规则和规范。在西方货币需求理论中，一般不考虑制度因素，因为它被认为基本没有变化。而研究改革开放以来的中国货币需求函数，制度因素毫无疑问具有重要意义。如秦朵（1997）就发现，加入制度因素的中国货币需求呈现了较强的稳定性。

对于制度因素对货币需求有何影响以及影响如何界定，研究者的认识并不完全相同。

（1）邓乐平（1990）认为，在货币需求函数中，制度变量和收

---

① 本书的研究结果与他们的结论相反，参见本章第二节的有关内容。

② 易行健（2004）[95]认为：谢富胜等（2000）的错误在于股票市值（一个存量）作为规模变量进入了货币需求函数，而且流通市值也仅占市价总值的 1/3，因此实证分析结果真实性大受影响；石建民（2001）的货币需求函数中没有包含股票市场变量，而且作为动态模型却采取了静态方程形式，其结论值得商榷；姜波克等（2003）的模型中机会成本变量包括证券收益率和通货膨胀率，但没有任何利率变量，这和现实经济、金融状况是有差距的。

入、利率等市场变量是对立存在的，是你强我弱的关系。

（2）杜巨澜（1998）认为，制度因素的变动，对不同经济主体的货币需求行为会产生不同的影响，货币需求的总体变动因而难以把握。例如，转账结算、支票付款等支付制度有利于减少现金需求，而现实经济中的“小金库”、资金体外循环等现象又加大了对现金的需求，二者有抵消作用。

（3）易纲（Yi Gang，1994）在实证处理上，将城市人口占总人口的比例作为制度变量。

（4）郑超愚（1996）、郑超愚等（2000）以经济货币化程度作为制度变量。

（5）秦朵（1997）以表示货币化进程的国有工业产出比率和投资软约束的存货比率作为制度变量。

关于金融创新与制度变量的关系，本章将在第二节结合建立的总量货币需求函数给出解释。

从以上总结可以发现，在货币需求函数建立的逻辑前提上，主要针对的是长期和总量意义上的货币需求，但是，从微观货币需求到宏观货币需求的逻辑处理机制，显然还没有令人信服地建立起来；在货币需求函数的影响变量上，规模变量与制度变量具有重要意义，而利率这一机会成本变量则基本不重要，但是，如果考虑短期与个量意义上的货币需求，那么机会成本变量的影响无疑将凸显出来。基于上述实证结果与理论认识，下一节将建立一个中国的总量货币需求（M2）模型，并且，舍弃了利率因素的影响。

第二节 中国的总量货币需求模型

本节建立中国的总量货币需求模型的目的是，通过对影响货币需求的因素及动力的分析，判断能否解释中国全部的货币增长——如果能够解释，那么“迷失的货币”也就得到了解释。

一 模型的初步建立

从前文（第四章第二节）对内生货币的论述可知，如果货币具有内生性，这种内生性就来自货币需求。而中国货币具有内生性特征，即货币需求可以看做由经济增长内生决定，是对货币职能的不同需要构成了货币需求的动力因素。

在此前提下，考虑以下的分析因素。

(1) 从总量上考察货币需求。其目的在于避免货币需求存在的“合成谬误”。

(2) 货币的交易媒介和价值贮藏职能是货币的基本职能，可以认为它们分别体现在社会的零售消费、固定资产投资和居民储蓄等变量上。

(3) 货币的计价单位职能以及充当最终支付手段的职能，可以认为由经济和政治制度决定。

(4) 制度与结构变量是影响中国货币需求的重要因素，因为中国经济转型意味着经济结构与制度安排的重大变化。

(5) 外汇储备对中国货币需求存在影响。在现有的外汇管理制度下，外汇储备的快速增长必然导致央行被动地投放基础货币。

(6) 长期价格水平的变化与货币增长具有正向相关关系。

基于以上分析，可以构造一个内生型的货币需求模型，具体形式为

$$\begin{aligned} M &= F(TRC, TFA, ASB, MI, ST, FEB, CPI) \\ &= TRC^{\alpha} TFA^{\beta} ASB^{\gamma} MI^{\delta} ST^{\varepsilon} FEB^{\eta} CPI^{\theta} \end{aligned} \quad (6-1)$$

其中，M、TRC、TFA、ASB、MI、ST、FEB、CPI 分别为货币需求、社会消费品零售总额、全社会固定资产投资总额、人均储蓄余额、市场化指数（制度变量，用非国有工业总产值比重和进出口贸易额相当于 GDP 百分比的简单平均数来表示）、结构变量（用第一产业增加值比重来表示）、外汇储备、消费物价指数；α、β、γ、δ、ε、

η、θ 分别为社会消费品零售总额、全社会固定资产投资总额、人均储蓄余额、市场化指数、结构变动、外汇储备、消费物价指数的弹性。

此外，由于经济中还有其他使货币需求变化的因素（比如金融体制与技术创新、地下货币资金等），因此，还需要在式（6－1）中加入其他因素变量 OTH，并假定其他因素随时间（t）推移而改变货币金融的“技术水平”，同时设 $OTH(t) = e^{\lambda t}$，则式（6－1）变为：

$$\begin{aligned} M &= F(TRC, TFA, ASB, MI, ST, FEB, CPI, OTH) \\ &= e^{\lambda t} TRC^{\alpha} TFA^{\beta} ASB^{\gamma} MI^{\delta} ST^{\varepsilon} FEB^{\eta} CPI^{\theta} \end{aligned} \tag{6-2}$$

对式（6－2）两边取自然对数并添加随机变量 u_t，则模型变为如下双对数形式：

$$\begin{aligned} \ln(M_t) = {} & \lambda t + \alpha\ln(TRC) + \beta\ln(TFA) + \gamma\ln(ASB) + \delta\ln(MI) + \\ & \varepsilon\ln(ST) + \eta\ln(FEB) + \theta\ln(CPI) + u_t \end{aligned} \tag{6-3}$$

二 模型的初步分析结果

针对式（6－3），建立其自回归方程。

关于变量的取值，见本章附表 1。由于全社会固定资产投资总额年度数据从 1980 年才开始公布，而 1980 年的外汇储备为负值，无法进行对数化处理，因此回归处理从 1981 年开始。

首先，关于方程自回归阶数的选择如表 6－1 所示（具体参见书后“各章有关计算过程”）。

于是，得到 M2 自回归方程为：

$$\begin{aligned} \ln M2 = {} & \underset{(0.038)}{0.059t} + \underset{(0.255)}{0.510\ln TRC} + \underset{(0.132)}{0.132\ln TFA} + \underset{(0.138)}{0.300\ln ASB} - \\ & \underset{(0.110)}{0.179\ln MI} + \underset{(0.178)}{0.483\ln ST} + \underset{(0.023)}{0.042\ln FEB} + \underset{(0.316)}{0.047\ln CPI} \end{aligned} \tag{6-4}$$

$AR(1) = 0.919$（T 统计量为 5.32）

$$AR(2) = -0.704(T\text{统计量为} -4.61)$$

$$R^2 = 0.9997 \qquad DW = 2.43$$

具体结果见书后表6-2。

进一步得到各影响因素的贡献率及拉动作用，具体见表6-3。

三 模型的完善

由于分析结果中其他待定项的贡献率高达25.20%（即方程拟合残差），说明对*OTH*所定义的广义“技术水平”中可能仍有很重要的解释变量。这里考虑增加金融创新变量，并采用M2/M0的指标将其量化，以此增加模型的解释力。

表6-3 货币需求中各因素的贡献（未考虑金融创新）

	年均增长率（%）	吸收弹性	贡献率（%）	拉动作用（个百分点）
M2	22.63			
TRC	14.99	0.510	33.80	7.65
TFA	20.75	0.132	12.12	2.74
ASB	24.86	0.300	32.92	7.45
MI	5.28	-0.179	-4.18	-0.95
ST	-3.76	0.483	-8.02	-1.81
FEB	35.44	0.042	6.63	1.50
CPI	6.15	0.047	1.27	0.29
t		0.059	0.26	0.06
其他待定			25.20	5.70

（一）加入金融创新变量的原因

第一，制度变量对于经济转型中的中国长期货币需求函数具有重要影响。

第二，金融创新虽然也属于制度变迁的范畴，但是，它体现的是金融经济层面上的制度变化。而中国金融体制的变化，对于实体部门经济活动的影响是非常显著的——这一点也在第五章第二节的计量实证检验中再次被确认。

第三，在现代信用经济条件下，货币需求稳定性的日益下降，其主要原因在于快速的金融创新导致的交易性金融工具的泛化。

因此，金融创新应该独立作为一种广义的制度变量进入总量货币需求函数中。陈涤非（2006）虽然没有在这种意义上认识到金融创新的性质，但他把金融创新从制度因素中分离出来的实际做法是正确的①。

（二）金融创新指标的选择

金融创新的内容非常丰富，如果仅选择其中的某一方面的指标来做代表，必然忽视了其他方面对货币需求的影响。因而比较可行的方法是从金融创新外部寻找替代变量。

Arrau et al（1991）在研究一些发展中国家的金融创新对其货币需求的影响时，采用了时间趋势变量作为金融创新的替代变量。他们还建议也可以采用 M2/M1 作为金融创新的替代变量。由于在初步建立的模型中已经使用了 $OTH(t) = e^{\lambda t}$ 作为“技术水平”变量（即包括制度变量在内的所有其他因素），而现在却需要把金融创新从其中独立出来，因此考虑接受他们的后一种建议。

具体的，本书同意陈涤非（2006）的观点，即认为 M2/M0 更能模拟中国金融创新过程，原因在于：首先，长期以来中国金融系统支付结算工具并不发达，企业与居民习惯用现金交易，持有现金比例较

① 陈涤非（2006）认为，“本文不同于这些研究之处在于，我们关注整个金融创新对中国货币需求的影响，而不是局限于某个方面的金融创新；同时，我们也关注制度因素的影响作用，但是，金融创新因素已从制度因素中分离出来”。“这些研究”是指伍志文（2002）、石建民（2001）、秦朵（1997）、易纲（1996）等，陈涤非认为，他们只注意到了证券市场创新对货币需求的影响而忽视了其他金融创新的影响。

大，而随着金融创新的深入，现金偏好减弱，其需求呈下降趋势；其次，M2/M1 在中国并不稳定，它受到存款利率结构影响较大。

本书还认为，简单从指标构成上看，M2/M0 指标的内生性应强于 M2/M1 的内生性，因此可以更好地解释货币需求内生决定的变化。

（三）包括金融创新的模型

这样，把金融创新 *FI* 独立地引入货币需求函数后，$OTH(t) = e^{\lambda t}$ 仍代表剩余的其他因素，模型修正为：

$$\begin{aligned} M &= F(TRC, TFA, ASB, MI, ST, FEB, CPI, FI, OTH) \\ &= e^{\lambda t} TRC^{\alpha} TFA^{\beta} ASB^{\gamma} MI^{\delta} ST^{\varepsilon} FEB^{\eta} CPI^{\theta} FI^{\psi} \end{aligned} \tag{6-5}$$

这里，ψ 是金融创新的弹性。进一步可以得到如下双对数方程：

$$\begin{aligned} \ln(M_t) = {} & \lambda t + \alpha\ln(TRC) + \beta\ln(TFA) + \gamma\ln(ASB) + \delta\ln(MI) + \\ & \varepsilon\ln(ST) + \eta\ln(FEB) + \theta\ln(CPI) + \psi\ln(FI) + u_t \end{aligned} \tag{6-6}$$

在式（6-6）中，*FI* 的取值参见本章附表 1。针对式（6-6），建立其自回归方程。

首先，关于方程自回归阶数的选择，如表 6-4 所示（具体参见书后“各章有关计算过程”）。

于是，得到 M2 自回归方程为：

$$\begin{aligned} \ln M2 = {} & \underset{(0.036)}{0.086t} + \underset{(0.262)}{0.056\ln TRC} + \underset{(0.099)}{0.131\ln TFA} + \underset{(0.174)}{0.870\ln ASB} - \underset{(0.090)}{0.012\ln MI} - \\ & \underset{(0.180)}{0.166\ln ST} + \underset{(0.023)}{0.001\ln FEB} - \underset{(0.222)}{0.073\ln CPI} - \underset{(0.102)}{0.169\ln FI} \end{aligned} \tag{6-7}$$

$AR(1) = 0.962$（T 统计量为 82.30）

$AR(2) = -0.703$（T 统计量为 -4.61）

$R^2 = 0.9998 \quad DW = 1.45$

具体结果见书后表 6-5。

进一步得到各影响因素的贡献率及拉动作用，结果见表 6-6。

表6－6 货币需求中各因素的贡献（考虑金融创新）

	年均增长率（%）	吸收弹性	贡献率（%）	拉动作用（个百分点）
M2	22.63			
TRC	14.99	0.056	3.73	0.84
TFA	20.75	0.131	12.06	2.73
ASB	24.86	0.870	95.61	21.63
MI	5.28	－0.012	－0.28	－0.06
ST	－3.76	－0.166	2.75	0.62
FEB	35.44	0.001	0.20	0.04
CPI	6.15	－0.073	－1.99	－0.45
FI	3.35	－0.169	－2.50	－0.57
t		0.086	0.38	0.09
其他待定			－9.95	－2.25

四 有关分析

通过对比是否包括金融创新变量的新旧方程，可以对各个变量影响的重要程度、变量影响方式的转变等方面做出分析，并且提出以"地下金融"作为其他待定项的解释变量的思路。

（一）变量影响的重要程度

对比公式（6－4）与公式（6－7）、表6－3与表6－6，可以发现，加入金融创新变量后，货币需求的结构发生了一些变化；而且，对影响变量按照其贡献大小来观察时，其顺序显著不同。

1. 人均储蓄余额

人均储蓄余额是新方程中1981～2005年期间广义货币最重要的解释变量，它对货币增长的贡献率超过了95%，在M2的22.63%的年平均增长率中，它的拉动作用达到了21.63个百分点，这与秦朵（2002）"居民储蓄——准货币之主源"的结论相一致。不同的是，秦朵（2002）是通过城乡居民人均消费行为分析而形成了他的观点。

表 6－7 货币需求中各因素的贡献大小顺序

顺序	旧方程			新方程		
	变量	贡献率（%）	拉动作用（个百分点）	变 量	贡献率（%）	拉动作用（个百分点）
第一	TRC	33.80	7.65	ASB	95.61	21.63
第二	ASB	32.92	7.45	TFA	12.06	2.73
第三	其他待定	25.20	5.70	TRC	3.73	0.84
第四	TFA	12.12	2.74	ST	2.75	0.62
第五	FEB	6.63	1.50	FEB	0.20	0.04

而在旧方程中，人均储蓄余额虽然贡献率接近33%，但并不是最突出的货币需求影响因素。

2. 全社会固定资产投资总额

对货币需求影响排在第二位的因素是全社会固定资产投资总额，它的贡献率达到了12.06%，拉动了将近3个百分点的广义货币年平均增长率。如同国内所形成的普遍共识那样，改革开放以来，中国经济增长主要靠投资推动。邱晓华等（2006）认为，1980～2004年资本投入对中国经济增长的贡献率在59%以上，它贡献了年均9.8%增长率中的5.8个百分点。

巧合的是，旧方程中全社会固定资产投资总额的贡献率和拉动作用与邱晓华等（2006）的分析结果基本相同，但仅仅是第四位影响因素。

3. 社会消费品零售总额

对货币需求影响排在第三位的因素是社会消费品零售总额，它的贡献率为3.73%，拉动了将近1个百分点的广义货币年均增长率。从本书对中国货币内部结构及流动性的分析中（第五章第一节）可知，1978年以来，M0的比重从1978年的18.29%下降到了2005年的8.04%（同时准货币从11.12%增长到了64.09%），这同样说明了社会消费品零售总额对货币需求影响力的下降。

但是，这种下降在旧方程中没有表现出来。社会消费品零售总额对货币需求增长的贡献率（33.80%）在旧方程中排第一位，其拉动作用达到了7.65个百分点。由此可见，没有考虑金融创新因素情况下，货币需求增长的动力分析将出现较大偏差。

4. 第一产业比重

对货币需求影响排在第四位的因素是第一产业比重所代表的经济结构变量，它的贡献率为2.75%，拉动了约0.6个百分点的广义货币年均增长率。这说明，随着经济现代化程度的提高（第一产业比重从1978年的27.9%、1981年的29.9%下降到了2005年的12.6%），传统产业基本上不再对总量的货币需求产生明显影响了。

5. 外汇储备

外汇储备是排在第五位的影响因素，也是最后一项对货币需求产生正向贡献的变量，它的贡献率为0.20%，拉动了0.04个百分点的广义货币年均增长率。从本书所做的这种相关性分析上看，长期以来，外汇储备基本不影响广义货币需求的增长，这一结果似乎有点出乎意料。本章第三节还可以在实例分析上看到它对基础货币的影响。

而在旧方程中同样排在第五位影响因素的外汇储备，它对货币需求还是具有明显的贡献（6.63%）和拉动作用（1.50个百分点）的。

（二）变量影响方向的转变

对比新旧货币需求方程，从表6-8中可以发现有些变量的影响方向发生了变化。

表6-8 货币需求中参数性质发生变化的因素

变量	旧方程			新方程		
	吸收弹性	贡献率（%）	拉动作用（个百分点）	吸收弹性	贡献率（%）	拉动作用（个百分点）
ST	0.483	-8.02	-1.81	-0.166	2.75	0.62
CPI	0.047	1.27	0.29	-0.073	-1.99	-0.45
其他待定		25.20	5.70		-9.95	-2.25

1. 经济结构变量

经济结构变量对货币需求的吸收弹性在新方程中为负值，即传统产业经济重要性越下降，该部门吸收的货币越少（贡献率和拉动作用为正值，是由于在计算中增长率取了负值），这也符合经济发展的常识性规律。但是，在旧方程中，该变量的系数参数竟然为正值，可见，不考虑金融创新对货币需求的影响将有可能导致结构性的错误判断——尽管变量的影响程度并不大。

2. 物价水平变量

物价水平变量对货币需求的吸收弹性在新方程中为负值，而在旧方程中为正值，而且贡献率和拉动作用基本可以忽略。对此可以理解为，随着物价水平的上升，从总体上看，人们有可能减少对货币的需求。

3. 其他待定的解释变量

其他待定的解释变量对货币需求的贡献和拉动在新方程中为负值，而且绝对值在下降。基于前面的分析，可以接受把金融创新变量独立出来是正确的选择。那么还存在哪些对货币需求具有降低增长效果（拉动作用为-2.25个百分点）的因素未被识别出来呢？尽管其影响可能比较小，后文将对此做进一步的分析。

（三）方程中其他变量的影响

市场化程度对货币需求的影响并不明显，它的吸收弹性、贡献率、拉动作用分别为-0.012、-0.28%、-0.06个百分点（旧方程中分别为-0.179、-4.18%、-0.95个百分点），说明直接以简单指标表示的计划体制向市场体制的转变可能不会对货币需求产生显著影响；但正如以上分析所指出的那样，转型过程和背景下其他因素的影响已经得以明确。

金融创新除了使货币需求方程的结构比较合理以外，它对货币需求的反向影响微弱存在，其吸收弹性、贡献率、拉动作用分别为-0.169、-2.50%、-0.57个百分点。陈涤非（2006）对此的研究更为明确，即以股票市场为代表的金融创新降低了广义货币需求。这说明中国金融体制改革（包括股票市场的出现与发展）增加了人们的金融资产选择范围，因而货币需求下降①。由于本书没有就此在1990年前后设置虚拟变量（假变量）来直接表示这种制度性变化，所以只能看到一个长期平均化的结果。

（四）其他待定项的一个解释——地下金融

从表6-6可以看出，在考虑金融创新的货币需求函数回归方程中，其他待定项的拉动作用为-2.25个百分点，这就意味着目前确定的变量形成了对广义货币增长的过度解释，而一般情况下计量结果应该表现为未充分解释。这说明可能还存在具有正向拉动作用的因素没有被发现。而“地下金融”问题应该是值得考虑的一个影响因素。

1. 地下金融的规模

邱晓华认为，中国地下经济规模占国民经济的比重在10%左右②。李建军（2005a）认为，地下金融主要服务于地下经济，对地下金融规模的衡量包括地下资金净流量、跨境地下资金的净流量、地下货币资金存量规模、地下信贷融资的发生额四个方面。李建军（2005b）根据其自然科学基金课题研究的结果，提出了三组1978~2003年的中国地下货币资金存量规模数据，这里选用其中最有代表性的一组③，时间起点与前面相一致为1981年，截止时间为2003年。具体数据见表6-9。

2. 广义货币与地下货币的关系

正如李建军（2005a）所分析的那样，在货币当局统计监测的广义货币M2当中，实际上已经包含了服务于地下经济的货币资金。李建军（2005b）认为，公开经济缺乏活力及金融投机比较活跃时期，地下货币资金规模会扩大。

① 金融工具技术创新，例如，电子支付技术也有可能降低货币需求。

② 参见刘克谦（2003）。

③ 这三组数据分别是调查后直接测算数据、采用HP滤波$\lambda=100$的处理后数据、采用HP滤波$\lambda=25$的处理后数据。李建军（2005b）[53~55]认为，根据OECD的经验，最后一组数据更符合实际特点。

表 6－9　广义货币与地下货币

年　份	M2（亿元）	ΔM2（亿元）	M2rg（%）	UM2（亿元）	ΔUM2（亿元）	UM2rg（%）	ΔUM2/ΔM2（%）
1981	2234.5	391.6	21.25	73.94	25.98	54.17	6.63
1982	2589.8	355.3	15.90	96.28	22.34	30.21	6.29
1983	3075.0	485.2	18.74	121.90	25.62	26.61	5.28
1984	4146.3	1071.3	34.84	156.11	34.21	28.06	3.19
1985	5198.9	1052.6	25.39	203.45	47.34	30.32	4.50
1986	6721.0	1522.1	29.28	267.31	63.86	31.39	4.20
1987	8349.7	1628.7	24.23	336.61	69.30	25.92	4.25
1988	10099.6	1749.9	20.96	413.69	77.08	22.90	4.40
1989	11949.6	1850.0	18.32	503.17	89.48	21.63	4.84
1990	15293.7	3344.1	27.99	579.38	76.21	15.15	2.28
1991	19349.9	4056.2	26.52	616.01	36.63	6.32	0.90
1992	25402.1	6052.2	31.28	650.27	34.26	5.56	0.57
1993	34879.8	9477.7	37.31	757.67	107.40	16.52	1.13
1994	46923.5	12043.7	34.53	1033.86	276.19	36.45	2.29
1995	60750.5	13827.0	29.47	1494.05	460.19	44.51	3.33
1996	75632.0	14881.5	24.50	2077.44	583.39	39.05	3.92
1997	90625.4	14993.4	19.82	2712.84	635.40	30.59	4.24
1998	103961.8	13336.4	14.72	3367.34	654.50	24.13	4.91
1999	120905.2	16943.4	16.30	4070.50	703.16	20.88	4.15
2000	137835.9	16930.7	14.00	4900.58	830.08	20.39	4.90
2001	157235.2	19399.3	14.07	6069.55	1168.97	23.85	6.03
2002	185194.8	27959.6	17.78	7550.80	1481.25	24.40	5.30
2003	220379.5	35184.7	19.00	9144.31	1593.51	21.10	4.53

注：“Δ”表示当年比上年增加，rg 代表增长率，UM2 表示地下货币。

资料来源：本书附表 3，地下货币数据来自李建军（2005b）[54]“表 3－5：中国地下货币资金规模”。

但是，从数据统计上看，广义货币与地下货币之间的关系又是什么样呢？经过简单计算发现，广义货币增长率与地下货币增长率的相关系数为－0.0135，可以认为二者不相关。但是，广义货币与地下货币的相关系数为 0.9879，广义货币年增加量与地下货币年增加量的相关系数为0.9619。这说明，广义货币变化与地下货币变化可能具有不同的规律与机制。

3. 地下金融指标的引入方式

如果直接将地下货币增长率作为新变量引入货币需求函数中［如公式（6-5）或公式（6-6）］，将会出现方向性错误；如果考虑建立半对数方程，又无法在同一个模型框架内进行分析。而且在数据空间有限情况下，解释变量增加后得到的计量结果其可靠性难于保证。因此，根据广义货币对地下货币的包容关系以及存量上的高度正相关关系，这里采取简化处理。经过计算发现，每年新增地下货币与每年新增广义货币的比例的平均值为4.00%，它可以被近似看做地下货币对广义货币增长率的拉动作用。

这样，与前面的分析相综合（参见表6-6），广义货币年均22.63%的增长率中可以被解释的拉动作用达到了20.88个百分点，只剩下1.75个百分点增长率没有得到解释。这个结果，无论从问题的性质上看，还是从计量的数值上看，都基本令人满意。

五 本节分析的结论

通过本节的分析，可以得到如下结论。

建立长期总量货币需求函数的一个前提，是中国广义货币的内生性、中国利率的外生性以及货币需求对利率（机会成本变量）的不敏感；建立货币需求函数的目的和意义在于货币需求的稳定性与可解释性；加入金融创新的解释变量是建立中国转型经济货币需求的正确选择，但金融创新本身对货币需求增长是反向拉动作用；地下货币可以构成货币需求的影响因素，但是变量和数据处理上还具有一定的难度。

进一步的，如果从货币需求的现实解释效果上看，从某种意义上讲，本节的分析认为，在根本上中国并不存在难以解释的“货币迷失”问题。当然，从经济学意义上看，中国“迷失的货币”指的是传统理论范式难以给出合理解释的一个货币经济现象。此前各章围绕这一现象从主流理论范式、货币经济学基本问题、一个分析框架、中国货币经济特征、基于中国的分析框架的分解检验到对中国货币需求的重新认识等进行了分析，本书认为它是与中国经济转型的实践密不可分的，对它的解释也一一从以上各部分中得到验证。

第三节　中国货币供给的实例

为了更加全面地认识“迷失的货币”问题，也为了与货币需求的分析形成对比，这里给出一个中国货币供给的实例。中国货币供给从过程上看，可以简化地分为基础货币的供给与派生货币的创造两个相联系的环节，前者涉及货币当局，后者则与存款货币银行有关。从结果上看，货币供给则与货币当局资产负债表和存款货币银行资产负债表密切相关。本书选取了1993～2006年的年度数据进行考察。

一　基础货币增加的结果与原因

中国人民银行公布的货币当局资产负债表中的储备货币，就是理论上基础货币的对应概念。由于储备货币是货币当局最主要的负债项，因此基础货币的创造主要取决于中央银行的资产操作。

（一）基础货币增加的结果

从货币当局资产负债表的负债方可以看出基础货币增加的结果，参见表6-10简化的负债方部分项目数据。

表6-10　简化的货币当局资产负债表负债方部分项目

单位：亿元

年　份	储备货币	发行货币	对金融机构负债	非金融机构存款	债　券
1993	13147	6314	5541	1291	0
1994	17218	7884	7468	1866	0
1995	20760	8574	9673	2513	197
1996	26889	9435	14355	3099	0

续表 6－10

年　份	储备货币	发行货币	对金融机构负债	非金融机构存款	债　券
1997	30733	10981	16115	3637	119
1998	31335	12604	14745	4527	119
1999	33620	15070	14729	3822	119
2000	36491	15938	16019	4534	0
2001	39852	16867	17089	5894	0
2002	45138	18589	19138	7411	1488
2003	52841	21241	22558	9043	3032
2004	58856	23104	35673	79	11079
2005	64343	25854	38391	98	20296
2006	77758	29139	48459	160	29741

资料来源：各期《中国人民银行统计季报》。

表6－10中，“债券”可以理解为“央票”，它实际上是2002年后中国人民银行为收回经济中的流动性的一种不得已的“创造”。基础货币由发行货币、对金融机构负债、非金融机构存款构成。观察近几年基础货币增长与央票发行的增长，发现它们的确密切相关（见图6－1）。

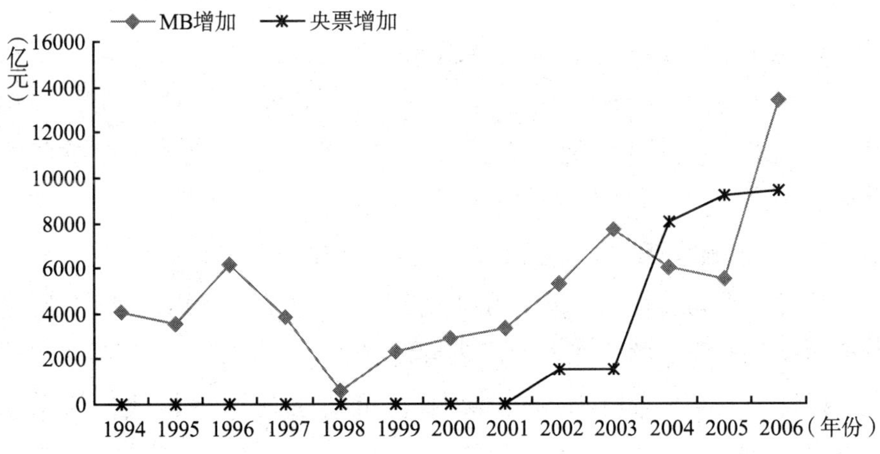

图6－1　基础货币与央票的增加

它们的相关系数达到了97.60%。

根据表6-10，可以计算出1994~2006年基础货币增长的结果构成，如图6-2所示。

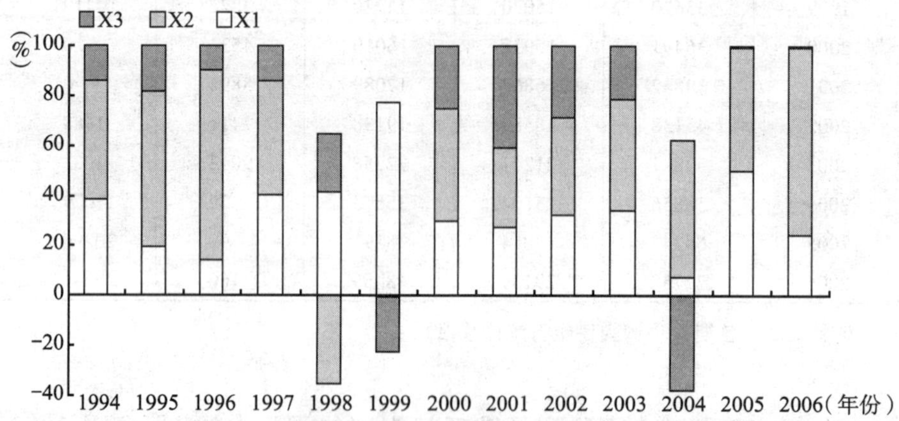

图6-2 基础货币增长的结果构成

注：X1，发行货币；X2，对金融机构负债；X3，非金融机构存款。

从图6-2可以看出，近年来，对金融机构负债成为基础货币增长的主要构成部分，发行货币表现不稳定，非金融机构存款2004年出现负值后便不存在了。计算基础货币增长率与发行货币增长率、对金融机构负债增长率、非金融机构存款增长率的相关系数，可以发现它们分别为-56.64%、41.81%、-16.67%，这说明，基础货币增长的结果主要体现为金融机构在中央银行的准备金存款的增加上。

（二）基础货币增加的原因。

从货币当局资产负债表的资产方可以看出基础货币增加的原因，参见表6-11简化的资产方部分项目数据。

根据表6-11可以计算出基础货币增长的原因构成，结果如图6-3所示。

表 6-11 简化的货币当局资产负债表资产方部分项目

单位：亿元

年份	总资产	外汇	对政府债权	对存款货币银行债权	对非货币金融机构债权
1993	13676	1432	1583	9610	252
1994	17588	4264	1688	10451	270
1995	20624	6511	1583	11510	182
1996	26467	9930	1583	14518	118
1997	31413	12649	1583	14358	2072
1998	31268	13088	1583	13058	2963
1999	35350	14061	1583	15374	3833
2000	39002	14815	1583	13520	8600
2001	42227	18850	2821	11312	8547
2002	50685	22107	2863	9983	9545
2003	61522	29842	2901	10620	8619
2004	78093	45940	2970	9377	9913
2005	103034	62140	2892	7818	18100
2006	128575	84361	2856	6517	21950

资料来源：《中国人民银行统计季报》。

从图 6-3 可以发现，2001 年以来，基础货币增长的最主要原因来自外汇资产。近 5 年来，增加外汇资产的操作（买进外汇、放出人民币）解释了约 80% 的基础货币投放。与此同时，中央银行对存款银行的再贷款逐年减少。这也说明了中国基础货币的内生性的确在增强。

二 派生货币增加的结果与原因

在现代金融体制下，存款货币银行在原始存款的基础上创造派生存款①。简而言之，如果中央银行增加流通中货币或扩大对存款货币

① 赵彦云（2000）指出，尽管通过具体的统计手段无法准确统计存款货币银行的原始存款的规模，但是，原始存款基本取决于流通中货币的规模；此外，经过派生后的存款总额，即存款货币银行资产负债表中负债方的对非金融部门的负债，是可以明确统计的。根据存款货币银行创造派生存款的基本原理，派生后的存款总额与原始存款成正比，与法定存款准备金率成反比。

银行的贷款以增加存款货币银行的原始存款，降低法定存款准备率，就会造成派生存款的扩张与经济中的流动性的增加。反之，则反是。

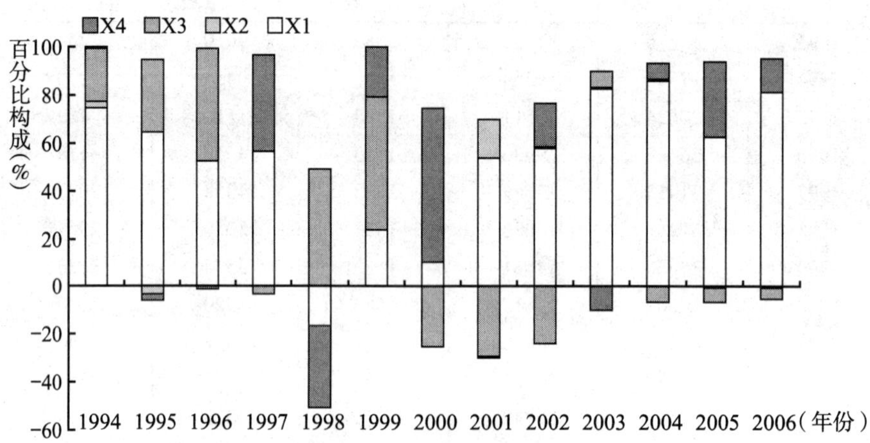

图 6－3 MB 增长的原因构成

注：X1，外汇；X2，对政府债权；X3，对存款银行债权；X4，对其他金融机构债权。

（一）派生货币增加的结果

从存款货币银行资产负债表的负债方可以看出派生货币增加的结果，参见表 6－12 简化的负债方部分项目数据。

表 6－12 简化的存款货币银行资产负债表负债方部分项目

单位：亿元

年　份	对非金融机构负债	活期存款	定期存款	储蓄存款	其他存款
1993	26088	9693	1248	14583	564
1994	35674	12390	1943	20516	825
1995	47850	15202	3324	28046	1279
1996	61716	18765	5042	36373	1536
1997	75310	23810	6739	43635	1126
1998	86628	26486	8302	50206	1635

续表 6－12

年　份	对非金融机构负债	活期存款	定期存款	储蓄存款	其他存款
1999	100340	32356	9477	55805	2702
2000	113231	38469	11261	59754	3747
2001	131245	44140	14180	67851	5074
2002	167944	53562	16434	79542	18407
2003	199941	64314	20940	94633	20053
2004	240573	74422	25382	119555	21214
2005	281792	83149	33100	141051	24491

资料来源：《中国人民银行统计季报》。

根据表 6－12，可以计算出派生货币增长的结果构成，如图 6－4 所示。

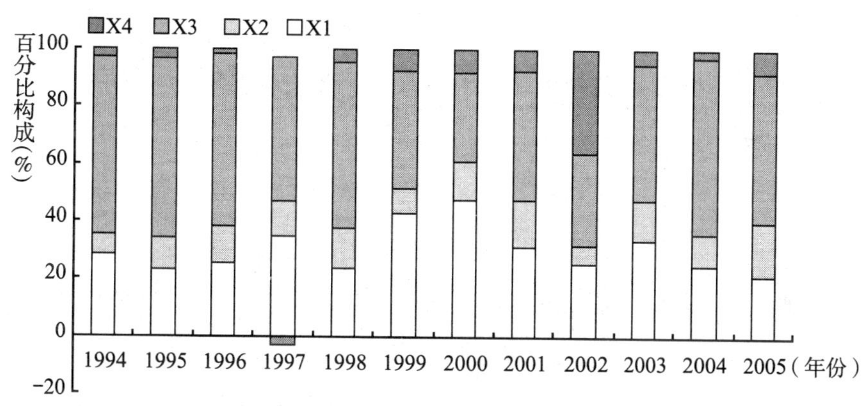

图 6－4　银行派生货币增长的结果构成

注：X1，活期存款；X2，定期存款；X3，储蓄存款；X4，其他存款。

从图 6－4 可以看出，储蓄存款增长解释了派生货币增长 50% 以上的原因。计算派生货币增长率与活期存款增长率、定期存款增长率、储蓄存款增长率、其他存款增长率的相关系数，可以得到它们分别为－45.39%、－57.46%、47.33%、5.15%，这说明派生货币增长的结果主要体现为储蓄存款的增加，同时也印证了上一节货币需求模型实证检验的结果。

（二）派生货币增加的原因

联合货币当局资产负债表的负债方与存款货币银行资产负债表的资产方，可以看出派生货币增加的原因，参见表6－13（简化联合表部分项目）中的数据。

表6－13　简化联合表部分项目

单位：亿元

年　份	发行货币	储备资产	对非金融机构债权
1993	6314	5832	30893
1994	7884	7601	38640
1995	8574	10096	48086
1996	9435	13695	58232
1997	10981	16275	70690
1998	12604	15006	81493
1999	15070	15919	91160
2000	15938	16082	101816
2001	16867	18065	103957
2002	18589	20282	131464
2003	21241	24095	158535
2004	23104	37084	176303
2005	25854	39970	189141

注：①发行货币来自货币当局资产负债表负债方；②储备资产、对非金融机构债权来自存款货币银行资产负债表资产方。

资料来源：《中国人民银行统计季报》。

根据表6－13，可以计算出派生货币增长的原因构成，如图6－5

所示。

从图 6 - 5 可以看出，发行货币增长率、储备资产（主要为在中央银行的存款准备金）增长率、对非金融机构债权增长率均与派生货币的增长出现了正向相关关系。计算派生货币增长与发行货币增长率、储备资产增长率、对非金融机构债权增长率的相关系数，分别为 30.81%、58.85%、77.47%，这说明，派生货币增长的原因与对非金融机构债权增长率相关程度最高，同时也说明了中国货币供给的内生性在加强。

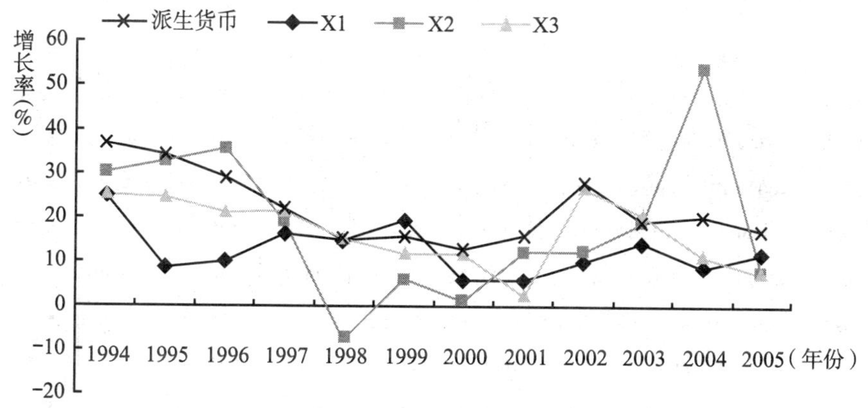

图 6 - 5 银行派生货币增长的原因构成

注：X1，发行货币；X2，储备资产；X3，对非金融机构债权。

中国货币供给的实例既验证了本章货币需求模型与方程分析中的一些结论，同时也支持了此前有关章节中关于中国货币内生性的分析。这样，从传统的货币需求与供给分析两个方面，本书完成了对中国转型时期“迷失的货币”这一特殊经济现象的解释，得出在狭义理解上的货币并不“迷失”的结论。需要进一步指明的是，出现这一现象是与中国货币经济特征分不开的，它实际上意味着中国当前的货币政策已经无法精确化①。

本章附表

附表1　总量货币需求函数各变量的取值

年份	M2	TRC	TFA	ASB	MI	ST	FEB	CPI	FI
1981	2234.5	2350.0	961.0	52.33	18.37	31.6	46.17	110.7	5.64
1982	2589.8	2570.0	1230.4	66.48	18.33	33.1	132.21	112.8	5.90
1983	3075.0	2849.0	1430.1	86.85	18.70	32.9	175.86	114.5	5.80
1984	4146.3	3376.4	1832.9	116.94	21.55	31.8	191.28	117.7	5.23
1985	5198.9	4305.0	2543.2	153.29	29.03	28.2	77.64	131.10	5.84
1986	6721.0	4950.0	3120.6	210.05	31.42	26.9	71.54	139.52	5.52
1987	8349.7	5820.0	3791.7	284.37	32.92	26.6	108.80	149.73	5.74
1988	10099.6	7440.0	4753.8	346.81	34.30	25.5	125.51	177.9	4.73
1989	11949.6	8101.4	4410.4	461.07	34.20	24.9	208.96	209.90	5.10
1990	15293.7	8300.1	4517.0	622.72	37.59	26.9	530.60	216.40	5.78
1991	19349.9	9415.6	5594.5	797.91	38.50	24.3	1155.79	223.80	6.09
1992	25402.1	10993.7	8080.1	1003.61	41.18	21.5	1072.20	238.10	5.86
1993	34879.8	14270.4	13072.3	1282.81	42.47	19.5	1221.49	273.10	5.95
1994	46923.5	18622.9	17042.1	1795.48	52.48	19.6	4448.97	339.00	6.44
1995	60750.5	23613.8	20019.3	2448.98	52.34	19.8	6146.09	396.90	7.70

① 这里的“无法精确化”意指中国当前以货币供应量为中间目标的货币政策其控制结果出现了较大的偏差，这也意味着中国货币政策范式或目标转型具有必要性（尽管不一定是充分性）。实际上，作为对美国“失踪的货币”出现30多年后的一个回应，米什金（2006）[525]谈到“货币需求的稳定性”时指出：“……由于货币需求函数变得很不稳定，现在流通速度十分难以预测……为控制经济总产出而制定严格的货币供给指标可能不是货币政策实施的有效途径。”而在20世纪80年代末，弗里德曼B（1988）[444]就针对美国的货币政策提出了“无货币数量的货币政策”（monetary policy without quantity variables）。他认为，以货币总量（包括信贷）为中间变量的旧框架已经没有任何名义变量去“锚住价格水平”（to anchor the price level）。

续附表 1

年份	M2	TRC	TFA	ASB	MI	ST	FEB	CPI	FI
1996	75632.0	28360.2	22913.5	3147.41	48.79	19.5	8732.32	429.90	8.59
1997	90625.4	31252.9	24941.1	3743.53	51.26	18.1	11596.60	441.90	8.90
1998	103961.8	33378.1	28406.2	4280.78	51.79	17.3	12001.30	438.40	9.28
1999	120905.2	35647.9	29854.7	4739.94	52.57	16.2	12804.46	432.20	8.99
2000	137835.9	39105.7	32917.7	5075.81	46.12	14.8	13706.88	434.00	9.41
2001	157235.2	43055.4	37213.5	5779.53	47.02	14.1	17560.90	437.00	10.02
2002	185194.8	48135.9	43499.9	6765.95	50.96	13.5	23705.91	433.50	10.72
2003	220379.5	52516.3	55566.6	8018.24	57.18	12.6	33377.09	438.70	11.16
2004	254107.0	59501.0	70477.4	9197.42	62.26	13.1	50482.85	455.80	11.84
2005	298755.7	67176.6	88773.6	10787.34	63.10	12.6	67079.54	464.00	12.43

注：①M2、TRC、TFA、FEB 单位为亿元，ASB 单位为元/人，MI、ST 单位为%；②FEB 由历年外汇储备乘以相应年度人民币汇率得到；③CPI 采用定基比指数，以 1978 年为 100；④金融创新（FI 指数）= M2/M0。

资料来源：本书附表 1、附表 2、附表 3。

第七章　当代货币政策理论的主要内容*

本章将简要叙述和总结20世纪80年代以来货币政策理论的研究结果，主要包括三个方面：一是货币政策决策的相机抉择与按规则行事；二是货币政策操作程序与利率规则；三是新凯恩斯主义框架下的货币政策。

第一节　相机抉择与货币政策规则

凯恩斯的《就业、利息和货币通论》是现代货币政策理论诞生的标志。由于货币政策理论与货币政策实践联系密切，20世纪70年代凯恩斯主义的“相机抉择”主张与M. 弗里德曼的“单一规则”主张的论争，和西方国家的实践一起，共同推动了当代货币政策理论的发展。本节首先阐述“相机抉择”的货币政策原则，以及由此引起的时间不一致性问题，然后探讨如何改进和完善相机抉择以及货币政策的目标规则。

* 限于目的和篇幅，本部分内容基本不涉及有关模型的推导过程。

一　相关概念

“相机抉择”与“货币政策规则”是确立货币政策战略的两种原则。

“相机抉择”（at its discretion）指的是，中央银行针对不同的经济形势来选择采取不同的货币政策战略。

“货币政策规则”（monetary policy rules）指的是，在货币政策战略层次上，中央银行的行为不是基于相机抉择，而是按规则行事——换言之，即货币政策不是一种随意性政策（discretionary policy），而是按照一种有系统的“规则”来运行的政策，如 M. 弗里德曼主张的单一规则（a constant-money-growth-rate rule）。货币政策规则目前更多地被称为（盯住）目标规则（targeting rules and regimes），进一步又可以分为通货膨胀目标制（inflation targeting）与非通货膨胀目标制（non inflation targeting）。

当然，实行货币政策规则的前提是名义货币供给或者通货膨胀是中央银行能够直接控制的变量，否则，规则就失去了意义。这个前提机制被米什金（2002）称为“名义锚”（nominal anchors），即为了“拴住”（tie down）价格水平，以某些名义变量，如通货膨胀率、汇率、货币供给等为中间目标，通过货币政策操作最终实现货币政策目标。名义锚通过控制本国货币价值可以抑制通货膨胀预期，从而促进物价稳定；但其更重要的作用在于消除由于相机抉择带来的时间不一致性问题（time-inconsistency problem）。

二　相机抉择与时间不一致性

简单地说，时间不一致性，也称“动态不一致性”，是指在 t 期为 $t+i$ 期计划的行动方案，在 $t+i$ 期到来时，实施该行动方案已不再是最优的选择了。它是针对相机抉择的货币政策提出的概念。

根据凯恩斯主义的观点，货币政策应针对不同的经济形势——在经济繁荣时，应收缩货币供给，抑制有效需求，限制投资与消费的增长；而在经济萧条时的操作则与之相反，通过相机抉择的反周期操作，消除由非货币因素造成的经济波动，从而实现经济的稳定增长。

而货币学派认为，由于非货币因素引起的经济波动非常的不规则，所以，相机抉择的货币政策不会达到凯恩斯所说的效果；尤其是，货币政策从信息识别、制定、实施到生效具有较长的时滞，其实际结果往往加剧而不是缓解了经济波动。从货币学派中发展起来的理性预期学派更加坚决地反对相机抉择的货币政策，原因就在于货币政策的时间不一致性。

此后，大量文献研究了如何消除货币政策的时间不一致性问题。尽管大家认识到了严格按规则行事具有潜在的好处，但是按规则行事存在一个明显的不足——为了便于在实际中执行，规则必须十分简单，但按照简单规则行事则可能导致产出波动太大。因此，如果考虑到灵活性的好处，规则优于相机抉择的结论将变得不再十分确定。实际上，从理论与实践的发展上看，人们更多地主张将两者进行结合。所以，Barro et al（1983a）之后的研究基本都是从货币政策博弈角度关注如何降低时间不一致性所产生的通货膨胀偏差。

三　相机抉择均衡的改进

解决相机抉择造成通货膨胀偏差的方法可以分为三类。第一类方法是把声誉（reputational cost on central bank）纳入到重复博弈模型中，公众对中央银行的“惩罚”反应将使通货膨胀的边际成本提高。第二类方法从中央银行（行长）的偏好着手，设置使通货膨胀成本更高的机制。或者挑选一个更加重视低通货膨胀的人作为决策者，或者通过薪酬激励机制使作为代理人的中央银行行长坚定地实施低通货膨胀政策，或者通过制度机制进行。第三类方法则是限制中央银行的灵活性，其中最常见的就是采用目标规则。

（一）声誉

Barro et al（1983b）考察了声誉在一期惩罚的重复博弈中的作用。中央银行在 t 期对通货膨胀率的选择会影响公众对 $t+1$ 期实际通货膨胀率的预期。如果中央银行在 t 期实行意外通货膨胀，则在 $t+1$ 期公众会以预期较高的通货膨胀率来“惩罚”中央银行。因此，中央银行需要对当期意外通货膨胀引起的收益与未来预期通货膨胀较高而造成的损失进行权衡，结果是货币政策导致的均衡通货膨胀率高于社会最优的通货膨胀率，但低于相机抉择下的均衡通货膨胀率。

但 Barro et al（1983b）提出的重复博弈模型中存在一个问题——公众仅仅根据观察到的实际通货膨胀率并不能判断中央银行是否在进行欺骗。于是，Canzoneri（1985）分析了中央银行对货币需求冲击具有私人信息这一情形。由于中央银行对货币需求冲击的预测可能会存在误差，如果公众能够判断出任何未预期的通货膨胀都完全来自中央银行的预测误差，则不会对中央银行进行“惩罚”。然而，公众直接判定中央银行的预测是非常困难的（这一预测被看做中央银行的私人信息），公众只能确定通货膨胀率的临界值以确保中央银行没有动力偏离低通货膨胀政策。如果通货膨胀率超过这个临界值，那么公众的预期通货膨胀率和实际通货膨胀率就会上升。有时候，尽管中央银行没有进行欺骗，较大的货币需求预测误差也仍有可能发生，从而使经济进入高的通货膨胀期，但是这一结果仍优于一次性博弈时的均衡。

Barro et al（1983b）的模型还有两个不足之处。第一，模型假定博弈是无限期的。然而，在现实中，中央银行的官员都具有一定任期，这样，他们就会在最后一期进行欺骗；公众也知道这一点，因而会提前一期放弃对中央银行的信任；于是，中央银行就再提前进行欺骗……由此可以推出中央银行的官员在所有任期内都会进行欺骗，结果声誉便不起作用。第二，该模型所得到的均衡并非是唯一的。利用声誉模型是为了预测政策制定者的行为，从而预测均衡通货膨胀率，因而这一不足是致命的。

为了克服上述不足，Backus et al（1985）、Barro（1986）、Cukierman et al（1986）、Vickers（1986）、Tabellini（1988）、Anderson（1989）、Mino et al（1990）、Cukierman et al（1991）、Cukierman

(1992)、Drazen et al (1994)、Garcìa de Paso (1993)、Ball (1995)、Herrendorf (1995)、al-Nowaihi et al (1996)、Briault et al (1996)、Nolan et al (1996)、Walsh (2000) 等都引入了中央银行类型的不确定性。由于公众并不了解中央银行在产出与通货膨胀稳定之间的偏好，或中央银行信守诺言的能力，因此他们只能从中央银行的政策措施中推断其类型。这样，中央银行可能为了树立声誉不会采取一次性最优政策，而且某类中央银行可能模仿另一类中央银行行为以隐瞒真实身份，这也可能是一种有利的做法。

(二) 偏好、合约与制度

1. 中央银行行长的偏好

Rogoff (1985) 第一个分析了中央银行行长的偏好如何影响通货膨胀倾向。他利用赋予通货膨胀目标相对权重的大小来衡量中央银行行长的偏好。他认为，政府应任命一个保守的人担任中央银行行长，其有利之处是可以使通货膨胀倾向下降，从而导致较低的通货膨胀率；但不足之处是，中央银行对冲击的反应将下降，从而导致稳定政策被扭曲。

为了避免后一种情况，Lohmann (1992) 提出，在任命一个保守的中央银行行长的同时，对中央银行独立性进行限制，这样可以得到更好的结果。也就是说，当供给冲击太大时，政府可以宣布中央银行采取的政策无效。

Cukierman (1992)、Eijffinger et al (1996) 对工业化国家的研究支持了 Rogoff 的方法，但是，Alesina et al (1993) 的研究却得出了不同的结论。

任命保守的中央银行行长的方法存在一些问题，如保守程度这一主观概念很难度量，在实践中也无法任命一个保守程度最佳的中央银行行长；对中央银行行长偏好的关注，会使人们忽略了从制度结构角度去研究中央银行的激励问题。

2. 激励合约

相机抉择的货币政策导致的通货膨胀倾向也可以通过对中央银行

的激励来消除。

沃什（Walsh，1995）指出，货币政策应该由一个独立的中央银行来制定，它需要满足的条件是与政府在通货膨胀和产出上具有相同偏好。此外，它能从政府那里获得转移支付，该转移支付可以看做中央银行行长的个人收入或中央银行的预算。因此，追求效用最大化的中央银行既关心由通货膨胀与产出变化造成的社会损失，也关心其获得的转移支付。沃什认为，政府与中央银行签订一个线性通货膨胀合约，即转移支付与通货膨胀率负相关，这既消除了通货膨胀倾向，又保证了中央银行能够对总供给冲击做出最优反应。

Herrendorf et al（1997）认为沃什之所以很容易地解决了时间不一致性问题，是由于 Barro-Gordon 框架过于简单。他们假定劳动市场参与者在签订名义工资合同之前，能够观察到关于总供给冲击的信息，从而引入了随状态而变动的通货膨胀倾向。他们得到的结论是，在采用线性通货膨胀合约的同时，任命一个保守的中央银行行长能够完全消除通货膨胀倾向。

3. 制度安排

薪酬合约的激励机制也可以通过中央银行的制度结构安排来实现。因为，如果制度变化的代价太大，那么，旨在提高通货膨胀成本的制度改革就可以强化承诺。这方面的研究主要集中在，如何进行制度安排以改变货币政策操作受政治压力影响的程度。

Alesina（1987）首先提出了两党制下的政策模型。他认为，由于党派的政策差异和选举的不确定性，选举之后会出现意外的通货膨胀。Alesina et al（1988）以美国的数据为依据，对此提供了支持。Alesina et al（1992）又从 OECD 国家得到了同样的证据。但是，Faust et al（1996）却认为，美国的数据并不支持政治效应会引起意外的通货膨胀。

Waller（1989、1992）指出，中央银行政策委员会成员的任命程序，会影响党派政治因素转化为货币政策结果的程度，即延长成员任期可以减少大选对货币政策制定的影响。Waller et al（1996）集中考察了任命程序中党派政治与中央银行行长任期对产出的影响。Alesina et al（1995）的研究证明，如果各政党联合起来任命中央银行行长，那么，选举引起的经济周期波动就可以减小。

此外，针对2000年欧洲中央银行的成立，Dixit（2000）利用委托—代理模型研究了货币联盟中政策的决定方式。他认为，由于每个委托人都想影响政策结果，而中央银行可能需要取悦所有委托人以避免非合作性结果。

四 目标规则[①]

除了上述改进型方法外，目标规则是一种截然不同的限制灵活性的思路。需要指出的是，这里所谈的目标规则仅涉及该规则本身的严格与灵活程度，而不涉及目标规则的具体内容。从类别上看，目标规则包括通货膨胀目标制、汇率目标制、名义收入目标制、价格水平目标制、名义货币增长率目标制等类型，其中对通货膨胀目标制的研究引起了最多的关注。目前，共有23个国家采用了通货膨胀目标制，其中新西兰（1990年）是第一个实行通货膨胀目标制的国家。欧洲中央银行（ECB）和美联储虽然没有明确宣布采用通货膨胀目标制，但实际上都把通货膨胀作为主要政策目标，具有通货膨胀目标制的一些主要特点，是隐含的通货膨胀目标制（Stone，2002；Mishkin，2002）。

（一）灵活的目标规则

所谓“灵活的目标规则”是指存在社会最优通货膨胀率（也许不等于零）情况下，中央银行同时关注产出与通货膨胀的稳定，但可以根据不同情况设置对偏离通货膨胀目标的重视程度，即并不要求中央银行准确实现其目标，而是允许它在实现通货膨胀目标与更为重要

① 目标规则概念是由Svensson（1997a）首先提出的，有两种含义：一般（general）目标规则，指某一特定的目标函数；特定（special）目标规则，指由一个特定目标函数和经济模型联合推出的一阶最优条件。

的其他目标之间进行权衡。

Canzoneri（1985）、Garfinkel et al（1993）、Garcìa de Paso（1993、1994）考虑了使用跨越多期的目标规则，以解决对稳定产出与通货膨胀偏差的权衡。他们通过将货币增长率或通货膨胀目标定义为若干期内的平均数，实现既对平均通货膨胀做出限制，又允许中央银行在每一期应对冲击时拥有更大的灵活性。

Svensson（1997b）则证明，通过给中央银行设定一个比社会所希望的通货膨胀率更低的通胀目标，可以实行最优的线性通货膨胀合约。而此时，中央银行作为代理人所具有的关于通货膨胀与产出稳定化的偏好，将和社会整体的偏好相同。

Herrendorf（1998）则认为通货膨胀目标制起到了预先承诺的作用。它解决了 Canzoneri（1985）提出的私人信息问题，这使得私人部门能很好地监督政府的行为，从而约束政府不要相机抉择行事，结果是提高了声誉力量的有效性，降低了均衡通货膨胀率。

（二）严格的目标规则

更一般地认为，目标规则往往要求更严格的盯住，即中央银行被要求实现一个特定的目标，而不管这样做对其他目标有何影响。

Aizenman et al（1986）较早进行了对严格的目标盯住制度的分析，他们发现相机抉择政策下通货膨胀偏差越大，实行严格目标规则的好处就越大。但是，Flood et al（1988）发现，如果经济中供给冲击的方差比较大，即使出现通货膨胀偏差，纯粹的相机抉择政策仍然有可能优于严格的目标规则。

Hall et al（1994）研究了盯住名义收入的目标规则，他们发现，如果中央银行可以准确地控制名义收入的增长，那么，导致产出增加的供给冲击会诱发一个降低通货膨胀率的紧缩。因此，名义收入目标比纯粹随意性政策（以及最优承诺政策）更能稳定实际产出，是一个“还算不错的货币政策操作规则”。Bean（1983）、Frankel et al（1995）、McCallum（1988）、Taylor（1985）以及 West（1986）也对名义收入目标规则进行了分析。

第二节 货币政策操作程序与利率规则

本节主要介绍货币政策操作程序与作为工具规则的利率规则。

无论相机抉择还是按规则行事，货币政策关注更多的是其最终目标；而事实上货币政策执行过程中会面临许多实际问题，这就涉及了货币政策操作程序。而在货币政策操作中，工具选择问题处于核心位置，其中最重要的一种工具规则就是利率规则。

一 基本概念

货币政策操作程序（operating procedures）指的是从工具到目标的这一过程以及有关规则、传统及惯例，它包括了货币政策工具、操作目标、中间目标以及最终目标。

货币政策工具（instruments）是中央银行直接控制的变量，它又包括一般性工具和选择性工具。

需要指出的是，在政策实践中，货币政策工具与操作目标往往可以等同理解，例如美国货币政策中，联邦基金利率或准备金总量既是操作目标，同时也是政策工具。

货币政策通过操作目标（或工具）来影响中期经济变量——中间目标，进而达到影响最终的经济变量（最终目标）。这样，中间目标的重要性就在于：首先，它在时间与空间上紧密、系统地联系着最终目标（即充当工具变量）；其次，通过中间目标可以避免货币政策时滞而造成的最终目标偏离（即充当信息变量）。

现代货币政策理论中，把操作目标、中间目标的决定问题统称为工具选择问题，这里的"工具"已成了广义的概念。

二 工具选择

作为对现代货币政策理论分析的起点，一个基本共识是，在 IS - LM 框架（总需求模型）下，中央银行不能将最终目标同时确定为货币存量和利率，即如果货币供应量不变，货币需求的变动必然导致利率波动；而如果设定利率不变，中央银行就会失去对货币供给的控制。但问题在于，中央银行在无法确定经济冲击来源时①，就必须选择其中一个作为操作工具。

普勒（Poole，1970）的经典研究奠定了工具选择分析的基础，他证明，中央银行在无法同时确定货币存量和利率的情况下，可以通过比较实体部门和货币部门的产出方差（IS - LM 框架中）来做出判断。他的结论是：如果经济波动来自总需求，最优货币政策工具选择应保持货币存量不变以稳定产出；如果经济波动来自货币需求，最优货币政策工具选择应保持利率固定不变以稳定产出。

但是，在现代经济中，中央银行对广义货币的控制能力非常有限，它只能控制基础货币，于是后来的研究者把基础货币作为操作程序加入到普勒最初模型中，以更加贴近现实。研究发现，利率程序带来的产出方差小于基础货币程序带来的产出方差。这说明，随着金融部门易变性（货币需求或货币乘数的冲击）的提高，利率导向的货币政策程序将更加优于货币总量的政策程序。

根据沃什的总结，普勒也证明了如果中央银行能够根据不断得到的经济信息实行一种结构更加丰富的反应系统，那么就存在一种货币政策规则（这里指货币政策程序的几种状态），这种货币政策规则既优于单纯的利率工具也优于单纯的货币量工具。因此，工具选择已不再是问题的关键，问题的关键在于如何利用最新的信息对工具进行调整。所以，20 世纪 90 年代以来，越来越多的信息变量（information variables）被引入中央银行的决策模型中，政策工具选择实际上已成

① 一般的，在供求模型中，只有同时观察到价格和数量，才能确定经济冲击属于需求冲击还是供给冲击。

为政策制定者的内生性决策①。

三　中间目标

工具选择中，利率作为中间目标，既充当了操作变量，也是唯一的信息变量。但是，现代货币经济与政策中，中间目标更多地体现为信息变量，例如汇率、商品价格、金融资产价格，它们都进入到货币政策程序中充当信息变量。换言之，“中间目标是指那些其变动可以为预测政策目标变量提供有用信息的变量”（沃什，2004）[341]。

Kareken et al（1973）以及 Friedman B（1975）较早提出了中间目标的信息作用。他们认为，只要货币需求冲击不是太大，那么中间目标程序就优于对新信息根本不作反应的政策；但是，中间目标规则要次于对新信息作最优反应的规则。

沃什总结认为，尽管中间目标程序总体上是无效率的，但是，中央银行通常还是按照中间目标程序去执行货币政策，即通过政策工具的调整，使某个中间目标处于既定的轨道。美国 20 世纪 70 年代使用货币增长率作为中间目标，但由于货币需求在 80 年代变得难以预测，于是转为利率中间目标。现在，欧洲中央银行（以及此前的德国联邦银行、瑞士国民银行）仍选用货币增长率作为中间目标②。沃什也指出了一个事实，即很多中央银行已经开始使用通货膨胀本身作为中间目标。

需要注意的是，Morton et al（1993）对美国、英国、加拿大、德国、法国、日本和瑞士进行了考察，他们发现，前六个工业化国家具

① 普勒模型是一个总需求模型。20 世纪 70 年代后由于石油冲击影响，西方研究者开始使用总需求—总供给模型。萨金特与华莱士（Sargent et al，1975）引入卢卡斯供给方程后发现，货币量与利率（作为外生工具）的选择实际上不存在，货币政策是中性的——只影响价格不影响产出。费希尔（1977）、费尔普斯与泰勒（1977）指出了他们的缺陷，Aizenman 与 Frankel（1986）深入说明了这一点。可见，工具选择问题的争论仍在继续。

② Laubach et al（1997）认为，它们的货币增长率只是用来显示政策意图，而不是严格的中间目标。

有趋向更为灵活的利率政策的共同特点。官方利率通常都与直接信贷管制相结合，而中央银行并不依靠官方利率，与此相反，中央银行趋向采用更多以市场为导向的利率政策①。这些政策包括对某个准备金变量（如美国的非借入准备）的控制，中央银行由此可以对货币市场流动性产生影响，并控制短期货币市场利率。

四　利率规则

这里的利率规则实际上就是一种工具规则（instrument rules）。

正如伯南克与米什金（Bernanke et al，1992）、Morton et al（1993）、Kasman（1993）等所指出的那样，大多数工业化国家的中央银行通过干预货币市场来控制短期利率，并以此执行其货币政策。如果短期利率能够被中央银行所直接控制，那么，货币需求的可预测性就不再重要了，而短期利率与影响投资和消费的市场利率之间的联系，以及利率与汇率之间的联系，就成了问题的关键。需要注意的是，尽管短期名义利率可以被有效控制（外生的），但主流货币政策理论认为，实际利率由资本边际产出决定，所以长期看来，货币政策对实际回报率并不产生影响。

Canzoneri et al（1983）以及麦克勒姆（McCallum，1986）认为，货币政策可以用来降低名义利率的波动性，同时又不会造成价格水平的不确定性；但是，名义利率和通货膨胀的目标不能彼此独立地分别决定。他们还认为，名义利率目标的固定可以对应于不同的货币供给，而不同的货币供给又会导致价格水平的不同表现。

利率规则具有较强的政策实践意义。Barro（1989b）、Rudebusch（1995）发现美国的名义利率、货币供给及通货膨胀的时间序列表现符合利率目标盯住。泰勒（Taylor，1993）提出了模拟美联储实际行

---

① Kasman（1993）也指出，由于金融创新和自由化，工业化国家货币政策执行中的制度结构日益相似。

为的名义利率规则（即泰勒规则）[1]，而 Clarida et al（2000）估计了几个主要的中央银行所采用的各种形式的泰勒规则。

Carlstrom et al（1995、1997）、Woodford（1999b）使用一般均衡模型、典型经济人模型研究了利率规则。Carlstrom et al（1995）认为，盯住名义利率要优于货币增长率固定不变的政策。Carlstrom et al（1997）认为，盯住名义利率的帕累托效率要优于固定货币规则，而且对于任何利率目标，都存在一个货币增长序列实现灵活价格下的实际均衡（名义货币增长率的变化可以抵消价格黏性）。Rebelo et al（1999）认为，在 CIA 模型中，不管盯住哪种名义利率目标，如果劳动力供给缺乏弹性，均可以实现与相应的（非货币化）实体经济所能实现的任何均衡。

第三节 新凯恩斯主义框架下的货币政策理论

近年来，新凯恩斯主义框架在货币政策分析中得到日益广泛的应用。本节简要介绍新凯恩斯主义在货币政策目标、决策原则（相机抉择与规则）、目标规则与工具规则上的主要理论。

一 新凯恩斯主义的基本模型

一般的，新凯恩斯主义模型包括三个组成部分。

首先，模型的需求方面采用一条带有预期的 IS 曲线，它通过对代表性居民最优消费的欧拉方程进行线性近似处理而得到；其次，在垄断竞争条件下，单个厂商采取交错定价方式，进而得到通货膨胀的调整方式（工资加成）；最后，货币政策采用名义利率规则[2]来代表。实际上，模型的前两个条件界定了通货膨胀缺口与产出缺口的关系

① 关于泰勒规则及其发展将在下一小节中进行介绍。

② 这里的名义利率规则由外生给定或者来自从中央银行目标函数推导出来的泰勒规则。

（通过实际边际成本建立联系，即厂商的菜单成本调整行为），参见下式：

$$\pi_t = \kappa \sum_{i=0}^{\infty} \beta^i E_t x_{t+i} + \sum_{i=0}^{\infty} \beta^i E_t e_{t+i} \qquad (7-1)$$

从式（7－1）可以看出，通货膨胀（π_t）取决于当前和预期未来产出缺口（x）及成本冲击（e）的贴现值。

二 政策目标

在新凯恩斯主义框架中，中央银行的目标函数不再设定为特殊化模型（ad hoc），而是建立在完整的一般均衡模型上（最常见的是二次型损失函数）。Woodford（2001）通过对典型经济人效用的对数—线性近似处理，推导出了一个二次型损失函数的福利标准，参见下式：

$$E_t \sum_{i=0}^{\infty} \beta^i V_{t+i} \approx -\Omega E_t \sum_{i=0}^{\infty} \beta^i [\pi_{t+i}^2 + \lambda (x_{t+i} - x^*)^2] \qquad (7-2)$$

其中，V_{t+i}代表效用，x^*代表没有垄断条件下稳态产出与现实产出的缺口。从式（7－2）可以看出，新凯恩斯主义框架中衡量产出缺口的参照标准是灵活价格条件下的均衡产出（而传统 Barro-Gordon 框架中的参照标准则是趋势值或自然产出率），而且损失函数中包含了通货膨胀波动的原因①。

Dixit et al（2003）指出，如果货币当局和财政当局能够密切配合，都按照最优方式行事，那么财政当局通过税收工具可以使 $x^*=0$，而中央银行则可以保证使通货膨胀为零。这样，Barro-Gordon 框架中的通货膨胀偏差成因就被财政政策消除了。

Khan et al（2000）、Adao et al（2001）建立了名义刚性与“弗里

① 原因在于价格黏性，因为代表了价格黏性下的产出，而式（7－1）已说明了它是通货膨胀决定因素之一。

德曼扭曲”①，他们发现相对价格扭曲比 M. 弗里德曼的货币性低效率要严重得多，因此，最优货币政策比较接近保持价格稳定的政策——新凯恩斯主义认为，价格稳定才是货币政策最合适的目标。

Erceg et al（2000）发现，当工资具有黏性而价格具有弹性时，所有实际工资调整都可以通过价格变化而实现，此时，最优政策应致力于维持名义工资的稳定。

Galí et al（2002）把家庭闲暇和消费的边际替代率（MRS_t）与劳动边际产出（MPL_t）之间的缺口定义为“低效率缺口”，它由“工资加成”（wage markup，实际工资与边际替代率之间的差异）和“价格加成”（price markup，实际工资与劳动边际产出之间的差异）两部分组成，他们发现美国低效率的原因在于工资加成。Christiano et al（2001）、Sbordone（2001）提供了与此相一致的论据，表明名义工资刚性比价格刚性具有更重要的实证意义。

Goodfriend et al（2001）认为，长期合同带来的稳定就业可以削弱名义工资刚性对实际资源配置的影响。

三 最优承诺与相机抉择

针对相机抉择造成的时间不一致性，Woodford（1999a）提出了“长期有效”的事先承诺方法。他认为，对政策惯性的这种承诺意味着，中央银行当期的政策可以影响未来通货膨胀的预期。比起对滞后产出缺口不作反应的政策，承诺可以使中央银行在权衡产出缺口波动与通货膨胀缺口波动时处于更为有利的地位。麦克勒姆等（McCallum et al，2000）进一步讨论了这一长期有效承诺，认为符合事先承诺的惯常做法。Dennis（2001）认为，长期有效的事先承诺政策不是唯一的。

Jensen（2002）、McCallum et al（2000）、沃什（2004）对比了最

① “弗里德曼扭曲”是指，M. 弗里德曼认为，最优通货膨胀率必须为负数才可以使名义利率为零。不过，对此，新凯恩斯主义的观点是，零通货膨胀已经是最优货币政策了。

优相机抉择政策与长期有效事先承诺政策下产出缺口、通货膨胀对成本冲击的反应。他们发现，相机抉择下，调整名义利率可以完全抵消需求扰动对产出缺口的影响（即该扰动不影响通货膨胀与产出缺口），但是，如果采用承诺规则，新凯恩斯主义的均衡状态将无法确定。

而 Clarida et al（1999）认为，相机抉择下的最优政策将会导致一个稳定的通货膨胀偏差，因此目前应任命一个 Rogoff 式的保守型中央银行行长（重视通货膨胀波动甚于产出波动）。所以，承诺只是次优做法，因为充分承诺将导致惯性行为——未来通货膨胀不是取决于产出缺口，而是产出缺口的变化。

Clarida et al（2002）将封闭模型拓展到了开放经济，他们发现，当黏性价格以交错方式调整时，通货膨胀会造成国内厂商面临的相对价格差异，而该差异会导致生产缺乏效率，因此，中央银行应该努力稳定国内价格而不是消费者价格。

四　盯住目标制度

盯住目标制度（targeting rules and regimes，即前文的目标规则）中讨论最多的就是通货膨胀目标制（inflation targeting）。

通货膨胀目标制的经典论述包括了伯南克与米什金（Bernanke et al，1997）、Svensson（1997a、1997b、1999a、1999b、1999c、1999d）、Svensson et al（1999），而经验分析的代表性研究包括了 Ammer et al（1995）、Bernanke et al（1998）、Mishkin et al（2001）、Amato et al（2002），这里不再赘述。

除了通货膨胀目标制外，Dittmar et al（1999）、Svensson（1999d）、Vestin（2001）分析了盯住价格水平目标，Jensen（2002）分析了盯住名义收入增长率目标，Batini et al（2001）分析了盯住价格水平—通货膨胀混合目标，Nessén et al（2000）分析了盯住平均通货膨胀目标，Jensen et al（2002）、沃什（2004）分析了盯住产出缺口变化或半差分目标。

五 工具规则——泰勒规则

前面的分析是基于规定好的中央银行目标函数，然后由此推导出最优的政策工具。与此不同的一种方法是直接规定出工具规则，其中最著名的就是泰勒规则。

(一) 泰勒规则

泰勒（Taylor，1993）通过对美国1987～1992年的季度数据进行分析发现，美国联邦基金利率的表现可以利用简单的规则来表示：

$$i_t = \pi_t + 0.5x_t + 0.5(\pi_t - \pi^T) + r^* \qquad (7-3)$$

其中，x_t为产出缺口；π^T为平均通货膨胀率的目标水平（2%）；r^*为均衡实际利率（2%）。式（7－3）很好地拟合了联邦基金利率的历史表现。泰勒规则用一般系数可以表示如下：

$$i_t = r^* + \pi^T + \alpha_x x_t + \alpha_\pi(\pi_t - \pi^T) \qquad (7-4)$$

泰勒规则表明，如果产出缺口不为零或者通货膨胀率偏离其目标，那么，名义利率就会偏离与均衡实际利率和目标通货膨胀率相称的水平。

(二) 泰勒规则的政策含义

泰勒规则具有明确的政策含义，即中央银行在执行货币政策时，应根据通胀缺口和产出缺口的变化来调整利率的走势，以保持实际均衡利率的稳定性。泰勒规则的形式虽然很简单，但它既可以很好地概括现实中影响货币政策的基本因素，同时也很好地反映了货币政策的最终目标，即在短期内将实际产出稳定在潜在产出水平附近，同时在长期内有效地控制通胀率。

泰勒规则以其简洁、稳健和最优的特征，得到了学术界和决策者们的极大重视。在理论上，人们通常在宏观经济模型中引入泰勒规则。在实践中，泰勒规则已成为美联储、欧洲中央银行、英格兰银行和加拿大银行货币政策操作的理论依据，为评估货币政策提供了一个客观尺度。

（三）对泰勒规则的评价

根据普遍的看法，泰勒规则的优点体现在以下几个方面。

第一，它清晰地刻画了联邦基金利率与通胀率和产出之间的关系。

第二，在大多数封闭经济模型中，泰勒规则趋近于最优货币政策规则，而且，与复杂的货币政策规则相比，泰勒规则对于模型的不确定性更具有稳健性。

第三，如果中央银行遵循泰勒规则，那么货币政策决策实际上也就有了一种事先承诺机制，从而可以解决货币政策的时间不一致性问题。

第四，泰勒规则有助于加强中央银行与公众之间的政策交流，在公众与中央银行之间建立起有效的沟通渠道和反馈机制，引导公众预期的形成，提高货币政策的有效性和透明度。

第五，泰勒规则形式上的简洁性为货币政策的操作提供了一个参考基准，并且通过估计不同时期的泰勒规则，可以客观地评价货币政策的实施效果及观察货币政策体制的变化情况。

然而，泰勒规则并非完美无缺，它也存在着一些不能忽略的理论缺陷。

首先，它没有考虑央行的利率平滑行为，可能导致中央银行的过度反应（Orphanides，2001）。

其次，它仅对当期或滞后通货膨胀与产出缺口做出反应，没有考虑中央银行的前瞻性行为（Clarida et al，2000）。

再次，它假设经济体是封闭的，没有考虑开放经济的情况（Ball，1999；Taylor，2001）。

最后，它没有考虑到政策操作的随机性，而将所有利率变动都看成是对产出缺口和通胀缺口的系统性反应，忽略了资产价格、实际汇率、长期利率和货币总量等其他状态变量以及中央银行的主观判断（Siklos et al，2004；Gerlach-Kristen，2004）。研究者于是从以上几个方面对泰勒规则进行了推广和拓展，但总的来说，这些推广和拓展模型仍基本保持了原始泰勒模型的框架，因而被称为泰勒型规则（Taylor-type rule）。

第八章　中国货币政策范式的选择

一般认为，中央银行的存在是货币政策的必要条件。1984 年，中国人民银行专门行使中央银行职能——中国的中央银行体制得到正式确立，所以从那时起，中国才具备了严格理论上的货币政策概念(戴根有，2000)。经过 20 多年的发展，中国已经建立起了比较完备的货币政策体系，它除了最终目标、中间目标、政策工具、传导机制、有效性以外，还包括了与中国经济改革发展具有密切联系的利率市场化、中央银行独立性、与财政政策（以及产业政策、汇率政策）的协调配合等专题；此外，中国货币政策区域化、与资本市场的协调、与金融稳定的协调以及国际协调等等都构成其丰富的内容。限于本书研究目的与篇幅，本章主要围绕货币政策决策和中间目标两方面内容进行分析。

本章将首先简要回顾 20 世纪 80 年代以来货币政策变化的国际趋势，然后对中国货币政策的实践进行总结——主要集中在决策原则与中间目标上，同时对中国货币政策的选择给出有关建议。

第一节　货币政策变化的国际趋势

在中国货币政策诞生和发展的二十几年的时间里，货币政策的国际实践中除了通货膨胀目标制的出现还发生了其他一些重要变化，本节将从五个方面对此进行简单的回顾。

一　货币政策最终目标

在货币政策最终目标上，世界各国货币政策的主要目标基本都指向了价格的稳定（李扬，1999），一个基本共识是，稳定的价格及通货膨胀预期是连续平稳的经济决策与活动的重要前提。在物价相对稳定、中央银行具有高信誉度的前提下，部分发达国家对货币政策目标开始更进一步——追求以前被认为可能相互冲突的扩大就业、促进经济增长和国际收支平衡目标。

二　货币政策中间目标

"二战"之后，货币政策中间目标经历了"利率—货币供应量—利率"的一个回归过程，其背景是基于战后重建、凯恩斯主义盛行、滞胀出现、自由主义思潮复归、金融创新、放松管制与再管制的经济实践以及相应的理论政策思想发展。但是，利率中间目标的重新确立不是简单意义上的回归，如同本章以及前文所分析的那样：一方面，从现实上看，20 世纪 80 年代以后，货币供应量日益模糊和难以控制，货币与实际经济变量之间的关系也变得不稳定和难以捉摸；另一方面，利率更多体现为重要的信息变量（之一），进一步的，它还带来了一系列新的制度安排和操作条件，包括货币政策透明度、货币政策工具独立性、货币政策责任制和货币政策绩效评价方法等，这些创新共同导致了通货膨胀目标制度的出现与流行。

三　相机抉择与规则的融合

除了在货币政策最终目标与中间目标上的变化外，各国在货币政策决策的实践上，相机抉择与按规则行事开始出现有机的融合。人们逐渐认识到相机抉择同样存在政策目标，但偏重于短期操作和短期目标；单一规则也不是 M. 弗里德曼式的绝对不干预，而是在确定规则的基础上，需要吸收反馈结果以进行货币增长规则或利率规则的学习性修正，而规则与相机抉择之间也不存在绝对的不相容。因此，以规则为主、相机抉择为辅的混合模式开始得到认同。从实践上看，长期政策需要按规则行事，而短期调整则依靠相机抉择，这种规律与通货膨胀目标制兴起的背景是一致的。

四 对时间不一致性的认识

在国际范围内，各国政府、决策部门对相机抉择带来时间不一致性问题的认识不断趋于全面和理性，而这种认识的深化更多体现在货币政策绩效评价中。随着现代政治以及公共政策理论实践的发展，各国意识到中央银行独立性、相机抉择、行动与目标的透明度、公共责任以及对其的信任度与激励构成一个复杂的体系，因此，信誉、透明、责任成为中央银行及其货币政策绩效评价的重要因素。

五 通货膨胀目标制的出现

随着全球经济一体化，尤其是金融市场一体化和信息化的迅速发展，资本国际流动加剧，金融创新不断发展，资产市场更趋复杂化。这样，一方面，中央银行越来越难以协调对汇率与货币政策的冲击，由此造成自20世纪90年代开始，越来越多的国家考虑和应用具有更大灵活性的汇率和货币政策体制；另一方面，基于工具的规则，尤其是基于货币供应量的规则，越来越难以实施。因此，通货膨胀目标制被更多地采用，它保证了货币政策的一致性、透明性和可信性。根据上一章的分析，货币政策如果得到财政政策的支持，则通货膨胀目标制有利于决策者平稳地引导和降低通货膨胀率，在某些相机抉择行动的辅助下，还有可能稳定产出。

第二节 中国货币政策的最终目标与相机抉择

本节主要说明中国货币政策在战略与决策原则上的两个根本特征：现实上的多目标选择与实质上的相机抉择。

一 中国货币政策的最终目标

1995年颁布的《中华人民共和国中国人民银行法》规定，中国货币政策目标为“保持货币币值的稳定，并以此促进经济发展”。尽管在法律上，这是对20世纪80年代货币政策“多目标”争论的一个终结，但是中国货币政策的“单目标”并没有得到广泛的认同（谢平，2000；戴根有，2000）。例如，戴根有（2000）认为，货币政策目标“带了一个尾巴”（促进经济增长），这也与中国的国情相符合。由于中国的市场机制尚不成熟，市场还解决不了所有的经济问题，货币政策的多目标必然是一个现实的选择。实际上，亚洲金融危机之后的1998～2002年，通货紧缩问题从现实上就要求中国货币政策发挥更加积极的作用。从实践上看，中国货币政策的多目标往往体现在促进经济增长、稳定物价、增加就业、支持国企改革、配合财政政策扩大内需、稳定人民币汇率等诸多方面。

2003年修订后的《中华人民共和国中国人民银行法》对中国人民银行的职能规定为“制定和执行货币政策，防范和化解金融风险，维护金融稳定”。这种职能界定体现了在新的经济和金融条件下对中央银行作用的理解，即要求中国人民银行提高制定和执行货币政策的水平，灵活运用利率、汇率等各种货币政策工具实施宏观调控；加强对货币市场规则的研究和制定，加强对货币市场、外汇市场、黄金市场等金融市场的监督与监测，密切关注货币市场与房地产市场、证券市场、保险市场之间的关联渠道以及有关政策和风险控制措施。

从理论分析上看，货币对经济增长的长期作用基本上是不存在的，许多研究（例如“米德冲突”、“克鲁格曼三角”等）也证明了货币政策多目标之间必然存在冲突；本书对中国货币、价格与产出长期关系的实证分析也表明，货币与经济增长之间不存在稳定的关系，货币基本上表现为中性。所以，参照国际趋势，货币政策应该坚持稳定物价的单一目标，中央银行应致力于维持金融稳定，从而为经济增长创造一种不受“货币冲击”的中性环境。谢平（2000）认为，对货币政策（实际上）的多目标约束“要求过高”，它迫使中央银行在多目标之间寻找平衡，往往可能采取机会主义的手段而注重短期效果和表面效果。

二 实质上相机抉择的中国货币政策

前面的初步分析表明，中国货币政策采取了灵活性、多目标追求的决策原则，因此其实质上是一种相机抉择。这里的“相机抉择”并无任何贬义色彩，因为货币政策的决策原则不能脱离经济体的真实背景而存在，而且其实际效果也符合了中国经济发展的实践要求。这也可以从中国货币政策的历史实践中得到验证。

（一）货币政策实施阶段划分的观点

对于1984年至今的中国货币政策实践历史，通常有两种阶段划分的看法：一种看法（戴根有，2000）主张分为两个阶段，1984～1997年为一个阶段，1998年到现在为一个阶段；而另一种划分方法目前更为流行（例如，郭田勇，2006；孟建华，2006），它主张分为三个阶段，基本上是把上述的第一阶段进一步分为1984～1992年、1993～1996年两个阶段，而1997年至今为第三个阶段。

不同划分方法是基于分析问题的不同视角，但它们都描述了不同历史时期货币政策的特征。戴根有（2000）认为，第一阶段货币政策虽然经历了多次扩张和紧缩，但从总体上来讲，货币政策的主要目标是应对通货膨胀；而1998年以后，货币政策主要目标则是应对通货紧缩（2000年中国经济还未走出通货紧缩）。而三阶段观点认为，第一阶段是中国货币政策制定与实施的探索阶段，第二阶段是中国货币政策实施的改善阶段，第三阶段是中国货币政策制定与实施的成熟阶段。

（二）货币政策实施的三阶段划分

按照三阶段的观点，中国货币政策从1984年以来的特征可参见表8-1。

表 8-1　中国历年货币政策的特征

阶　段	年份	货币政策特征
第一阶段： 有紧有松、带扩张性	1984	放松银根
	1985	紧缩银根
	1986	稳中求松
	1987	紧中有活
	1988	从松到紧
	1989	紧缩银根
	1990	由紧到松、适时调节
	1991	适时调节、加强控制
	1992	从严控制、加强调控力度
第二阶段： 适度从紧、反通货膨胀	1993	反通货膨胀、适度从紧
	1994	反通货膨胀、适度从紧
	1995	反通货膨胀、适度从紧
	1996	反通货膨胀、适度从紧
第三阶段： 反通货紧缩、稳健	1997	由适度从紧到适度放松
	1998	由反通货膨胀、适度从紧到反通货紧缩、适当放松
	1999	反通货紧缩、稳健
	2000	反通货紧缩、稳健
	2001	反通货紧缩、稳健
	2002	反通货紧缩、稳健
	2003	反通货紧缩、稳健
	2004	反通货紧缩、稳健
	2005	稳健
	2006	稳健

注：2007 年第二季度，由“稳健”转为“稳中适度从紧”；2008 年已转为“从紧”。

资料来源：根据历年中央经济工作要求、金融工作会议精神、货币政策执行报告整理。

第一阶段中，由于货币政策的首要目标是发展经济，所以虽然经历了时紧时松的政策更迭，但从实施结果上看还是带有扩张性。根据本书第二章附表1的有关数据可以计算得到，这一阶段，M2的年平均增长率为26.66%，实际GDP（在国际货币基金组织的缩减指数下）年平均增长率为10.93%。

第二阶段中，货币政策非常明确地指向了反通货膨胀以稳定币值，一直采取紧缩原则。实际上，除了法律上正式规定了货币政策目标外，在这个阶段，中国货币政策在中间目标、操作目标、政策工具、传导机制以及认识和决策的科学性上都得到了较大的改善。根据本书第二章附表1的有关数据可以计算得到，这一阶段，M2的年平均增长率为31.42%，实际GDP（在国际货币基金组织的缩减指数下）年平均增长率为11.14%。

第三阶段中，由于中国经济经历了从通货膨胀到通货紧缩的交替过程，所以货币政策也经历了从反通货膨胀到反通货紧缩的转变①。不过，正如研究者所指出的那样，这一时期的货币政策也把拉动经济当做了一个目标。需要注意的是，从1998年1月1日起，中国人民银行取消了对商业银行的信贷总额指令性计划，在推行资产负债比例管理和风险管理的基础上，实行“计划指导、比例管理、自求平衡、间接调控”的信贷资金管理体制。根据本书第二章附表1的有关数据可以计算得到，这一阶段（截至2005年），M2的年平均增长率为16.51%，实际GDP（在国际货币基金组织的缩减指数下）年平均增长率为8.50%。

（三）货币政策的理论研究

货币政策最终目标及决策原则（相机抉择与规则）是货币政策理

---

① 2006年以来，为了收回经济中较多的流动性，防止经济出现新一轮投资推动型的过热，中国人民银行先后14次提高存款准备金率（从7.5%提高到了2008年1月25日的15%）；而且，自2006年8月以来，共7次上调了金融机构人民币存贷款利率。《中国货币政策执行报告》（2007年第四季度）明确指出，2008年执行从紧的货币政策，以“防止经济增长由偏快转为过热”和“防止价格由结构性上涨演变为明显通货膨胀”。2008年2月19日，国家统计局公布2008年1月份CPI同比增长7.1%，尽管官方解释为由于多重因素叠加而致，但它也创了11年来的月度最高。

论最重要内容之一，而理论的发展与积累离不开实践的支持。

谢平（2002）认为，自1998年1月以来，中国货币政策的理论基础仍然是新古典宏观经济学的货币理论，而且中国还没有形成自己的货币政策理论。尽管如此，进入21世纪以来，中国的货币政策理论还是存在不少探索和研究。这些研究，除了通货膨胀目标制在中国的适用性外，还有一些比较有代表性的工作。

刘斌（2003）分析了最优规则在中国的应用条件，陆军等（2002）对货币政策无效性命题进行了实证检验。

刘金全等（2004）对规则性与相机选择性货币政策作用机制的分析值得注意。他们发现，中国货币政策中同时存在规则和相机选择，货币政策除了实现长期的价格稳定目标外，还兼顾短期的需求管理和实际产出调整。他们认为，在中国货币政策“扩张—紧缩—稳健”的过程期间（M1为1992~2000年、30天同业拆借利率为1996~2001年），规则性调整中具有相机选择的成分；而相机选择的目的在于调整长期目标与短期目标间的差距和缓解暂时的需求—供给冲击。

刘金全等（2004）还发现，虽然不可预期货币冲击的短期效果大于可预期冲击的短期效果，但规则性和相机选择性的货币冲击在整体作用效果上基本类似。这意味着，如果具有良好声誉的中央银行向经济行为主体发出明确信息，后者就能够有效区分货币政策当中的规则性与相机选择性，由此，货币政策的非对称性程度将有所降低[①]。因此，他们建议中国货币政策要加强规则化。

还有不少研究者对泰勒规则这一最重要的工具规则进行了分析。谢平等（2002）检验了中国货币政策中的泰勒规则，陆军等（2003）在谢平等（2002）工作的基础上，做了进一步的完善性研究，而最新

① 通常“货币政策的非对称性”是指，货币政策在反通货膨胀时的作用大于其在反通货紧缩时的作用。对此，一个形象的比喻是，“缰绳可以拉住一匹马，但不能推动一匹马”。

的研究则来自张屹山等（2007）对前瞻性货币政策反应函数的检验。

第三节　中国货币政策的中间目标

本节将首先回顾货币政策中间目标变化的国际趋势，然后通过分析货币数量目标能否持续、信贷管理是不是历史的反动、利率市场化的真正意义何在，以及汇率是不是中间目标等四个设问来解释中国货币政策中间目标的选择问题。

一　货币政策中间目标变化的国际趋势

一般认为，货币政策中间目标的选择需要遵循可测性、可控性与相关性的标准。而中间目标则包括数量变量（货币供应量、信贷）和价格变量（利率、汇率、资产价格）。但是，在各国实践中，由于经济体制背景与金融环境各不相同，中央银行为实现其不同的货币政策目标，中间目标的选择又会表现出较大差异性。胡列曲（2006）对此进行了总结，具体内容参见表 8－2、表 8－3 和表 8－4。

表 8－2　“二战”后西方各国货币政策中间目标比较

<table>
<tr><th>国别</th><th>20 世纪 50～60 年代</th><th>20 世纪 70～80 年代</th><th>20 世纪
90 年代以后</th></tr>
<tr><td>美　国</td><td>以利率为主</td><td>先以 M1 为主，后以 M2 为主</td><td rowspan="6">逐步放弃以货币供应量为中间目标，在政策运用上监测更多的变量，如以利率、汇率等价格型变量为主</td></tr>
<tr><td>英　国</td><td>以利率为主</td><td>先以 M3 为主，后以 M0 为主</td></tr>
<tr><td>加拿大</td><td>先以信用总额为主，后以信用调节为主</td><td>先以 M1 为主，后以 M2 为主</td></tr>
<tr><td>德　国</td><td>商业银行自由流动准备</td><td>先以中央银行货币量为主，后以 M3 为主</td></tr>
<tr><td>日　本</td><td>民间金融体系的贷款增加额</td><td>M2 + CDs</td></tr>
<tr><td>意大利</td><td>以利率为主</td><td>国内信用总量</td></tr>
</table>

资料来源：谢杭生（1997）。

表 8-3　新兴市场经济体货币政策中间目标

国家或地区	主要目标	辅助目标
中国香港	汇率[①]	—
印　　度	M3[①]	利率；汇率；信贷
印度尼西亚	M1；M2；信贷[①]	利率
韩　　国	M3[②]	M2；MCT（M2 + CDs + 货币信托）；利率；汇率
马来西亚	无	货币供给（M1，M2，M3）；汇率；信贷
新 加 坡	汇率目标带	利率
泰　　国	广义 M2	利率；M1；M2；信贷
巴　　西	货币基础；扩大的货币基础；M1；M4[①]	—
智　　利	无	外部平衡下的支出和产出
哥伦比亚	货币基础	汇率；利率
墨 西 哥	货币基础[①]	汇率；预期通胀
秘　　鲁	货币基础	银行间利率；汇率；收支平衡储备
以 色 列	无	通胀预期；M1；预算赤字；经常账户；总需求
波　　兰	广义货币[①③]	—
俄 罗 斯	汇率波动幅度	M2
沙特阿拉伯	汇率[①]	通货膨胀和国际收支
南　　非	M3[①]	私人部门信贷；利率；外汇储备；实际汇率

注：①目标对外公开。

②在 1997 年来的金融危机之后被采用。

③在 1999 年初采用通货膨胀目标制后取消。

资料来源：Dack（1999）。

从上述列表中可以看出，数量型目标逐渐被价格型目标所取代。与此相对应的是，如 Bernanke et al（1992）、Morton et al（1993）、Kasman（1993）等所指出的，众多工业化国家选择了短期利率作为操作目标，即使是采用货币数量目标的国家，也注意控制利率、汇率和通货膨胀等变量。在新兴市场经济体中，货币数量目标依然受到重视，然而，许多国家同时还使用利率、汇率和预期通货膨胀等变量作为补充，如表8－3所示。

表8－4　21个OECD国家货币政策中间目标比较

目　　标	国　　家
货币数量	共4个：德国、希腊、意大利、瑞士
汇　　率	共10个：奥地利、比利时、丹麦、法国、爱尔兰、荷兰、挪威、葡萄牙、西班牙*、瑞典*
通货膨胀	共7个：澳大利亚、加拿大、芬兰、新西兰、英国、西班牙*、瑞典*
折中策略	共2个：日本、美国

注：1. “*”表示该国采取两种中间目标。

2. 瑞士在2000年采取了通货膨胀目标制。

资料来源：Swank（1997）[1-12]。

二　中国货币政策中间目标的选择

中国货币政策中间目标的变化经历了两个阶段：第一阶段（1984～1995年）使用现金和贷款规模作为中间目标，第二阶段（1996年至今）则采用了货币供应量。

从1984年中国人民银行确立中央银行地位直到1993年，中国基本上在实行高度集中的计划经济体制，并没有明确货币政策的中间目标，在事实上是通过控制现金发行量和商业银行信贷计划来控制信用总量，从而控制社会总需求，稳定货币乃至物价。例如，1985年、1988年和1992年的经济过热与通货膨胀均是通过控制信贷总额而得到了有效控制。20世纪90年代以后，由于国有银行贷款在广义货币中的比重逐步下降（1994年已不足二分之一），通过现金和信贷计划已难以实现货币政策的目标。到1993年，《国务院关于金融体制改革的决定》规定：“货币供应量、信用总量、同业拆借利率和银行备付金”成为货币政策的中间目标。随着1994年中国人民银行开始向社会按季度公布货币供应量，M1、M2 从 1996 年开始正式成为货币政策的中间目标。

（一）货币数量目标能否持续

首先，前文（第四章第一节）对中国货币与产出、价格关系进行的实证分析发现，三者之间不存在长期稳定关系。

各层次货币供应量与 CPI 都具有动态相关关系，其中，M2 与 CPI 的相关程度最高。M0、M2 与 GDP 具有动态相关关系，而 M2 与 GDP 的相关程度最高（但 M2 却滞后于 GDP 的变化），但 M1 与 GDP 的关系则不太规律。进一步的分析又发现，在短期和长期内，M2 都对 CPI 具有正向冲击，对 GDP 的冲击则不十分稳定。从误差分解上看，M2 可以解释 CPI 波动的 20% 和 GDP 波动的 10%。这说明，过去一段时期内以 M2 作为物价稳定或经济增长的中间目标是基本有效的。

其次，M2 以及其他层次货币供给均表现出了不同的内生性。

如前（第五章第二节）所述，M2 具有内生性，而银行信贷（指“存款货币银行信贷”）则具有外生性；M2 的增长与金融资产增长具有单向因果关系，而金融资产的积累可以促进实物资本的增加；但是，金融资产并不构成实际产出增长的原因。这也证明 M2 对于经济产出的影响虽然存在，但其影响路径是间接的和复杂的。

同时，简单的金融资产流量分析表明，货币资金的流动不存在与实物资本、实际产出之间的因果关系。

前文（第六章第二节）发现，在加入较多的制度因素（市场化、现代化、广义金融创新）后，中国货币需求可以从总量意义上得到较好的解释；但是，这也同时说明中国货币需求在转型时期的不稳定性，因为制度变量的人为拟定性具有很大缺陷。

其后（第六章第三节）又进一步发现，近年来基础货币增长的主要原因在于外汇储备，M2 增长的原因在于存款货币银行对于非金融机构的债权，这进一步说明 M2 的内生性在增强。本书第五章第三节对中国经济中不同层次货币的内生性进行了必要分析与研究综述。

再次，从货币供应量增长率目标值与实际值的对比上看，两者出现了一定的差异，参见表 8－5、图 8－1、图 8－2。

表 8－5　货币供应量目标与实际增长率

单位：%

年　份	M1		M2	
	目标	实际	目标	实际
1994	21	26.2	24	34.5
1995	21～23	16.8	23～25	29.5
1996	18	18.9	25	25.3
1997	18	16.5	23	17.3
1998	17	11.9	16－18	15.3
1999	14	17.7	14～15	14.7
2000	14	16	14	12.3
2001	15～16	13.7	13～14	14.4
2002	13	16.8	13	16.8
2003	16	16.7	16	19.6
2004	17	12.6	17	14.6
2005	15	11.8	15	17.6
2006	14	17.5	16	16.9

资料来源：历年《中国货币政策执行报告》。

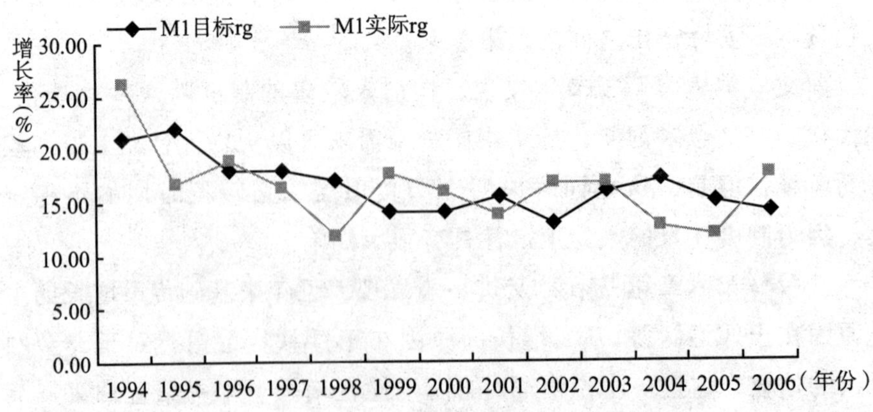

图 8－1　M1 目标增长率与实际增长率

简单的计算表明，从 1994 年到 2006 年，M2 实际增长率与目标增长率的平均偏差超过了 16%，M1 实际增长率与目标增长率的平均偏差超过了 19%。

此外，由于经济金融的快速发展与变化，中国人民银行 2001 年、2002 年先后两次对货币供应量统计口径进行了调整。随后，为了充分反映金融市场的发展，提高货币政策中间目标的适用性，更好地调控宏观经济运行，中国人民银行于 2003 年又完成了《关于修订中国货币供应量统计方案的研究报告》，向全社会公布并征求意见。这说明决策者充分认识到了货币测度这一基础性工作的重要性与困难程度。

以上分析说明，尽管从目前看来，货币供应量作为中间目标仍然具有一定的有效性，但在通常所说的可控性、相关性、可测性标准上，货币供应量已逐渐偏离了当初的预期。而且，由中国经济的结构性变化所导致的货币"迷失"现象，充分说明了目前的货币政策框架已难以准确反映和适时调控变化中经济与金融。

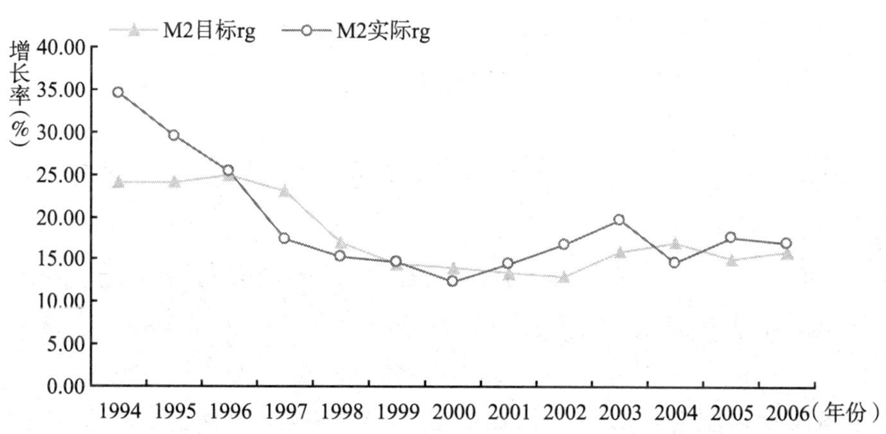

图 8－2　M2 目标增长率与实际增长率

对于货币供应量中间目标的看法，研究者存在明显分歧。

刘锡良等（2003）认为，对于转型的中国经济，基于完美市场假说的货币政策传导机制缺乏解释力，以货币供应量为中介目标的货币政策面临着挑战。夏斌等（2001）认为货币供应量已不宜作为我国货币政策的中介目标。封思贤（2006）通过计量分析认为，货币供应量作为中介目标的有效性在不断降低，实际利率作为中介目标的实施效果好于货币供应量。

然而，范从来（2004）、韩平等（2005）、刘明志（2006）认为，不能否认货币供应量作为中间目标的重要性，货币供应量作为中间目标依然具有现实合理性。王晓芳等（2006）通过普勒分析发现，中国的基础性冲击来自商品市场，因此货币供应量中间目标有效性仍然存在，但是近年来在不断降低。

索彦峰（2006）通过普勒分析发现，金融创新初期，货币供应量中间目标有效；金融创新快速期，利率中间目标有效，但长期内将不再有效，中国未来的选择应该是通货膨胀目标制。李国疆（2002）建议将通货膨胀率作为中间目标。赵欣颜（2003）建议将中间目标调整为利率。赵进文等（2005）则赞成同时采用货币供应量与利率作为中介目标。与此同时，研究者也提出不少改进中国货币统计的建议（包祖明，2004；彭兴韵等，2005）。

（二）信贷管理是不是历史的反动

1. 信贷管理的历史

在很长一段时间内，信贷实际上充当了中国货币政策的工具和中间目标。

1984 年之前，在集中计划经济条件下，中国实行统收统支、统存统贷的完全信贷配给制度，中国人民银行直接控制了全社会的贷款规模和现金投放。1984 年，中国开始实行准备金制度，试图运用基础货币间接控制货币供给。1985 年起，在“信贷差额包干”的基础上，实行“统一计划、划分资金、实贷实存、相互融通”信贷规模管理。1988 年过渡到了限额管理。1989 年进一步实行了“限额管理、以存定贷”的信贷资金和贷款规模“双向控制”管理体制。1994 年，中国人民银行宣布实行信贷限额下的资产负债比例管理，并于 1996

年过渡到资产负债比例管理下的限额管理。1998 年 1 月，取消沿用多年的信贷计划管理，实行完全的商业银行资产负债比例管理制度。至此，货币政策初步完成了依靠信贷（规模）管理的直接调控向货币数量控制的间接调控的转换。

2. 重提信贷管理的理论依据

但是，无论在实证上还是在理论上，信贷（管理）仍然是值得重视和考虑的一个中间目标选择。

首先，本书第五章第二节的分析表明，在各层次货币表现出内生性的同时，银行信贷与基础货币之间并不存在因果关系；银行信贷虽然不构成中国金融资产增长的原因，但是，它越过了金融资产环节，直接与实物资本（社会固定资产）建立了明显的单向因果关系，而且是一种长期稳定关系。在中国投资推动的增长模式以及银行主导的金融结构下，信贷渠道是货币政策传导的有效途径。

其次，1988 年以来，虽然银行信贷与中国广义货币供应量的比例从超过 100% 逐渐下降到了 65%①，但是，本书“资金可得性”的有关分析（第五章第三节）表明，银行信贷对于中国企业（尤其是中小企业）具有至关重要的现实意义。

再次，从理论分析上看，新凯恩斯主义非常强调货币政策信贷传导机制（资产负债表渠道与银行贷款渠道），它认为传统的货币传导机制（其中最重要的是利率渠道）的有效性存在问题。从信息经济学以及博弈理论角度看，中央银行、商业银行与公众之间存在信息不对称，因此各主体的最优化决策和行动会带来货币政策非预期的结果——商业银行的行为在其中具有最关键的作用。所以，斯蒂格利茨等人强烈坚持银行信贷（中间目标）的重要意义，反对利率中间目标，而伯南克等人则一再强调货币政策的信贷传导机制。

最后，从中国的实践上看，一个典型的例子是，面对 2004 年上

① 这里“银行信贷”采用“金融机构人民币信贷收支表”中“金融机构贷款”一栏的数据，参见本书附表 3。

半年经济过热的苗头，由于货币政策传导机制的不完善，中央银行不得不采取非市场化手段——紧急收缩信贷以减少经济中的货币，其结果是半年之后中国经济终于趋向平稳。所以，在中国利率（价格型变量）没有充分市场化之前，信贷仍将是一个有效的调控变量。而且，信贷的结构调整功效，可以有效地配合货币供给的总量调整，从而实现数量型变量的目的与效率，在目前的货币政策框架中仍然具有重要意义。

3. 信贷管理研究的新动态

进入新世纪以来，研究者对于信贷的关注逐渐多了起来。国务院发展研究中心金融研究所（2003）将银行信贷增长率与货币供应量的增长率进行了对比研究，认为银行信贷比货币供应量与经济增长和物价水平之间的相关性更强，他们主张中国的货币政策应当以银行信贷为中介目标。夏德仁等（2003）认为，由于中国还存在利率管制以及不确定性促成的高储蓄率，银行信贷仍然是企业融资的主要渠道，它必然会对经济增长和物价水平产生影响。方显仓（2004）的博士学位论文全面研究了中国货币政策的信用传导渠道。何海峰（2006）以货币经济学的“新范式”考察了中国银行业存在的问题及其对货币政策的影响。

（三）利率市场化的真正意义何在

20世纪80年代以来，工业化国家基本都以价格型目标（以利率为代表）替代了货币数量目标。而随着中国利率市场化的推进，利率变量开始成为货币政策中间目标的考虑对象。

本书对外生利率的理论观点进行过述评（第四章第二节），并进一步对中国利率的外生性进行了基本的实证分析（第五章第三节），结果发现，中国利率的外生性是比较强的。这个结论的意义是指，即使是市场化程度很高的利率仍然受到中央银行对利率基准的目标设定与各种手段的影响。虽然，利率外生（以及利率非真实因素决定）的观点在当前货币经济学中处于非主流地位，但在工业化国家货币政策实践中，几乎都倾向于通过对货币市场短期利率的控制与调整来影响经济中的利率体系；需要注意的是，利率再次作为中间目标，实际上是一个重要的信息变量（同时辅助以其他信息变量）。

2005年，中国人民银行公布《稳步推进利率市场化报告》，强调了“稳步推进利率市场化，建立健全由市场供求决定的利率形成机制，中央银行通过运用货币政策工具引导市场利率”的长期目标，同时明确了利率市场化改革的总体思路以及存贷款利率市场化的顺序。该报告澄清了此前对利率市场化的一些模糊乃至错误认识。

实际上，此前李扬（2003）已指出，把利率市场化归结为“放松管制”是过于简单的。利率市场化改革是一个相当复杂的系统工程，包含不少要点，其中最为重要的是，在市场决定利率的条件下，货币当局对宏观经济调控需要拥有足够而且有效的市场手段，能够通过其自身在公开市场上的资产交易活动去影响基准利率的走势，进而达到调控利率水平及其结构的目的。李扬（2002b）并且认为，中国利率市场化既由来已久，也将是一个较长期的过程。

此外，黄金老（2001）较早地分析了利率市场化与银行风险控制的关系。钟伟等（2005）在不同视角上分析了利率政策的困境与特征。胡海鸥与贾德奎（2003、2004）则认为，既然公开市场操作不能单独承担利率调控的任务，那就直接依靠行政手段来进行调控（不必也不可能参考美国模式）；对于货币供应量的调节则可以通过并不发达的公开市场操作来完成，并在此过程中促使公开市场走向成熟。事实上，他们“无货币供给量变动”利率调控想法的隐含前提是中国短期利率的外生性。如前文所述，不少研究者已深入分析了泰勒规则在中国的适用性。

本书认为，利率市场化更加重要的意义不仅在于利率决定的市场化，而在于它将为货币政策和宏观调控提供一个坚实的基础和有效的环境。

首先，货币政策中间目标从数量型指标过渡到价格型指标，将对价格指标提出更高的要求，而不是一个简单的回归。Friedman B（1988）总结了“货币主义试验”失败后美国20世纪80年代货币政策的转型。他认为，以货币总量（包括信贷）为中间变量的旧框架已经没有任何名义变量去“锚住价格水平”（to anchor the price level）①；但他也同样担心地指出，过去基于名义利率的货币政策实践表明，美联储会很自然地把应是政策操作工具的利率混淆为政策的最终目标。因此，利率成为中国货币政策中间目标的一个必要条件是，利率能够传递准确的信息并被正确识别（包括名义利率与实际利率的关系），这也要求同时需要其他变量，以提供更为全面的信息。

其次，从中国的决策层到理论界都意识到：利率取代货币数量作为货币政策的中间目标，可以使货币政策的间接调控更加有效，而利率市场化将建立货币市场与金融市场乃至商品市场有机的稳定联系，从而为这种间接调控提供基础性保证。

最后，利率调控需要一个强大、有效、可控的货币市场基准利率。可以看到的是，2007 年 Shibor 的推出与正式运行被决策层与理论界寄予了厚望，这也许是利率市场化改革的一次历史性突破。

（四）汇率是不是中间目标

有研究者认为，1994 年汇率并轨后，汇率成为实际上的中间目标。

但严格说来，虽然维护人民币汇率的稳定一直是货币当局稳定金融与经济环境的一个任务，而且近年来外汇储备增长也确实是基础货币投放的主要原因，但它并不能成为货币政策意义上的中间目标。

一般认为，汇率成为中间目标的条件包括：首先，经济开放程度高（对外贸易是国民经济的重要组成部分），稳定贸易品价格是稳定物价的关键；其次，金融开放程度高，资本项目完全可兑换；最后，经济规模小，而且依附于一个大的经济体。

然而，中国并不具备上述这些条件。随着中国经济改革的发展与

---

① B. 弗里德曼（Friedman B，1988）认为，把货币总量作为信息变量（不是中间变量）的货币政策框架越灵活（指规则程度），那么它相对于把货币总量作为政策目标的框架就越复杂和越难以从外部监控。

实力的提高，人民币购买力的稳定上升也符合经济的基本规律。在稳步、渐进改革思路的指导下，历史证明，中国的汇率制度与汇率水平完全符合中国经济和社会发展的实践需要，而且也确实作出了不小的贡献。2005 年 7 月，中国人民银行宣布，中国开始实行以市场供求为基础、参考一篮子货币进行调节、有管理的浮动汇率制度；人民币汇率不再盯住单一美元，从而形成更富弹性的人民币汇率机制。从理论与政策实践上看，这无疑都是一个正确的决定，而货币政策则可以更加专注于其体系的科学与完整构建。

以上对数量型与价格型中间目标的分析是基于中国货币政策的实践，在货币政策框架上，它们实际上体现为一种工具变量，从货币政策规则上考虑则属于工具规则，而一些西方国家在回归到价格型中间目标时，利率被赋予了更多的作为信息变量的作用，这也是中国对利率市场化寄予厚望的一个原因（中国的短期名义利率更多的是一种货币政策工具）。

当然，目前一些国家淡化了作为中间目标的信息变量（实际上以黑箱形式加强和扩大了信息的采集与监控），直接盯住了通货膨胀目标变量，这就是被称为通货膨胀目标制的目标规则。

第四节　通货膨胀目标制

一般认为，不管以何种工具变量作为货币政策的中间目标，都会存在一个共同的缺陷，即货币政策的灵活性较差①。所以，越来越多的国家采用了通货膨胀目标。

通货膨胀目标制也引起了国内研究者较大的关注，不少博士学位论文以此作为研究的选题。在国内目前研究的基础上，本节主要侧重

---

① 而美国和欧盟（以及此前的德国、瑞士）货币政策之所以取得较好效果，原因在于它们采取的是一种隐含的通货膨胀目标制（Stone，2002；Mishkin，2002；Laubach et al，1997）。

说明通货膨胀目标制所具有的优势以及在中国的适用条件。

一　通货膨胀目标制的优势

作为一种目标规则，通货膨胀目标制的理论思想来自三个方面：货币中性理论、时间不一致性理论以及理性预期理论（牛筱颖，2006）。

对于通货膨胀目标制的界定，盛松成等（2006）介绍了两种定义：框架性定义与规则性定义。前者也称为实践性定义，可以概括为以下几点：一是货币当局公开声明货币政策的首要目标（不一定是唯一目标）是价格稳定；二是货币当局应该公布一个明确的通货膨胀目标值作为价格稳定的标准；三是货币政策应该高度透明；四是某种形式的货币政策责任机制。规则性定义则认为通货膨胀目标制代表一种规则，即一种行为或行动的规定指南，所以，一个最简单的规则性定义可概括为：货币当局明确宣布一个通货膨胀率作为未来一定时期货币政策的中间目标。在这种意义上，Svensson（1997a）把通货膨胀目标制称为通货膨胀预测定标（inflation forecast targeting）。

通货膨胀目标制的主要目标包括三个：首先，增加政策的连贯性，使相机抉择在受到限制的同时，仍具有相当的灵活性，以实现“有约束的相机抉择”（constrained discretion）（Bernanke et al，1997）；其次，有效增强中央银行的独立性、透明度与责任制；最后，作为一个名义锚，能够较好地引导公众预期，有效地改善经济的运行环境。柳永明（2002）则说明，Fischer（1995）把中央银行的独立性分为目标独立（goal independence）和工具独立（instrument independence）两种，在通货膨胀目标制框架之下，中央银行的独立性属于工具独立的性质。

一般认为，通货膨胀目标制具有下列几个重要的优点。

第一，通货膨胀目标制与货币数量目标规则一样，可以使货币政策基于国内经济情况做出适当调整。但是，通货膨胀目标制不再依赖于货币数量与通货膨胀之间的稳定关系，从而与流动性冲击也不再具有关联，这是通货膨胀目标制的一个优势。因此，通货膨胀目标制可以应用所有信息，而不仅仅是一个变量的信息来决策。

第二，通货膨胀目标制与汇率目标规则一样，具备目标变量透明性的优点，即政策的内容清晰简单，易于理解，因而可以准确传递政策决策及实际效果的动态。而货币数量规则却不具备这样的优点，当货币数量与工具变量的稳定关系发生变动时，货币数量就不再是货币政策的一个重要信号，于是货币数量也就失去了它的透明性。

第三，尽管通货膨胀目标制不能完全避免时间不一致性，但它所具有的明确数量指标，可以避免时间不一致性所带来的、对产出增加的一味追求和扩张货币政策的行为。通货膨胀目标制的时间不一致性主要来自政治压力，即集中于中央银行的长期目标——控制通货膨胀的政治争论。实际上，这可以回避政府和公众强加给中央银行货币政策令其力所不能及的事情，例如通过扩张性行为实现经济增长与就业增加。

第四，通货膨胀目标制具备重视与公众及时、有效、定期的交流（也包括必要时的不定期交流）的优点。通过各种途径的有效交流，可以减少公众对货币政策、利率和通货膨胀水平的不确定性，从而提高经济主体消费、储蓄与投资决策及方案的可行性。

第五，通货膨胀目标制并不是不考虑其他的稳定目标。实行通货膨胀目标制的国家都比较关注产出和就业波动，也适当加入了一些短期稳定目标。这些国家通过采取渐进步骤，首先达到中期通货膨胀目标，然后再达到长期通货膨胀目标。

第六，也是最重要的一点，通货膨胀目标制有助于增加中央银行的尽责度。

总之，通货膨胀目标制具有相当的灵活性，但又不会导致相机抉择引起的时间不一致性问题，而且由于透明性与中央银行尽责度的增加，又进一步避免了时间不一致性问题。

二　通货膨胀目标制的适用条件

(一) 实行通货膨胀目标制的前提

针对通货膨胀目标制在发展中国家的适用性，国际货币基金组织在2005年《世界经济展望》中提出了4个方面的前提条件（共21项指标）。

(1) 机构独立（institutional independence）。这要求中央银行必须具有足够法定的自治能力，并且不受可能与通货膨胀目标产生冲突的财政与政治压力影响。

(2) 设计良好的技术手段（technical infrastructure）。即中央银行必须拥有和掌握通货膨胀预测程序、建模能力以及执行预测所需的完备数据。

(3) 经济结构（economic structure）。为了有效控制通货膨胀，应该完全解除价格管制，经济体对商品价格和汇率并不过度敏感，美元化程度非常低。

(4) 健康的金融体系（health of financial system）。为了最大限度减少与金融稳定目标的潜在冲突，也为了保证货币政策的有效传导，经济体应该具有健康的银行体系和发达的资本市场。

同时，国际货币基金组织设计了针对这些前提条件的评价指标体系，通过对实行通货膨胀目标制的发展中国家与工业化国家进行的系统比较，得到以下主要结论：第一，上述前提并不是绝对必要条件；第二，发展中国家实行通货膨胀目标制后宏观经济的改善并不与以上任何一个前提具有显著的相关性；第三，在制度、技术和经济结构等方面，通货膨胀目标制国家在实施之初与将要实行通货膨胀目标制的国家并没有太大差别；第四，实行通货膨胀目标制后，货币政策的制度、技术等方面确实能够得到很好的改进和提高。总之，国际货币基金组织认为，政府和中央银行的积极性与主动性是通货膨胀目标制得以成功实行的关键。

中国以货币供应量为中间目标的货币政策具有相机抉择性，从长远来看，这种货币政策难以为继。通货膨胀目标制在发达国家与发展中国家的有效实践，已经说明它值得借鉴。

本书认为，基于本书对中国货币经济目前的特征、中国货币政策实践现状的分析，也基于实行通货膨胀目标制要求的前提条件，中国货币政策暂时还没有为转变做好准备。

国内学者在中国是否具备实行通货膨胀目标制的条件上存在分歧。余明（2003）、蔡志刚（2004）认为中国目前还不具备这些前提条件，不宜实行通货膨胀目标制；与此相反，姜波克等（2004）认为中国已经具备了实行条件。更多的意见则认为，中国具备了一定的条件，但还需要继续完善其他方面的条件。实际上，泰勒（Taylor，2000）指出，仅有通货膨胀目标是不够的，还需要确定一种可以实现这种目标的政策过程即货币政策规则。也就是说，目标规则并不能完全取代工具规则。

（二）中国需要采取的措施

中国为实行通货膨胀目标制还需要创造一些条件，这些条件可以简单总结为五个方面。

第一，采取浮动汇率制度，以保证货币政策的独立性，当然，中国在这方面已经开始了新的行动。

第二，继续推进利率市场化改革，理顺利率体系结构，使利率成为货币政策的操作目标和信息变量。

第三，提高货币市场、资本市场的有效性，使利率能够成为市场需求和投资、消费决策的主要参考指标。

第四，建立和完善金融机构的治理结构，通畅经济中的融资渠道，有效处理不良资产，减少金融体系的潜在风险。

第五，完善通货膨胀目标制的技术准备工作，包括建立一个科学的核心通货膨胀指标。

通过以上对中国货币政策决策原则以及中间目标的分析可以发现，目前的货币政策框架正在由相机抉择转向一种规则。货币供应量作为货币政策中间目标，其有效性在不断下降，已经表现出了明显的局限性；与此同时，信贷变量仍然具有辅助作用，而利率暂时还不具备成为中间目标的条件。

因此，作为中间目标的现实选择，中国还需要继续采用货币供应量，同时加快金融体制的改革，尤其是银行业需要通过深化改革真正成为市场竞争主体，为信贷传导机制的完善和利率市场化的最终完成创造基础条件。从货币政策的决策上看，未来建立按规则行事的中期目标应该是努力使利率超越货币供应量而成为重要的信息变量，这样也就提升了间接调控的层次与效果；而在制度、独立性、声誉、工具手段、技术设施等条件逐步具备的情况下，最终就可以在货币政策决策中加入灵活性，建立起目标规则和工具规则有机组合的通货膨胀目标制。

第九章　基本结论

本书通过建立中国货币与经济增长的一般分析框架和中国总量货币需求模型，同时考察和反思了货币经济学（包括货币政策理论）的主要观点，基本解释了中国“迷失的货币”现象，并据此提出了中国货币政策选择的建议。本书得到了四个基本结论。

一　中国“迷失的货币”是一个复杂的现象

虽然从横向与纵向的视角看，当前世界不同类型的国家，都曾发生过类似中国“迷失的货币”的现象，但是，中国这一现象显然具有特殊性。这一特殊性就在于：其他国家的货币“迷失”大都发生在经济波动甚至衰退时期，而中国的货币“迷失”则发生在经济高速稳定增长的背景下。

从根本上看，中国“迷失的货币”的复杂性，根源于中国转型货币经济的本质；在经济转型过程中，中国的货币经济强烈表现出货币内生性、利率外生性以及作为流量的信贷（区别于货币存量的资金流量）对于实体经济部门的资金可得性具有重大影响等。

二　中国货币与经济增长的一般分析框架可以揭示“迷失的货币”的内在机制

本书回顾和分析了货币经济学主流范式的传统及框架，发现它实际上并没有真正实现货币理论与价值理论的统一，因而，在货币经济学的一些基本问题的认识上，各个学派间仍然存在着巨大的差异。主流货币经济学范式之所以难以对中国“迷失的货币”给出令人满意的解释，其根本原因在于：其一，主流理论是对比较完善且长期稳定的市场经济体的实践规律的认识与总结，而中国经济最根本的特征是经济转型，它始终处于剧烈的发展变化之中；其二，货币经济学一向就缺乏坚实的微观基础，新凯恩斯主义虽然在努力建立或寻找这个微观基础，但迄今未获得革命性突破。

本书基于实证分析发现，中国货币长期并非完全中性，而且，货币、产出及价格之间不存在长期稳定关系。在货币经济学主流范式对此无法提供更多分析思路的情况下，本书借鉴了复杂经济学和演化经济学的一些分析方法，并结合对中国货币经济特征的认识，尝试寻找货币对经济增长影响的“货币—信贷—金融资产—实物资本—经济增长”的传导路径。其中一些有意义的结论包括：第一，信贷独立于中央银行的基础货币，而且不影响金融资产，但是，它是实物资本的单向原因；第二，流量的货币资金与实物资本形成没有联系，这意味着，在“实用主义”意义上，可以认为存量分析在中国有效；第三，金融资产是实物资本的单向原因，但并不构成经济增长的原因，说明金融深化可能没有表现出对中国经济应有的促进作用。

三　中国总量货币需求模型可以在形式上解释中国“迷失的货币”

本书通过建立一个总量的货币需求模型，考虑到中国经济转型的本质特征（由计划到市场、由传统到现代以及广义的金融创新），经过计量处理后，得到的结论是：在货币需求的框架内，中国货币“迷失”现象完全可以得到比较满意的解释。但是，需要强调的是，这一结果是通过引入经济转型的制度变量而得到的。这意味着，中国经济的特色，包括实体经济和货币经济，必须在加入特殊的制度变量的主流分析框架中才能很好地解释。

本书通过中国总量货币需求模型的建立、中国货币供给实例的考察以及此前对中国货币经济特征的反思说明：货币“迷失”现象的严重存在意味着，中国的货币政策可能在一个较长时期中无法精确化。在这个意义上，本书赞同周小川行长关于中国货币政策多目标的阐述。

四　中国货币政策范式的调整：中期和长期目标

本书对货币政策理论的发展与货币政策的国际实践进行了总结。从20世纪70年代“相机抉择”与“规则”之争开始，货币政策理论在中间目标选择、货币政策操作程序、目标规则与工具规则等方面取得了很大的发展；新凯恩斯主义代表了其最新的进展。通货膨胀目标制的出现以及流行，是螺旋式发展的必然结果——它既遵循了决策的规则框架，又具有相机抉择的灵活性优势；它既掌握了明确的工具（及规则）可以有效完成操作程序和传导过程，又拥有了充分的信息变量可以准确识别经济和金融态势；决策者既被赋予了独立性，又受到维护声誉和承担责任的约束。

本书发现，中国当前实行的以货币数量为中间目标的货币政策，在较长一段时间内难以真正追求其单一的目标，在决策与实施上表现出了“应急式”的特征。实质上，这是一种相机抉择型的货币政策，其实施效果在数量目标上出现偏差，应属必然。当然，在经济和金融转型过程中的诸多因素限制下，目前的货币政策框架仍是比较现实的选择。但是，充分认识到目前货币政策的局限性，积极寻找其发展变化的取向以及实现的条件，才更加具有关键意义。

本书认为，货币“迷失”现象的长期存在，以及由此导致的货币政策无法精确化的事实说明，间接调控需要传递准确的信息、有效传导及影响经济行为主体的价格型变量。同时，就中国目前的情况而言，在一个不短的时期中，我们还不能忽视信贷的作用。因此，如果把中国货币政策范式概括为向“增加规则”转变，那么，实现这一转变的中期要求，是加快金融体制改革[1]、推进利率市场化、培育短期基准利率并同时建立对它的有效调控机制。换言之，我们需要向以利率为工具和信息变量的“无货币量”的货币政策范式转变，而这一转变是可以实现的。在这里，汇率形成制度的改革，是通向最终目标选择的第一步。中国货币政策转变的长期目标，是建立起目标规则和工具规则有机结合的通货膨胀目标制。要实现这一目标，我们需要中央银行完善其有关制度、独立性、声誉、工具手段、技术手段等一系列条件，并逐步在目标规则中加入灵活性。

218 中国“迷失的货币”

① 尤其是银行改革——它的重要意义来自新凯恩斯主义的政策思想，即重视银行、信贷以及信贷传导机制，本书的实证分析说明了这符合中国的国情。

附录一　附表

附表 1　年度国民经济总量及价格指数

年　份	GDP （亿元）	GDP 同比 总量指数	GDP 缩减指数	CPI （上年 = 100）	CPI （1978 = 100）
1978	3645. 22	100. 00	30. 33	100. 70	100. 00
1979	4062. 58	107. 60	30. 94	102. 00	102. 00
1980	4545. 62	116. 00	32. 06	106. 00	108. 10
1981	4891. 56	122. 10	32. 83	102. 40	110. 70
1982	5323. 35	133. 10	33. 65	101. 90	112. 80
1983	5962. 65	147. 60	33. 50	101. 50	114. 50
1984	7208. 05	170. 00	34. 25	102. 80	117. 70
1985	9016. 04	192. 90	37. 13	109. 30	131. 10
1986	10275. 18	210. 00	39. 45	106. 50	139. 52
1987	12058. 62	234. 30	41. 13	107. 30	149. 73
1988	15042. 82	260. 70	46. 12	118. 80	177. 9
1989	16992. 32	271. 30	49. 56	118. 00	209. 90
1990	18667. 82	281. 70	52. 89	103. 10	216. 40
1991	21781. 50	307. 60	56. 31	103. 40	223. 80
1992	26923. 48	351. 40	60. 00	106. 40	238. 10
1993	35333. 92	400. 40	70. 76	114. 70	273. 10
1994	48197. 86	452. 80	85. 03	124. 10	339. 00
1995	60793. 73	502. 30	97. 75	117. 10	396. 90

续附表 1

年 份	GDP（亿元）	GDP同比总量指数	GDP缩减指数	CPI（上年=100）	CPI（1978=100）
1996	71176.59	552.60	104.01	108.30	429.90
1997	78973.03	603.90	104.99	102.80	441.90
1998	84402.28	651.20	102.73	99.20	438.40
1999	89677.05	700.90	100.30	98.60	432.20
2000	99214.55	759.90	100.00	100.40	434.00
2001	109655.17	823.00	102.94	100.70	437.00
2002	120332.69	897.80	103.44	99.20	433.50
2003	135822.76	987.80	105.90	101.20	438.70
2004	159878.34	1087.40	126.88	103.90	455.80
2005	183084.80	1198.70	129.16	101.80	464.00

注：1. GDP缩减指数来自IFS统计数据（2005年指数由2004年指数乘以2005年CPI/100计算而得，1978年指数100乘以1979年指数/2005年CPI计算而得）。

2. 1978～1984年的CPI由于不可得，使用RPI代替。

资料来源：《中国统计年鉴》、IFS统计数据。

附表 2　年度部分国民经济总量指标

年份	社会消费品零售总额	全社会固定资产投资总额	人均储蓄余额	国有工业总产值	工业总产值	进出口贸易额	第一产业比重	外汇储备
1978	1558.60	NA	21.88	3289.00	4237.00	355.00	27.9	1.67
1979	1800.00	NA	28.81	3719.80	4591.00	456.40	31.0	8.40
1980	2140.00	910.90	40.47	3916.00	5154.00	570.00	29.9	-12.96
1981	2350.00	961.00	52.33	4054.40	5178.00	735.30	31.6	27.08
1982	2570.00	1230.40	66.48	4340.30	5577.00	771.30	33.1	69.86
1983	2849.00	1430.10	86.85	4747.80	6164.00	860.10	32.9	89.01
1984	3376.40	1832.90	116.94	5171.20	7030.00	1201.00	31.8	82.20
1985	4305.00	2543.20	153.29	6302.00	9716.00	2066.70	28.2	26.44
1986	4950.00	3120.60	210.05	6971.12	11194.26	2580.70	26.9	20.72

续附表 2

年份	社会消费品零售总额	全社会固定资产投资总额	人均储蓄余额	国有工业总产值	工业总产值	进出口贸易额	第一产业比重	外汇储备
1987	5820.00	3791.70	284.37	8250.09	13812.99	3084.20	26.6	29.23
1988	7440.00	4753.80	346.81	10351.28	18224.58	3822.00	25.5	33.72
1989	8101.40	4410.40	461.07	12342.91	22017.06	4156.00	24.9	55.50
1990	8300.10	4517.00	622.72	13064.00	23924.00	5560.10	26.9	110.93
1991	9415.60	5594.50	797.91	14955.00	26625.00	7225.80	24.3	217.12
1992	10993.70	8080.10	1003.61	17824.00	34599.00	9119.60	21.5	194.43
1993	14270.40	13072.30	1282.81	22725.00	48402.00	11271.00	19.5	211.99
1994	18622.90	17042.10	1795.48	26201.00	70176.00	20381.90	19.6	516.20
1995	23613.80	20019.30	2448.98	31220.00	91894.00	23499.90	19.8	735.97
1996	28360.20	22913.50	3147.41	36173.00	99595.00	24133.80	19.5	1050.29
1997	31252.90	24941.10	3743.53	35968.00	113733.00	26967.20	18.1	1398.90
1998	33378.10	28406.20	4280.78	33621.00	119048.00	26849.70	17.3	1449.59
1999	35647.90	29854.70	4739.94	35571.00	126111.00	29896.20	16.2	1546.75
2000	39105.70	32917.70	5075.81	40554.40	85673.70	39273.20	14.8	1655.74
2001	43055.40	37213.50	5779.53	42408.50	95448.98	42183.60	14.1	2121.65
2002	48135.90	43499.90	6765.95	45178.96	110776.48	51378.20	13.5	2864.07
2003	52516.30	55566.60	8018.24	53407.90	142271.22	70483.50	12.6	4032.51
2004	59501.00	70477.43	9197.42	65971.09	187220.66	95539.10	13.1	6099.32
2005	67176.60	88773.60	10787.34	83749.92	222315.93	116921.80	12.6	8188.72

注：1. 人均储蓄余额 = 城乡居民储蓄余额/总人口。

2. 国有工业总产值早期取“全民所有制工业总产值”，而后期取“国有及国有控股工业企业总产值”。

3. 第一产业比重 = 第一产业产值/GDP。

4. 数据单位：外汇储备为“亿美元”，人均储蓄余额为“元/人”，第一产业比重为“%”，其余均为亿元。

资料来源：《中国统计年鉴》。

附表 3　年度货币指标

年份	M0（亿元）	M1（亿元）	M2（亿元）	MB（亿元）	金融机构存款（亿元）	金融机构贷款（亿元）	汇率（元）
1978	212.00	1030.20	1159.10	NA	NA	NA	
1979	267.70	1291.70	1458.10	NA	NA	NA	
1980	346.20	1538.00	1842.90	NA	NA	NA	
1981	396.30	1838.10	2234.50	NA	NA	NA	149.92
1982	439.10	2070.50	2589.80	NA	NA	NA	170.50
1983	529.80	2392.70	3075.00	NA	NA	NA	189.25
1984	792.10	3245.40	4146.30	NA	NA	NA	197.57
1985	890.00	3659.10	5198.90	NA	NA	NA	232.70
1986	1218.40	4352.40	6721.00	NA	NA	NA	293.66
1987	1454.60	5308.20	8349.70	NA	NA	NA	345.28
1988	2134.00	6452.20	10099.60	NA	7425.80	10551.30	372.21
1989	2344.00	6738.00	11949.60	NA	10786.20	14360.10	372.21
1990	2644.40	6950.70	15293.70	NA	14012.60	17680.70	376.51
1991	3177.80	8633.30	19349.90	NA	18079.00	21337.80	478.32
1992	4336.00	11731.50	25402.10	NA	23468.00	26322.90	532.33
1993	5864.70	15847.00	34879.80	13147.00	29627.00	32943.10	551.46
1994	7288.60	20117.70	46923.50	17217.80	40502.50	39976.00	576.20
1995	7885.30	23482.00	60750.50	20759.80	53882.10	50544.10	861.87
1996	8802.00	27707.10	75632.00	26889.00	68595.60	61156.60	835.10
1997	10177.60	33941.30	90625.40	30733.00	82390.30	74914.10	831.42
1998	11204.20	37838.10	103961.80	31335.30	95697.90	86524.10	828.98
1999	13455.50	44093.20	120905.20	33620.00	108778.90	93734.30	827.91
2000	14652.65	50767.90	137835.90	36491.40	123804.40	99371.10	827.83
2001	15688.80	57316.80	157235.20	39851.70	143617.20	112314.70	827.84
2002	17278.43	70116.30	185194.80	45138.20	170917.40	131293.90	827.70
2003	19746.23	81231.20	220379.50	52841.40	208055.60	158996.20	827.70
2004	21468.49	95969.70	254107.00	58856.10	241424.30	178197.80	827.70
2005	24032.82	107278.70	298755.70	64343.10	287169.50	194690.40	827.68
2006	27072.62	126028.05	345577.91	77757.83	—	—	—

注：1. “MB”采用了广义含义的基础货币，即中国人民银行公布的“货币当局资产负债表”的“储备货币”，而不是通常教科书上的“流通中的现金 + 商业银行存款准备金”。

2. 金融机构存贷款来自“金融机构人民币信贷收支表”。

3. “汇率”指 100 美元兑人民币。

资料来源：《中国统计年鉴》、《中国金融年鉴》、《中国人民银行统计季报》。

附表 4　年度中国金融资产构成

单位：亿元

年　份	对金融机构总债权	对非金融机构债权	对政府债权	股票市值	总　额
1978	1153. 2	1890	0	0	3043. 2
1979	1685. 6	2039. 6	90. 2	0	3815. 4
1980	2154. 1	2461. 3	170. 2	0	4785. 6
1981	2606. 2	2874	170. 2	0	5650. 4
1982	2995. 5	3231. 2	170. 2	0	6396. 9
1983	3598. 8	3700. 7	199. 5	0	7499
1984	4631. 1	4912. 3	260. 8	0	9804. 2
1985	5923. 4	6501. 3	275. 1	0	12699. 8
1986	7525. 1	8491. 6	370. 1	0	16386. 8
1987	9262. 6	10217. 1	515	0	19994. 7
1988	11005. 1	12053. 4	576. 5	0	23635
1989	13089. 6	14312. 6	648. 6	0	28050. 8
1990	16521. 5	17410	801. 1	12. 3	34744. 9
1991	20881. 4	21073. 9	1067. 8	109. 2	43132. 3
1992	26874. 5	25951. 5	1241. 1	1048. 1	55115. 2
1993	29660. 7	28804. 2	1582. 1	3531	63578
1994	45340. 7	42944. 5	1236. 6	3690. 6	93212. 4
1995	60152. 1	54491	1131. 6	3474	119248. 7
1996	76428. 1	66115. 7	1131. 6	9842. 4	153517. 8
1997	96969. 5	80982. 7	1582. 1	17529. 2	197063. 5
1998	113279. 3	94966. 7	1582. 1	19505. 6	229333. 7
1999	130088	105054. 9	1582. 1	26471. 2	263196. 2
2000	147938. 4	113252. 7	1582. 1	48090. 9	310864. 1
2001	169949. 5	128941. 3	1582. 1	43522. 2	343995. 1
2002	191339. 7	151963. 6	2863. 8	38329. 13	384496. 2

续附表 4

年　份	对金融机构总债权	对非金融机构债权	对政府债权	股票市值	总　额
2003	233907.9	182966.4	2901.0	42457.71	462233.0
2004	271165.4	205301.0	2969.6	37055.57	516491.6
2005	321806.0	226482.3	2892.4	32430.31	583611.0

注：1. 对金融机构总债权 = 各项存款 + 流通中现金 + 金融债券 + 国内保费，数据来自“金融机构人民币信贷收支表”。

2. 对非金融机构债权 = 金融机构贷款总额 + 政府债券 + 企业债券，第 1 项来自“金融机构人民币信贷收支表”的“各项贷款”，第 2、3 项来自《中国统计年鉴》；《中国统计年鉴》2002 ~ 2005 年数据未公布“企业债券年末余额”，只公布“年度新发行额”，且 2002 ~ 2004 年未公布“年度兑付额”，故 2002 ~ 2005 年“企业债”是在 2001 年基础上连续累计而得。

3. 对政府债权数据来自“货币当局资产负债表”，2001 年起该项包括人民银行持有的国家债券。

资料来源：《中国统计年鉴》，《中国金融年鉴》。

附表 5　资金流量简表

单位：亿元

年　份	1992	1993	1994	1995	1996	1997	1998
金融资产	6193.40	12800.89	16541.22	17193.53	27207.57	45486.80	41364.32
金融负债	6134.20	12451.31	16646.45	17401.87	25126.43	44660.56	41087.17
净金融资产	59.20	349.58	-105.23	-208.34	2081.14	826.23	277.15
通　货	1162.10	1528.70	1424.00	596.74	916.67	1375.60	1026.54
存　款	5964.70	6478.43	11776.92	13414.00	16720.00	13139.02	14173.85
贷　款	5695.00	7573.55	9174.66	9946.40	15130.59	11510.04	11375.42
证券（运用）	199.70	140.75	1123.68	1460.48	1143.62	1877.47	5159.38
证券（来源）	10.90	78.00	776.00	1050.57	603.97	1240.50	1637.73
债券（运用）	NA	NA	NA	NA	1143.13	1731.66	5157.04
债券（来源）	NA	NA	NA	NA	NA	1240.50	1637.73
国际储备	-117.00	101.83	2631.01	1877.41	2631.52	2961.42	532.01

续附表 5

年　　份	1999	2000	2001	2002	2003	2004	2005
金融资产	18927.49	17370.47	21559.05	36121.21	55668.00	57162.12	71719.00
金融负债	19918.51	17303.61	23940.92	35637.56	52996.00	55419.90	74372.80
净金融资产	-991.02	66.86	-2381.87	483.65	2672.00	17422.22	-2653.80
通　　货	2251.34	1197.16	1036.15	1589.23	2468.00	1722.31	2563.40
存　　款	13399.00	16424.54	19135.64	27911.78	36160.00	33761.56	42290.50
贷　　款	11018.02	13968.88	11772.07	20259.23	27959.00	24103.22	23862.80
证券（运用）	2928.36	3334.95	2796.22	5747.37	8257.00	13586.05	23343.20
证券（来源）	1317.69	817.60	1151.20	3006.50	3600.00	10408.29	20028.00
债券（运用）	2928.36	3334.95	2758.45	5607.46	8140.00	13520.49	23659.70
债券（来源）	1317.69	817.60	1151.20	3006.50	3600.00	10408.29	19097.20
国际储备	704.00	873.23	3917.01	6249.72	9686.00	17080.34	16958.10

注：根据各期“资金流量表”（金融交易）整理。

资料来源：《中国人民银行统计季报》。

附表 6　一年期存贷款利率

年　份	一年期贷款利率（%）	一年期存款利率（%）	准备金率（%）	准备金总额（十亿元）
1980	5.04	5.40		
1981	5.04	5.40		
1982	7.20	5.76		
1983	7.20	5.76		
1984	7.20	5.76		
1985	7.92	7.20	10.00	96.07
1986	7.92	7.20	10.00	111.56
1987	7.92	7.20	12.00	113.99
1988	9.00	8.64	13.00	128.86
1989	*11.34*	11.34	13.00	178.15

续附表 6

年　份	一年期贷款利率（%）	一年期存款利率（%）	准备金率（%）	准备金总额（十亿元）
1990	9.36	8.64	13.00	263.81
1991	8.64	7.56	13.00	359.32
1992	8.64	7.56	13.00	367.80
1993	10.98	10.98	13.00	*594.32*
1994	10.98	10.98	13.00	768.59
1995	12.06	10.98	13.00	1006.41
1996	10.08	7.47	13.00	1387.00
1997	8.64	5.67	13.00	1645.68
1998	6.39	3.78	8.00	1511.15
1999	5.85	2.25	6.00	1610.78
2000	5.85	2.25	6.00	1619.32
2001	5.85	2.25	6.00	1817.14
2002	5.31	1.98	6.00	2041.32
2003	5.31	1.98	7.00	2428.93
2004	5.58	2.25	8.00	3739.81
2005	5.58	2.25	8.00	4028.35
2006	5.85	2.52	8.00	

注：斜体数字表示“Identifies the point at which multiple time series versions are linked by butt-splicing”。

资料来源：IFS 数据。

附表 7　有关季度统计数据

季　度	M0	M1	M2	MB	GDP	CPI	存款货币银行信贷	GDP*
1993Q1	4557.90	14113.10	29565.20	3566.70	6535.00	119.30	25575.10	7343.03
1993Q2	4863.60	14915.30	31039.40	3446.30	6198.00	123.90	26667.50	6941.76
1993Q3	5074.80	14611.10	31986.40	4034.20	7335.00	129.10	27791.20	8215.2
1993Q4	5864.70	15847.00	34539.00	5294.40	11312.00	132.70	30967.30	12669.44

续附表 7

季 度	M0	M1	M2	MB	GDP	CPI	存款货币银行信贷	GDP*
1994Q1	5834.60	16566.50	37034.40	5249.10	8620.00	145.80	33014.20	9467.7
1994Q2	5781.50	17995.20	40255.50	5834.60	7979.00	151.00	35109.90	8776.9
1994Q3	6412.90	19386.00	43883.70	5944.60	9477.00	162.20	37114.30	10424.7
1994Q4	7288.60	20117.70	46433.90	6922.80	17725.00	168.40	39745.10	19497.5
1995Q1	7271.00	21170.70	50311.10	7252.40	9811.00	178.80	41373.90	10071.94
1995Q2	7003.90	21780.10	53417.80	7034.20	13054.00	180.80	43071.20	13445.62
1995Q3	7368.90	22953.20	57303.30	7956.00	13630.00	186.20	45196.80	14038.9
1995Q4	7885.30	23482.00	60118.90	9209.30	21766.00	187.10	49505.70	22418.98
1996Q1	8169.10	24055.50	64551.70	9341.50	13156.00	195.50	51545.30	13259.69
1996Q2	7665.70	24972.40	68447.60	9700.20	16600.00	197.20	55258.50	16766
1996Q3	8409.00	26359.30	72069.30	9802.10	15919.00	201.00	57001.30	16078.19
1996Q4	8802.00	27707.10	75632.00	13062.10	23919.00	200.20	60811.60	24158.19
1997Q1	9280.10	29166.30	79647.70	12455.10	14686.00	205.50	65802.70	15170.53
1997Q2	9121.60	31499.40	83043.60	13656.80	18945.00	203.00	67563.90	19513.35
1997Q3	9426.10	32332.20	85865.40	14194.30	17922.00	205.30	70286.90	18459.66
1997Q4	10177.60	33941.30	90625.40	15471.30	23620.00	202.20	74410.70	24328.6
1998Q1	10201.00	33352.00	91791.60	12862.30	15899.00	206.20	75101.80	16592.75
1998Q2	9720.40	34205.90	94921.40	15345.20	18832.00	201.30	78092.70	19585.28
1998Q3	10528.00	36613.90	99963.20	12172.10	19704.00	202.30	85286.30	20492.16
1998Q4	11204.20	37838.10	103961.80	14145.80	25118.00	199.90	89337.20	26122.72
1999Q1	11341.60	38408.80	108334.10	12635.10	16784.00	203.30	90635.00	18038.89
1999Q2	10880.50	39442.10	112022.30	12602.30	19405.00	196.90	93514.10	20763.35
1999Q3	12255.20	41730.00	115085.50	12046.70	20611.00	200.00	96892.40	22053.77
1999Q4	13455.50	44093.20	120905.20	14304.80	25254.00	198.00	100878.70	27021.78
2000Q1	13235.40	45649.10	124307.50	13876.22	18173.00	203.40	103131.00	19920.61
2000Q2	13006.04	49075.70	129500.00	14163.85	21318.00	197.00	104645.50	23449.8
2000Q3	13894.69	50228.70	134048.60	14387.96	22633.00	200.40	108168.10	24896.3
2000Q4	14652.65	50767.90	137835.90	16019.03	27279.00	198.50	114009.60	30006.9
2001Q1	14362.12	53700.50	142767.60	14127.90	19895.00	204.80	111768.60	22411.65

续附表 7

季 度	M0	M1	M2	MB	GDP	CPI	存款货币银行信贷	GDP*
2001Q2	13943.44	55973.00	148052.40	13998.80	23047.00	200.00	116376.90	26043.11
2001Q3	15064.60	56179.50	152179.60	13847.40	24285.00	202.00	116968.60	27442.05
2001Q4	15688.80	57316.80	157235.20	17089.10	28706.00	198.30	120876.20	32437.78
2002Q1	15545.47	59822.20	162456.70	17760.40	21020.20	203.50	141880.30	24934.94
2002Q2	15098.04	63678.00	169354.50	17365.60	24515.60	197.90	147913.80	29173.56
2002Q3	16234.11	66078.50	177163.00	15271.60	24146.50	200.40	153940.10	28734.34
2002Q4	17278.43	70116.30	185194.80	19138.40	30715.60	197.00	159374.30	36551.56
2003Q1	17106.89	71951.70	193447.70	17426.80	23733.21	204.52	168461.60	27328.62
2003Q2	16957.18	76027.30	204246.70	16323.70	26795.52	199.23	179855.10	30814.85
2003Q3	18306.62	78292.80	213405.70	17944.80	29462.99	202.06	187588.00	33882.44
2003Q4	19746.23	81231.20	220379.50	22558.00	37398.48	202.26	194502.90	43008.25
2004Q1	19297.65	85815.60	231654.60	29417.70	27127.56	207.44	202575.60	31712.26
2004Q2	19017.89	88627.10	238427.50	30531.90	31660.44	205.86	203640.20	37042.71
2004Q3	20524.33	90439.10	243756.90	30445.20	34358.00	210.89	208984.60	40198.86
2004Q4	21468.49	95969.70	254107.00	35672.80	43369.00	206.71	213678.00	50741.73
2005Q1	21239.95	94743.20	264588.90	34315.60	31318.98	213.31	221245.10	31599.86
2005Q2	20849.65	98601.30	275785.50	34575.40	36103.02	209.42	223969.00	36464.05
2005Q3	22273.87	100964.00	287438.30	36209.10	38853.00	213.70	232044.70	39241.53
2005Q4	24032.82	107278.70	298755.70	38391.30	76046.00	209.54	236893.60	76806.46

注：1. M0、MB 和 GDP 未进行季节调整；M1 和 M2 已按 X－11 进行了季节调整。

2. “存款货币银行信贷” ＝“对政府债权” ＋ “对非金融机构债权” ＋ “对特定存款机构债权” ＋ “对其他金融机构债权”（2002 年起，此前部分科目不存在），1997 年、2002 年货币统计口径调整的解释参见中国人民银行网站有关说明。

3. GDP* 为经过调整过后的 GDP，按 2005 年国家统计局新公布的年度数据并依据此前各个年度季节 GDP 的年度比重进行调整。

4. 数据单位为亿元，CPI 取 1990 年指数＝100。

资料来源：国家统计局网站、《中国人民银行统计季报》、中国人民银行网站。

附录二　各章有关计算过程

第四章有关计算过程

表 4－3　GDP 方程滞后阶数选择

滞后阶数	LogL	SIC	SC
0	57. 11836	－2. 119937	－2. 044889*
1	59. 66852	－2. 183079	－2. 031563
2	61. 10627	－2. 204251	－1. 974808
3	63. 20167	－2. 253129	－1. 944261
4	66. 83885	－2. 368285	－1. 978452
5	68. 35556	－2. 398109*	－1. 925731
6	68. 92277*	－2. 387947	－1. 831403
7	68. 12940	－2. 316862	－1. 674493

注：* 表示根据该信息规则所选择的滞后阶数。

GDP 方程根据 LogL（对数近似特征）、SIC 信息准则和 SC 信息准则选择滞后阶数。由表 4－3 可知，LogL 选择滞后阶数为 6，SIC 信息准则选择滞后阶数为 5，SC 信息准则选择滞后阶数为 0。为避免估计模型的过度参数，综合选择滞后阶数为 5。

表 4-4 GDP 方程（M2）

Dependent Variable: GDP				
Method: Least Squares				
Date: 04/01/07 Time: 09: 26				
Sample (adjusted): 1994Q2 2005Q4				
Included observations: 47 after adjustments				
Variable	Coefficient	Std. Error	t-Statistic	Prob.
GDP (-1)	-0.283875	0.200500	-1.415833	0.1657
GDP (-2)	-0.439263	0.191990	-2.287947	0.0283
GDP (-3)	-0.391733	0.202199	-1.937365	0.0608
GDP (-4)	0.031299	0.218217	0.143431	0.8868
GDP (-5)	-0.083609	0.191743	-0.436049	0.6655
M2	-0.583547	1.035190	-0.563710	0.5765
M2 (-1)	2.727905	1.536049	1.775923	0.0844
M2 (-2)	-0.916209	1.550353	-0.590968	0.5583
M2 (-3)	0.600010	1.393021	0.430726	0.6693
M2 (-4)	-0.383293	1.518345	-0.252441	0.8022
M2 (-5)	-0.292885	0.945836	-0.309657	0.7587
C	5.537609	1.644225	3.367913	0.0019
R-squared	0.965471	Mean dependent var		8.810436
Adjusted R-squared	0.954619	S. D. dependent var		0.307407
S. E. of regression	0.065486	Akaike info criterion		-2.398109
Sum squared resid	0.150097	Schwarz criterion		-1.925731
Log likelihood	68.35556	F-statistic		88.96700
Durbin-Watson stat	1.944814	Prob (F-statistic)		0.000000

表 4-5 M2 系数检验（GDP 方程中）

Wald Test:			
Equation: Untitled			
Test Statistic	Value	df	Probability
F-statistic	12.83198	(1, 35)	0.0010
Chi-square	12.83198	1	0.0003

表 4 -6 CPI 方程滞后阶数选择

滞后阶数	LogL	SIC	SC
0	53. 87407	-1. 995156	-1. 920109
1	166. 9071	-6. 388512	-6. 236997
2	177. 4807	-6. 859228	-6. 629785
3	180. 2453*	-7. 030422	-6. 721553*
4	178. 8084	-7. 033684*	-6. 643851
5	176. 197	-6. 987107	-6. 514729
6	174. 1478	-6. 962947	-6. 406404
7	173. 1353	-6. 98379	-6. 341421

注：* 表示根据该信息规则所选择的滞后阶数。

CPI 方程根据 LogL（对数近似特征）、SIC 信息准则和 SC 信息准则选择滞后阶数。由表 4 -6 可知，LogL 选择滞后阶数为 3，SIC 信息准则选择滞后阶数为 4，SC 信息准则选择滞后阶数为 3。为避免估计模型的过度参数，综合选择滞后阶数为 3。

表 4 -7 CPI 方程（M2）

Dependent Variable: CPI				
Method: Least Squares				
Date: 04/01/07 Time: 09: 57				
Sample (adjusted): 1993Q4 2005Q4				
Included observations: 49 after adjustments				
Variable	Coefficient	Std. Error	t-Statistic	Prob.
CPI (-1)	1. 072172	0. 141072	7. 600158	0. 0000
CPI (-2)	-0. 119466	0. 181459	-0. 658361	0. 5140
CPI (-3)	-0. 065255	0. 102925	-0. 633998	0. 5296
M2	-0. 040122	0. 106130	-0. 378049	0. 7073
M2 (-1)	0. 401769	0. 130088	3. 088444	0. 0036
M2 (-2)	-0. 324002	0. 127461	-2. 541961	0. 0149
M2 (-3)	-0. 032047	0. 102044	-0. 314052	0. 7551
C	0. 518997	0. 089765	5. 781734	0. 0000
R-squared	0. 995860	Mean dependent var		5. 273626

续表 4-7

Adjusted R-squared	0.995154	S. D. dependent var	0.095988
S. E. of regression	0.006682	Akaike info criterion	-7.030422
Sum squared resid	0.001831	Schwarz criterion	-6.721553
Log likelihood	180.2453	F-statistic	1409.040
Durbin-Watson stat	2.246149	Prob (F-statistic)	0.000000

表 4-8　M2 系数检验（CPI 方程中）

Wald Test:			
Equation: Untitled			
Test Statistic	Value	df	Probability
F-statistic	3.697153	(1, 41)	0.0615
Chi-square	3.697153	1	0.0545

表 4-9　货币、产出、价格单位根检验

变　量		ADF 检验		
		水平	一阶	二阶
LnM2	检验模型（C, T, K）	（C, T, 0）	（N, N, 2）	（C, T, 1）
	统计量	-2.833272	-0.834868	-8.18347*
LnGDP	检验模型（C, T, K）	（C, T, 2）	—	—
	统计量	-5.338482*	—	—
LnCPI	检验模型（C, T, K）	（C, T, 4）	—	—
	统计量	-4.545402*	—	—

注：1. *、**、*** 分别表示 1%、5%、10% 置信度。

2. 检验模型（C, T, K）中的 C、T 和 K 分别表示单位根检验方程包括常数项、时间趋势和滞后阶数，N 是指检验方程不包括常数项或时间趋势。是否包括常数项和时间趋势根据单位根检验方程中的 t 统计量确定，滞后阶数根据 AIC 信息准则确定。

表 4-10　VAR 方程滞后阶数选择

滞后阶数	logL	AIC	SC
1	378.8573	-14.3866	-13.9320
2	399.3173	-15.1327	-14.3296
3	416.9205*	-15.7927*	-14.6344*
4	414.2628	-15.6360	-14.1156
5	413.0240	-15.5329	-13.6434

注：* 表示根据该信息规则所选择的滞后阶数。

VAR 的滞后阶数根据 logL（对数近似特征）、AIC 信息准则和 SC 信息准则确定。其中 logL、AIC 信息准则和 SC 信息准则选择滞后阶数为 3。

表 4 - 11 M2、GDP、CPI 的 VAR 方程

Vector Autoregression Estimates			
Date：04/04/07 Time：22：01			
Sample（adjusted）：1993Q4 2005Q4			
Included observations：49 after adjustments			
Standard errors in ( ) & t-statistics in [ ]			
	M2	GDP	CPI
M2（-1）	0. 897271 (0. 13586) [6. 60415]	1. 527305 (0. 89498) [1. 70653]	0. 313623 (0. 08992) [3. 48779]
M2（-2）	0. 178071 (0. 20790) [0. 85650]	-1. 100998 (1. 36952) [-0. 80393]	-0. 221483 (0. 13760) [-1. 60963]
M2（-3）	-0. 099857 (0. 15615) [-0. 63950]	0. 947242 (1. 02859) [0. 92091]	-0. 087903 (0. 10335) [-0. 85058]
GDP（-1）	0. 025479 (0. 02627) [0. 96979]	-0. 449483 (0. 17306) [-2. 59724]	-0. 004464 (0. 01739) [-0. 25676]
GDP（-2）	0. 021729 (0. 02401) [0. 90488]	-0. 646300 (0. 15818) [-4. 08593]	0. 024824 (0. 01589) [1. 56199]
GDP（-3）	-0. 004759 (0. 02410) [-0. 19746]	-0. 487617 (0. 15875) [-3. 07161]	-0. 016552 (0. 01595) [-1. 03774]
CPI（-1）	0. 231167 (0. 20601) [1. 12210]	-0. 740718 (1. 35706) [-0. 54582]	1. 055013 (0. 13635) [7. 73768]

续表 4－11

	M2	GDP	CPI
CPI（－2）	－0.041930 (0.28090) [－0.14927]	0.418602 (1.85037) [0.22623]	－0.132929 (0.18591) [－0.71502]
CPI（－3）	－0.216459 (0.15611) [－1.38660]	－0.224684 (1.02832) [－0.21850]	－0.039450 (0.10332) [－0.38183]
C	0.095441 (0.23251) [0.41048]	9.598973 (1.53160) [6.26728]	0.524879 (0.15388) [3.41089]
R-squared	0.999781	0.966081	0.996279
Adj. R-squared	0.999730	0.958253	0.995420
Sum sq. resids	0.003757	0.163023	0.001646
S. E. equation	0.009815	0.064654	0.006496
F-statistic	19766.59	123.4216	1160.214
Log likelihood	162.6330	70.26127	182.8571
Akaike AIC	－6.229918	－2.459644	－7.055390
Schwarz SC	－5.843832	－2.073558	－6.669304
Mean dependent	11.65382	8.790561	5.273626
S. D. dependent	0.597588	0.316433	0.095988
Determinant resid covariance（dof adj.）		1.62E－11	
Determinant resid covariance		8.17E－12	
Log likelihood		416.9205	
Akaike information criterion		－15.79267	
Schwarz criterion		－14.63441	

表 4－12　GDP 预测误差分解

Period	S. E.	M2	GDP	CPI
1	0.009815	2.950926	97.04907	0.000000
2	0.013060	10.05052	89.53042	0.419055
3	0.016800	9.020151	90.53596	0.443893
4	0.020065	9.919043	89.63346	0.447502
5	0.022918	8.501928	91.11230	0.385771

续表 4 - 12

Period	S. E.	M2	GDP	CPI
6	0. 025425	9. 585931	90. 01347	0. 400602
7	0. 027610	9. 511052	90. 10715	0. 381800
8	0. 029556	9. 767537	89. 84797	0. 384489
9	0. 031262	9. 546706	90. 07928	0. 374014
10	0. 032795	9. 827834	89. 78645	0. 385711
11	0. 034190	10. 13559	89. 47904	0. 385368
12	0. 035483	10. 33602	89. 28196	0. 382023
13	0. 036682	10. 42319	89. 19326	0. 383547
14	0. 037803	10. 56315	89. 04059	0. 396259
15	0. 038864	10. 85569	88. 73613	0. 408183
16	0. 039879	11. 06916	88. 51984	0. 410996
17	0. 040852	11. 23114	88. 35246	0. 416403
18	0. 041785	11. 36928	88. 20280	0. 427918
19	0. 042685	11. 60074	87. 95741	0. 441851
20	0. 043560	11. 81936	87. 73109	0. 449552

表 4 - 13 CPI 预测误差分解

Period	S. E.	M2	GDP	CPI
1	0. 009815	1. 371177	0. 389842	98. 23898
2	0. 013060	6. 350628	0. 712778	92. 93659
3	0. 016800	8. 627835	1. 932086	89. 44008
4	0. 020065	12. 91149	1. 463817	85. 62469
5	0. 022918	15. 19407	1. 242482	83. 56345
6	0. 025425	17. 27887	1. 127166	81. 59396
7	0. 027610	18. 48859	1. 164989	80. 34642
8	0. 029556	19. 60546	1. 178349	79. 21619
9	0. 031262	20. 41312	1. 145998	78. 44088
10	0. 032795	20. 98486	1. 144861	77. 87028
11	0. 034190	21. 33600	1. 145942	77. 51806
12	0. 035483	21. 58095	1. 175065	77. 24398
13	0. 036682	21. 75857	1. 172240	77. 06919

续表 4－13

Period	S. E.	M2	GDP	CPI
14	0. 037803	21. 87268	1. 178363	76. 94895
15	0. 038864	21. 93920	1. 177540	76. 88326
16	0. 039879	21. 97860	1. 188961	76. 83244
17	0. 040852	22. 00928	1. 190807	76. 79991
18	0. 041785	22. 03290	1. 191766	76. 77533
19	0. 042685	22. 05006	1. 191432	76. 75851
20	0. 043560	22. 06342	1. 194546	76. 74203

第五章有关计算过程

表 5－8　名义 GNP、CPI、货币化、M2 的线性回归

Dependent Variable：GNP				
Method：Least Squares				
Date：04/14/07　Time：09：40				
Sample：1978 2005				
Included observations：28				
Variable	Coefficient	Std. Error	t-Statistic	Prob.
CPI	－9. 51E－05	9. 99E－05	－0. 951586	0. 3508
货币化	－1. 000228	0. 000166	－6017. 971	0. 0000
M2	1. 000093	7. 02E－05	14238. 52	0. 0000
C	4. 605786	0. 000452	10200. 63	0. 0000
R-squared	1. 000000	Mean dependent var		10. 17133
Adjusted R-squared	1. 000000	S. D. dependent var		1. 287564
S. E. of regression	4. 44E－05	Akaike info criterion		－17. 07478
Sum squared resid	4. 73E－08	Schwarz criterion		－16. 88447
Log likelihood	243. 0470	F-statistic		7. 57E＋09
Durbin-Watson stat	1. 820631	Prob （F-statistic）		0. 000000

表 5－9 名义 GNP、货币化、M2 的线性回归

Dependent Variable: GNP				
Method: Least Squares				
Date: 04/14/07 Time: 09: 44				
Sample: 1978 2005				
Included observations: 28				
Variable	Coefficient	Std. Error	t-Statistic	Prob.
货币化	－1.000133	0.000132	－7560.609	0.0000
M2	1.000036	3.66E－05	27332.89	0.0000
C	4.605415	0.000229	20142.28	0.0000
R-squared	1.000000	Mean dependent var		10.17133
Adjusted R-squared	1.000000	S. D. dependent var		1.287564
S. E. of regression	4.43E－05	Akaike info criterion		－17.10918
Sum squared resid	4.91E－08	Schwarz criterion		－16.96644
Log likelihood	242.5285	F-statistic		1.14E＋10
Durbin-Watson stat	1.783780	Prob (F-statistic)		0.000000

表 5－10 M2、MB、L 单位根检验

变量	ADF 检验			
		水平	一阶	二阶
LnM2	检验模型（C，T，K）	（C，T，0）	（N，N，2）	（C，T，1）
	统计量	－2.833272	－0.834868	－8.18347*
LnMB	检验模型（C，T，K）	（C，T，0）	（C，T，0）	—
	统计量	－2.226197	－7.420722*	—
LnL	检验模型（C，T，K）	（C，N，0）	（C，T，0）	—
	统计量	－2.773999***	－7.031052*	—

注：1. *、**、*** 分别表示 1%、5%、10% 置信度。

2. 检验模型（C，T，K）中的 C，T 和 K 分别表示单位根检验方程包括常数项、时间趋势和滞后阶数，N 是指检验方程不包括常数项或时间趋势。是否包括常数项和时间趋势根据单位根检验方程中的 t 统计量确定，滞后阶数根据 AIC 信息准则确定。

表 5－11　滞后阶数选择

滞后阶数	logL	AIC	SC
1	205.4361	－7.821022	－7.593748
2	205.1683	－7.80673	－7.424329
3	213.9353*	－8.16062*	－7.620103*
4	211.1354	－8.04731	－7.34561
5	209.4813	－7.97793	－7.1119

注：* 表示根据该信息规则所选择的滞后阶数。

VAR 的滞后阶数根据 logL（对数近似特征）、AIC 信息准则和 SC 信息准则确定。其中 logL、AIC 信息准则和 SC 信息准则选择滞后阶数为 3。

表 5－12　MB、M2 的 VAR 方程

Vector Autoregression Estimates		
Date：04/10/07　Time：21：52		
Sample（adjusted）：1993Q4 2005Q4		
Included observations：49 after adjustments		
Standard errors in（ ）& t-statistics in [ ]		
	MB	M2
MB（－1）	0.919155 （0.13514） [6.80175]	0.016207 （0.02056） [0.78843]
MB（－2）	0.137137 （0.17480） [0.78453]	－0.014104 （0.02659） [－0.53044]
MB（－3）	－0.240558 （0.13401） [－1.79514]	－0.015998 （0.02038） [－0.78479]

续表 5-12

	MB	M2
M2 (-1)	-1.351897 (0.89631) [-1.50829]	1.073111 (0.13634) [7.87065]
M2 (-2)	4.114482 (1.38797) [2.96439]	0.194375 (0.21113) [0.92063]
M2 (-3)	-2.605478 (0.86110) [-3.02574]	-0.267909 (0.13099) [-2.04530]
C	-0.092458 (0.31612) [-0.29248]	0.165030 (0.04809) [3.43195]
R-squared	0.980923	0.999675
Adj. R-squared	0.978198	0.999629
Sum sq. resids	0.240550	0.005566
S. E. equation	0.075680	0.011512
F-statistic	359.9378	21549.89
Log likelihood	60.72983	153.0023
Akaike AIC	-2.193054	-5.959277
Schwarz SC	-1.922794	-5.689017
Mean dependent	9.564965	11.65382
S. D. dependent	0.512542	0.597588
Determinant resid covariance (dof adj.)		7.53E-07
Determinant resid covariance		5.53E-07
Log likelihood		213.9353
Akaike information criterion		-8.160623
Schwarz criterion		-7.620103

表 5－14 滞后阶数选择

滞后阶数	logL	AIC	SC
1	169.4278	－6.40893*	－6.18166*
2	169.586*	－6.38344	－6.00104
3	168.7376	－6.31582	－5.7753
4	166.4572	－6.18572	－5.48402
5	163.2157	－6.00918	－5.14315

注：＊表示根据该信息规则所选择的滞后阶数。

LogL 选择滞后阶数为 2、AIC 信息准则和 SC 信息准则选择滞后阶数为 1。

表 5－16 MB、L 的 VAR 方程

Vector Autoregression Estimates		
Date：04/10/07 Time：22：15		
Sample（adjusted）：1993Q2 2005Q4		
Included observations：51 after adjustments		
Standard errors in（ ）& t-statistics in［ ］		
	MB	L
MB（－1）	0.855628 （0.06961） ［12.2926］	－0.004415 （0.02179） ［－0.20263］
L（－1）	0.103347 （0.06205） ［1.66552］	0.987814 （0.01942） ［50.8556］
C	0.236439 （0.21180） ［1.11632］	0.224117 （0.06630） ［3.38032］
R-squared	0.978271	0.998333

续表 5－16

	MB	L
Adj. R-squared	0.977366	0.998264
Sum sq. resids	0.345342	0.033840
S. E. equation	0.084821	0.026552
F-statistic	1080.533	14372.85
Log likelihood	55.00781	114.2419
Akaike AIC	－2.039522	－4.362427
Schwarz SC	－1.925885	－4.248790
Mean dependent	9.513876	11.42129
S. D. dependent	0.563798	0.637170
Determinant resid covariance (dof adj.)		5.04E－06
Determinant resid covariance		4.46E－06
Log likelihood		169.4278
Akaike information criterion		－6.408932
Schwarz criterion		－6.181658

表 5－18　单位根检验

变　量	ADF 检验			
		水　平	一　阶	二　阶
LnM2	检验模型（C，T，K）	（C，T，3）	—	—
	统计量	－4.24503**	—	—
LnL	检验模型（C，T，K）	（C，N，3）	—	—
	统计量	－3.517022**	—	—
LnFAB	检验模型（C，T，K）	（C，N，0）	（C，T，0）	—
	统计量	－2.389655	－3.861419**	—

注：1. *、**、***分别表示 1%、5%、10%置信度。

2. 检验模型（C，T，K）中的 C，T 和 K 分别表示单位根检验方程包括常数项、时间趋势和滞后阶数，N 是指检验方程不包括常数项或时间趋势。是否包括常数项和时间趋势根据单位根检验方程中的 t 统计量确定，滞后阶数根据 AIC 信息准则确定。

表 5－19 滞后阶数选择

滞后阶数	logL	AIC	SC
1	70.57398	－7.596938	－7.302863
2	78.49969	－8.56246	－8.079593
3	83.66612	－9.28882	－8.627969
4	98.99995	－11.5714	－10.7498
5	129.6851*	－16.5669*	－15.6109*

注：* 表示根据该信息规则所选择的滞后阶数。

VAR 的滞后阶数根据 logL（对数近似特征）、AIC 信息准则和 SC 信息准则确定。其中 logL、AIC 信息准则和 SC 信息准则选择滞后阶数为 5。

表 5－20 M2、FAB 的 VAR 方程

Vector Autoregression Estimates		
Date：04/11/07 Time：00：01		
Sample（adjusted）：1993 2005		
Included observations：13 after adjustments		
Standard errors in ( ) & t-statistics in [ ]		
	M2	FAB
M2（－1）	0.749428 (0.48778) [1.53640]	0.588166 (0.17975) [3.27213]
M2（－2）	－0.278386 (0.79509) [－0.35013]	－0.469248 (0.29299) [－1.60157]
M2（－3）	－0.648542 (0.99713) [－0.65041]	1.851622 (0.36745) [5.03915]

续表 5－20

	M2	FAB
M2（－4）	－2.953913 (1.98852) [－1.48549]	1.045052 (0.73278) [1.42615]
M2（－5）	－1.935801 (2.21243) [－0.87496]	－2.170412 (0.81529) [－2.66213]
FAB（－1）	0.897877 (1.09134) [0.82273]	－0.385997 (0.40216) [－0.95980]
FAB（－2）	1.710372 (1.43452) [1.19230]	－0.804657 (0.52863) [－1.52216]
FAB（－3）	2.152563 (1.76768) [1.21773]	0.084513 (0.65140) [0.12974]
FAB（－4）	1.226467 (1.17692) [1.04209]	0.681342 (0.43370) [1.57099]
FAB（－5）	0.416844 (0.36310) [1.14800]	0.476124 (0.13381) [3.55833]
C	－9.887579 (9.58806) [－1.03124]	2.231772 (3.53325) [0.63165]
R-squared	0.999928	0.999991
Adj. R-squared	0.999566	0.999945
Sum sq. resids	0.000376	5.11E－05
S. E. equation	0.013715	0.005054

续表 5－20

	M2	FAB
F-statistic	2763. 825	22001. 24
Log likelihood	49. 48050	62. 45841
Akaike AIC	－5. 920076	－7. 916678
Schwarz SC	－5. 442042	－7. 438644
Mean dependent	11. 64751	12. 37530
S. D. dependent	0. 658251	0. 684368
Determinant resid covariance (dof adj.)		3. 13E－10
Determinant resid covariance		7. 42E－12
Log likelihood		129. 6851
Akaike information criterion		－16. 56694
Schwarz criterion		－15. 61088

表 5－22　滞后阶数选择

滞后阶数	logL	AIC	SC
1	60. 90021	－6. 45885	－6. 16477
2	60. 00557	－6. 2507	－5. 76783
3	60. 21474	－6. 16197	－5. 50112
4	64. 25201	－6. 60743	－5. 78578
5	79. 45693*	－8. 83953*	－7. 88346*

注：* 表示根据该信息规则所选择的滞后阶数。

LogL、AIC 信息准则和 SC 信息准则选择滞后阶数为 5。

表 5－23　L、FAB 的 VAR 方程

Vector Autoregression Estimates		
Date：04/11/07　Time：00：14		
Sample（adjusted）：1993 2005		
Included observations：13 after adjustments		
Standard errors in（）& t-statistics in [ ]		
	L	FAB
L（－1）	0.449253 (2.26137) [0.19866]	－0.612632 (1.54778) [－0.39581]
L（－2）	0.299358 (1.94696) [0.15376]	1.431326 (1.33259) [1.07409]
L（－3）	－1.215380 (1.97929) [－0.61405]	－0.586981 (1.35471) [－0.43329]
L（－4）	0.153351 (2.40436) [0.06378]	－0.711599 (1.64566) [－0.43241]
L（－5）	0.466122 (1.24376) [0.37477]	1.669202 (0.85129) [1.96080]
FAB（－1）	0.605522 (0.75569) [0.80128]	0.343867 (0.51723) [0.66482]
FAB（－2）	0.119119 (1.32237) [0.09008]	0.498829 (0.90509) [0.55114]

续表 5－23

	L	FAB
FAB (－3)	－0.174970 (0.36503) [－0.47932]	－0.411777 (0.24985) [－1.64813]
FAB (－4)	－0.067458 (0.55849) [－0.12079]	－0.440571 (0.38225) [－1.15256]
FAB (－5)	0.127844 (0.30607) [0.41769]	－0.172173 (0.20949) [－0.82187]
C	2.292252 (4.74920) [0.48266]	1.590544 (3.25057) [0.48931]
R-squared	0.999323	0.999787
Adj. R-squared	0.995939	0.998724
Sum sq. resids	0.002552	0.001196
S. E. equation	0.035723	0.024451
F-statistic	295.2649	939.9238
Log likelihood	37.03596	41.96487
Akaike AIC	－4.005532	－4.763826
Schwarz SC	－3.527498	－4.285792
Mean dependent	11.38909	12.37530
S. D. dependent	0.560547	0.684368
Determinant resid covariance (dof adj.)		7.11E－07
Determinant resid covariance		1.68E－08
Log likelihood		79.45693
Akaike information criterion		－8.839528
Schwarz criterion		－7.883460

表 5-25　单位根检验

变　量		ADF 检验		
		水　平	一　阶	二　阶
LnFAB	检验模型（C，T，K）	（C，N，0）	（C，T，0）	—
	统计量	-1.501793	-3.467471***	—
LnTFA	检验模型（C，T，K）	（C，T，1）	—	—
	统计量	-3.546538***	—	—
LnGDP	检验模型（C，T，K）	（C，T，3）	—	—
	统计量	-3.980795**	—	—

注：1. *、**、*** 分别表示 1%、5%、10% 置信度。

2. 检验模型（C，T，K）中的 C，T 和 K 分别表示单位根检验方程包括常数项、时间趋势和滞后阶数，N 是指检验方程不包括常数项或时间趋势。是否包括常数项和时间趋势根据单位根检验方程中的 t 统计量确定，滞后阶数根据 AIC 信息准则确定。

表 5-26　滞后阶数选择

滞后阶数	logL	AIC	SC
1	57.96303	-4.157042	-3.864512
2	66.58641*	-4.71553*	-4.224678*
3	66.49751	-4.56500	-3.873831
4	65.94913	-4.35901	-3.466340
5	64.78900	-4.07514	-2.980880

注：表示根据该信息规则所选择的滞后阶数。

VAR 的滞后阶数根据 logL（对数近似特征）、AIC 信息准则和 SC 信息准则确定。其中 logL、AIC 信息准则和 SC 信息准则选择滞后阶数为 2。

表 5－27 滞后阶数选择

Vector Autoregression Estimates

Date: 04/11/07 Time: 00: 40

Sample (adjusted): 1982 2005

Included observations: 24 after adjustments

Standard errors in ( ) & t-statistics in [ ]

	FAB	TFA
FAB (－1)	0.979876 (0.24589) [3.98507]	0.945561 (0.33807) [2.79695]
FAB (－2)	－0.156404 (0.19775) [－0.79093]	－0.374875 (0.27188) [－1.37882]
TFA (－1)	0.237113 (0.11027) [2.15030]	1.247486 (0.15161) [8.22829]
TFA (－2)	－0.052685 (0.13127) [－0.40134]	－0.897662 (0.18049) [－4.97353]
C	0.413433 (0.14889) [2.77683]	－0.395484 (0.20470) [－1.93198]
R-squared	0.998672	0.996824
Adj. R-squared	0.998392	0.996156
Sum sq. resids	0.064861	0.122610
S. E. equation	0.058427	0.080331
F-statistic	3570.747	1490.922
Log likelihood	36.90825	29.26712
Akaike AIC	－2.659021	－2.022260

续表 5－27

	FAB	TFA
Schwarz SC	－2. 413593	－1. 776832
Mean dependent	11. 21540	9. 327491
S. D. dependent	1. 456964	1. 295596
Determinant resid covariance (dof adj.)		2. 13E－05
Determinant resid covariance		1. 33E－05
Log likelihood		66. 58641
Akaike information criterion		－4. 715534
Schwarz criterion		－4. 224678

表 5－29　滞后阶数选择

滞后阶数	logL	AIC	SC
1	92. 06971	－6. 88558	－6. 59305
2	95. 72188	－7. 14349	－6. 65263
3	97. 91036	－7. 29655	－6. 60538
4	94. 26000	－6. 93273	－6. 04006
5	103. 8825*	－7. 79833*	－6. 70407*

注：* 表示根据该信息规则所选择的滞后阶数。

LogL、AIC 信息准则和 SC 信息准则都选择滞后阶数为 5。

表 5－30　FAB、实际 GDP 的 VAR 方程

Vector Autoregression Estimates
Date：04/11/07　Time：00：59
Sample (adjusted)：1985 2005
Included observations：21 after adjustments
Standard errors in ( ) & t-statistics in [ ]

续表 5－30

	FAB	GDP
FAB（－1）	1. 024709 (0. 32458) [3. 15702]	0. 069738 (0. 05913) [1. 17930]
FAB（－2）	0. 322574 (0. 44685) [0. 72188]	0. 121836 (0. 08141) [1. 49655]
FAB（－3）	－0. 194775 (0. 42957) [－0. 45342]	－0. 185444 (0. 07826) [－2. 36950]
FAB（－4）	－0. 230002 (0. 41501) [－0. 55421]	－0. 110765 (0. 07561) [－1. 46496]
FAB（－5）	0. 067198 (0. 31424) [0. 21384]	0. 079496 (0. 05725) [1. 38856]
GDP（－1）	0. 213777 (1. 00568) [0. 21257]	1. 758385 (0. 18322) [9. 59698]
GDP（－2）	－0. 584831 (1. 89579) [－0. 30849]	－1. 871026 (0. 34539) [－5. 41713]
GDP（－3）	1. 247995 (2. 26823) [0. 55021]	1. 776081 (0. 41325) [4. 29789]
GDP（－4）	－2. 139934 (1. 91144) [－1. 11954]	－1. 328183 (0. 34824) [－3. 81398]

续表 5-30

	FAB	GDP
GDP (-5)	1.247708 (1.11947) [1.11455]	0.727083 (0.20395) [3.56493]
C	0.404150 (4.23997) [0.09532]	-0.221812 (0.77247) [-0.28715]
R-squared	0.998436	0.999753
Adj. R-squared	0.996872	0.999506
Sum sq. resids	0.048904	0.001623
S. E. equation	0.069931	0.012741
F-statistic	638.4653	4049.245
Log likelihood	33.85775	69.61477
Akaike AIC	-2.176928	-5.582359
Schwarz SC	-1.629798	-5.035228
Mean dependent	11.53776	9.770405
S. D. dependent	1.250444	0.573346
Determinant resid covariance (dof adj.)		7.63E-07
Determinant resid covariance		1.73E-07
Log likelihood		103.8825
Akaike information criterion		-7.798334
Schwarz criterion		-6.704072

表 5-31 FAB、实际 GDP 的 Granger 因果关系

Pairwise Granger Causality Tests			
Date: 04/08/07 Time: 18: 37			
Sample: 1980 2005			
Lags: 5			
Null Hypothesis:	Obs	F-Statistic	Probability
GDP does not Granger Cause FAB	21	0.49767	0.77163
FAB does not Granger Cause GDP		2.86622	0.07355

表 5－32 单位根检验

变 量		ADF 检验		
		水 平	一 阶	二 阶
LnFFF	检验模型（C，T，K）	（C，T，1）	（C，N，1）	—
	统计量	－2.58032	－2.976752***	—
LnTFA	检验模型（C，T，K）	（C，N，1）	（C，T，0）	—
	统计量	2.850074	－4.488693**	—
LnGDP	检验模型（C，T，K）	（C，T，2）	（C，N，1）	—
	统计量	－2.089761	－2.947395***	—

注：1. *、**、*** 分别表示 1%、5%、10% 置信度。

2. 检验模型（C，T，K）中的 C，T 和 K 分别表示单位根检验方程包括常数项、时间趋势和滞后阶数，N 是指检验方程不包括常数项或时间趋势。是否包括常数项和时间趋势根据单位根检验方程中的 t 统计量确定，滞后阶数根据 AIC 信息准则确定。

表 5－33 滞后阶数选择

滞后阶数	logL	AIC	SC
1	10.67558	－0.719319	－0.458574
2	28.35435	－3.05906	－2.65497
3	31.47557*	－3.17738*	－2.670964*

注：1. 由于数据有限，最多只能讨论滞后 3 阶的情形。

2. * 表示根据该信息规则所选择的滞后阶数。

VAR 的滞后阶数根据 logL（对数近似特征）、AIC 信息准则和 SC 信息准则确定。其中 logL、AIC 信息准则和 SC 信息准则选择滞后阶数为 3。

表 5－34　滞后阶数为 2 时 FFF、TFA 的协整关系

Date: 04/08/07　Time: 21: 22				
Sample (adjusted): 1995 2005				
Included observations: 11 after adjustments				
Trend assumption: Linear deterministic trend				
Series: FFF TFA				
Lags interval (in first differences): 1 to 2				
Unrestricted Cointegration Rank Test (Trace)				
Hypothesized No. of CE (s)	Eigenvalue	Trace Statistic	0.05 Critical Value	Prob. **
None*	0.842871	20.84338	15.49471	0.0071
At most 1	0.043204	0.485816	3.841466	0.4858
Trace test indicates 1 cointegrating eqn (s) at the 0.05 level				
* denotes rejection of the hypothesis at the 0.05 level				
** MacKinnon-Haug-Michelis (1999) p-values				
Unrestricted Cointegration Rank Test (Maximum Eigenvalue)				
Hypothesized No. of CE (s)	Eigenvalue	Max-Eigen Statistic	0.05 Critical Value	Prob. **
None*	0.842871	20.35756	14.26460	0.0048
At most 1	0.043204	0.485816	3.841466	0.4858
Max-eigenvalue test indicates 1 cointegrating eqn (s) at the 0.05 level				
* denotes rejection of the hypothesis at the 0.05 level				
** MacKinnon-Haug-Michelis (1999) p-values				
Unrestricted Cointegrating Coefficients (normalized by b′ * S11 * b = I):				
FFF	TFA			
-2.850622	5.771832			
5.962560	-1.957747			
Unrestricted Adjustment Coefficients (alpha):				
D (FFF)	0.159391	-0.033386		
D (TFA)	0.038931	0.002184		
1 Cointegrating Equation (s):		Log likelihood	31.23266	

续表 5-34

Normalized cointegrating coefficients (standard error in parentheses)				
FFF	TFA			
1.000000	-2.024763			
	(0.29553)			
Adjustment coefficients (standard error in parentheses)				
D (FFF)	-0.454363			
	(0.22277)			
D (TFA)	-0.110978			
	(0.02527)			

表 5-35 FFF、TFA 的 VAR 方程

Vector Autoregression Estimates		
Date: 04/14/07 Time: 09: 58		
Sample (adjusted): 1995 2005		
Included observations: 11 after adjustments		
Standard errors in ( ) & t-statistics in [ ]		
	FFF	TFA
FFF (-1)	1.272840 (0.51632) [2.46523]	0.008276 (0.05931) [0.13955]
FFF (-2)	-1.193660 (0.58594) [-2.03716]	-0.049118 (0.06731) [-0.72978]
FFF (-3)	0.267388 (0.58321) [0.45848]	-0.057112 (0.06699) [-0.85252]
TFA (-1)	-3.243896 (3.08040) [-1.05308]	0.830643 (0.35384) [2.34753]

续表 5 - 35

	FFF	TFA
TFA（-2）	7. 157554 (5. 11989) [1. 39799]	0. 707176 (0. 58811) [1. 20246]
TFA（-3）	-2. 928318 (2. 15798) [-1. 35697]	-0. 317392 (0. 24788) [-1. 28042]
C	-3. 309983 (4. 34368) [-0. 76202]	-1. 151250 (0. 49895) [-2. 30737]
R-squared	0. 880329	0. 998115
Adj. R-squared	0. 700823	0. 995286
Sum sq. resids	0. 323634	0. 004270
S. E. equation	0. 284444	0. 032673
F-statistic	4. 904168	352. 9100
Log likelihood	3. 784889	27. 58866
Akaike AIC	0. 584566	-3. 743392
Schwarz SC	0. 837772	-3. 490186
Mean dependent	10. 40584	10. 51960
S. D. dependent	0. 520035	0. 475894
Determinant resid covariance (dof adj.)		8. 48E -05
Determinant resid covariance		1. 12E -05
Log likelihood		31. 47557
Akaike information criterion		-3. 177376
Schwarz criterion		-2. 670964

表 5 – 37　滞后阶数选择

滞后阶数	logL	AIC	SC
1	36. 90042	– 4. 75391	– 4. 49317
2	49. 29593	– 6. 54932	– 6. 14523
3	55. 79822*	– 7. 59968*	– 7. 09326*

注：1. 由于数据有限，最多只能讨论到滞后 3 阶的情形。
2. * 表示根据该信息规则所选择的滞后阶数。

表 5 – 38　FFF、实际 GDP 的 VAR 方程

Vector Autoregression Estimates

Date：04/14/07　Time：10：21

Sample（adjusted）：1995 2005

Included observations：11 after adjustments

Standard errors in（ ）& t-statistics in [ ]

	FFF	GDP
FFF（–1）	1. 071979 (0. 39008) [2. 74807]	– 0. 011324 (0. 00576) [– 1. 96747]
FFF（–2）	– 1. 148383 (0. 49883) [– 2. 30217]	0. 004426 (0. 00736) [0. 60139]
FFF（–3）	0. 486149 (0. 46570) [1. 04392]	– 0. 008049 (0. 00687) [– 1. 17138]
GDP（–1）	– 9. 843768 (20. 6594) [– 0. 47648]	1. 473578 (0. 30481) [4. 83435]
GDP（–2）	36. 52912 (39. 6798) [0. 92060]	– 0. 274623 (0. 58545) [– 0. 46908]

续表 5－38

	FFF	GDP
GDP（－3）	－25. 15229 (20. 0821) [－1. 25247]	－0. 162447 (0. 29630) [－0. 54826]
C	－10. 69001 (6. 99699) [－1. 52780]	－0. 185659 (0. 10324) [－1. 79840]
R-squared	0. 871072	0. 999904
Adj. R-squared	0. 677680	0. 999761
Sum sq. resids	0. 348668	7. 59E－05
S. E. equation	0. 295241	0. 004356
F-statistic	4. 504181	6971. 055
Log likelihood	3. 375093	49. 75354
Akaike AIC	0. 659074	－7. 773371
Schwarz SC	0. 912280	－7. 520165
Mean dependent	10. 40584	10. 24059
S. D. dependent	0. 520035	0. 281734
Determinant resid covariance (dof adj.)		1. 02E－06
Determinant resid covariance		1. 35E－07
Log likelihood		55. 79822
Akaike information criterion		－7. 599676
Schwarz criterion		－7. 093264

表 5－40　单位根检验

变　量		ADF 检验		
		水　平	一　阶	二　阶
LnL	检验模型（C，T，K）	（C，N，3）	—	—
	统计量	－3.517022**	—	—
LnTFA	检验模型（C，T，K）	（C，T，1）	—	—
	统计量	－4.794590*	—	—

注：1. *、**、*** 分别表示 1%、5%、10% 置信度。

2. 检验模型（C，T，K）中的 C，T 和 K 分别表示单位根检验方程包括常数项、时间趋势和滞后阶数，N 是指检验方程不包括常数项或时间趋势。是否包括常数项和时间趋势根据单位根检验方程中的 t 统计量确定，滞后阶数根据 AIC 信息准则确定。

表 5－41　滞后阶数选择

滞后阶数	logL	AIC	SC
1	47.23684	－4.851393	－4.557317
2	59.73742*	－6.21718*	－5.73431*
3	59.36221	－6.04830	－5.387448

注：* 表示根据该信息规则所选择的滞后阶数。

VAR 的滞后阶数根据 logL（对数近似特征）、AIC 信息准则和 SC 信息准则确定。其中 logL、AIC 信息准则和 SC 信息准则选择滞后阶数为 2。

表 5－42　L、TFA 的 VAR 方程

Vector Autoregression Estimates
Date: 04/16/07　Time: 22: 23
Sample (adjusted): 1990 2005
Included observations: 16 after adjustments
Standard errors in ( ) & t-statistics in [ ]

续表 5-42

	L	TFA
L（-1）	1.156821 (0.32547) [3.55433]	0.826832 (0.49187) [1.68099]
L（-2）	-0.248898 (0.25411) [-0.97950]	-0.212621 (0.38403) [-0.55366]
TFA（-1）	0.130617 (0.09591) [1.36191]	1.269883 (0.14494) [8.76128]
TFA（-2）	-0.077374 (0.08668) [-0.89267]	-0.862612 (0.13099) [-6.58518]
C	0.589495 (0.35422) [1.66419]	-0.875368 (0.53533) [-1.63519]
R-squared	0.998010	0.996367
Adj. R-squared	0.997287	0.995045
Sum sq. resids	0.017351	0.039628
S. E. equation	0.039716	0.060021
F-statistic	1379.364	754.1309
Log likelihood	31.91074	25.30343
Akaike AIC	-3.363842	-2.537929
Schwarz SC	-3.122408	-2.296495
Mean dependent	11.12405	10.06122
S. D. dependent	0.762459	0.852714
Determinant resid covariance（dof adj.）		4.15E-06
Determinant resid covariance		1.96E-06
Log likelihood		59.73742
Akaike information criterion		-6.217178
Schwarz criterion		-5.734310

第六章有关计算过程

表 6-1 自回归滞后阶数选择

滞后阶数	LogL	SIC	SC
0	43.71824	-2.85746	-2.46742
1	51.14230	-3.51186	-3.07009
2	52.57885*	-3.70251*	-3.20882*
3	51.47979	-3.67998	-3.13446

注：* 表示根据该信息规则所选择的滞后阶数。

M2 自回归方程根据 LogL（对数近似特征）、SIC 信息准则和 SC 信息准则选择滞后阶数。由表 6-1 可知，LogL、SIC 信息准则、SC 信息准则都选择滞后阶数为 2。

表 6-2 货币需求自回归方程（未考虑金融创新）

Dependent Variable: M2				
Method: Least Squares				
Date: 04/01/07 Time: 15: 33				
Sample (adjusted): 1983 2005				
Included observations: 23 after adjustments				
Convergence achieved after 18 iterations				
Variable	Coefficient	Std. Error	t-Statistic	Prob.
t	0.058631	0.038258	1.532499	0.1494
TRC	0.510152	0.254978	2.000765	0.0667
TFA	0.132185	0.131698	1.003697	0.3338

续表 6－2

Variable	Coefficient	Std. Error	t-Statistic	Prob.
ASB	0. 299656	0. 138463	2. 164166	0. 0497
MI	－0. 179307	0. 109727	－1. 634122	0. 1262
ST	0. 482774	0. 178422	2. 705797	0. 0180
FEB	0. 042317	0. 022840	1. 852771	0. 0867
CPI	0. 046614	0. 315756	0. 147627	0. 8849
AR （1）	0. 919469	0. 172901	5. 317906	0. 0001
AR （2）	－0. 703554	0. 152717	－4. 606898	0. 0005
R-squared	0. 999697	Mean dependent var		10. 54043
Adjusted R-squared	0. 999488	S. D. dependent var		1. 446053
S. E. of regression	0. 032722	Akaike info criterion		－3. 702509
Sum squared resid	0. 013920	Schwarz criterion		－3. 208816
Log likelihood	52. 57885	Durbin-Watson stat		2. 432780
Inverted AR Roots	. 46＋. 70i	. 46－. 70i		

表 6－4　自回归滞后阶数选择（考虑金融创新）

滞后阶数	LogL	SIC	SC
0	43. 7269	－2. 77815	－2. 33936
1	56. 8876*	－3. 9073*	－3. 41645*
2	52. 76535	－3. 63177	－3. 08871
3	51. 78271	－3. 61661	－3. 0215

注：＊表示根据该信息规则所选择的滞后阶数。

M2 自回归方程根据 LogL（对数近似特征）、SIC 信息准则和 SC 信息准则选择滞后阶数。由表 6－4 可知，LogL、SIC 信息准则、SC 信息准则都选择滞后阶数为 1。

表 6－5　货币需求自回归方程（考虑金融创新）

Dependent Variable：M2				
Method：Least Squares				
Date：04/14/07　Time：22：43				
Sample（adjusted）：1982 2005				
Included observations：24 after adjustments				
Convergence achieved after 23 iterations				
Variable	Coefficient	Std. Error	t-Statistic	Prob.
TRC	0.056309	0.261893	0.215010	0.8329
TFA	0.131456	0.098506	1.334492	0.2033
ASB	0.870245	0.173629	5.012080	0.0002
MI	−0.012103	0.090117	−0.134306	0.8951
ST	−0.165521	0.179898	−0.920082	0.3731
FEB	0.001246	0.023023	0.054110	0.9576
CPI	−0.073240	0.221577	−0.330541	0.7459
FI	−0.169002	0.102042	−1.656199	0.1199
t	0.085822	0.036162	2.373249	0.0325
AR（1）	0.961613	0.011684	82.29838	0.0000
R-squared	0.999768	Mean dependent var		10.42875
Adjusted R-squared	0.999619	S. D. dependent var		1.516415
S. E. of regression	0.029607	Akaike info criterion		−3.907300
Sum squared resid	0.012272	Schwarz criterion		−3.416445
Log likelihood	56.88760	Durbin-Watson stat		1.447464
Inverted AR Roots	0.96			

参考文献

包祖明．2004. 中国货币供应规划及其方法研究．大连：东北财经大学出版社．

贝纳西．2006. 宏观经济学：非瓦尔拉斯分析方法导论．刘成生，朱远清，郭上沂，译．上海：上海三联书店．

布赖德尔 P. 2000. 信贷周期．赵龙跃，译//纽曼，米尔盖特，伊特韦尔．新帕尔格雷夫货币金融大辞典：第一卷．董辅礽总编辑．北京：经济科学出版社：509.

布劳格．1990. 经济学方法论．黎明星，陈一民，季勇，译．北京：北京大学出版社．

布劳格，等．2000. 经济学方法论的新趋势．张大宝，李刚，韩振国，等，译．北京：经济科学出版社．

蔡志刚．2004. 中央银行独立性与货币政策．北京：中国金融出版．

陈涤非．2006. 基于金融创新因素的中国货币需求模型验证．上海金融，(3)．

陈观烈．1997. 怎样看待微观货币需求：序杜巨澜《中国货币需求的微观基础研究》．复旦大学学报（社会科学版），(1)．

陈平．2002. 劳动分工的起源和制约——从斯密困境到广义斯密原理．经济学（季刊），1（2)．

陈平．2004. 文明分岔、经济混沌和演化经济动力学．北京大学出版社.

陈平.2006. 新古典经济学在中国转型实验中的作用有限. 经济研究,(10).

陈锡古,廖文义.1991. 建立货币供给与货币需求双向调控模式. 金融研究,(4).

陈学彬.1998. 我国近期货币乘数变动态势及影响因素的实证分析. 金融研究,(2).

陈野华.2001. 西方货币金融学说的新发展. 成都:西南财经大学出版社.

陈宇峰.2006. 中国货币供给内生性的实证检验. 统计与决策,(12).

常玉春.2005. 内生增长中的货币理论:现状与前景. 经济评论,(5).

崔建军.2005. 货币供给的性质:内生抑或外生. 经济学家,(3).

戴根有.2000. 关于我国货币政策的理论与实践问题. 金融研究,(9).

道特西 M,金 R G. 2000. 经济周期的理性预期模型//纽曼,米尔盖特,伊特韦尔. 新帕尔格雷夫货币金融大辞典:第三卷. 董辅礽总编辑. 北京:经济科学出版社:280.

德赛.2000. 内生货币与外生货币//纽曼,米尔盖特,伊特韦尔. 新帕尔格雷夫货币金融大辞典:第一卷. 董辅礽总编辑. 北京:经济科学出版社:737-739.

邓乐平.1990. 中国的货币需求——理论与实证的考察. 北京:中国人民大学出版社.

邓乐平,殷孟波.2000. 中国货币需求研究的现状及发展//李扬,王松奇. 中国金融理论前沿. 北京:社会科学文献出版社.

杜巨澜.1998. 中国货币需求的微观基础. 上海:复旦大学出版社.

樊纲.1991. 差额货币究竟是怎么发出来的?. 经济研究,(1).

范从来 . 2004. 论货币政策中间目标的选择 . 金融研究, (6).

方显仓 . 2004. 我国货币政策信用渠道传导论 . 上海: 上海财经大学出版社.

费雪 . 1934. 货币的购买力 . 金本基, 译 . 上海: 商务印书馆.

封思贤 . 2006. 货币供应量作为我国货币政策中介目标的有效性分析 . 中国软科学, (5).

冯春平 . 2002. 货币供给对产出与价格影响的变动性 . 金融研究, (7).

弗里德曼 B M, 哈恩 F H. 2002a. 货币经济学手册: 第 1 卷 . 陈雨露, 曾刚, 王芳, 等, 译 . 北京: 经济科学出版社.

弗里德曼 B M, 哈恩 F H. 2002b. 货币经济学手册: 第 2 卷 . 陈雨露, 曾刚, 王芳, 等, 译 . 北京: 经济科学出版社.

弗里德曼 M, 等 . 2001. 货币数量论研究 . 瞿强, 杜丽群, 译 . 北京: 中国社会科学出版社.

弗里德曼 M. 1979. 货币政策的作用 // 外国经济学说研究会 . 现代国外经济学论文选: 第一辑 . 北京: 商务印书馆.

戈德史密斯 . 1994. 金融结构与金融发展 . 周朔, 等, 译 . 上海: 上海三联书店.

格利, 肖 . 2006. 金融理论中的货币 . 贝多广, 译 . 上海: 上海三联书店.

耿中元, 曾令华 . 2006. 后凯恩斯学派的内生货币假说——中国的例证 . 管理科学, 19 (4).

龚六堂, 邹恒甫 . 2002. 财政政策与价格水平的决定 . 经济研究, (2).

郭浩 . 2002. 中国的“超额”货币需求 . 管理世界, (6).

郭庆旺, 贾俊雪 . 2004. 中国潜在产出与产出缺口的估算 . 经济研究, (5).

郭田勇 . 2006. 中国货币政策体系的选择 . 北京: 中国金融出版社.

国务院发展研究中心金融研究所.2003. 中国银行体系贷款供给的决定及其对经济波动的影响. 金融研究，(8).

哈里斯.1989. 货币理论. 梁小民，译. 北京：中国金融出版社.

韩平，李斌，崔永.2005. 我国M2/GDP的动态增长路径、货币供应量与政策选择. 经济研究，(10).

汉达.2005. 货币经济学. 郭庆旺，刘晓陆，陈卫东，译. 北京：中国人民大学出版社.

怀特.2004. 货币制度理论. 李扬 等，译. 北京：中国人民大学出版社.

何海峰.2006. 货币经济学的“新范式”与中国银行业. 上海金融，(7).

胡海鸥.2004. 货币理论与货币政策. 上海：上海人民出版社.

胡海鸥，贾德奎.2003. 无货币供给量变动的利率调控——我国利率市场化道路的另类选择. 上海金融，(1).

胡海鸥，贾德奎.2004.“利率走廊”调控的运行机制及其在我国的实践意义. 上海金融，(2).

胡建渊，陈方正.2005. 论我国货币供给的内生性. 财贸经济，(7).

胡列曲.2006. 货币政策中介目标选择的发展与中国实践. 经济理论与经济管理，(8).

胡援成.2000. 中国的货币乘数与货币流通速度研究. 金融研究，(9).

怀特.2004. 货币制度理论. 李扬，等，译. 北京：中国人民大学出版社.

黄达.1997. 宏观调控与货币供给. 北京：中国人民大学出版社.

黄达.2003. 金融学. 北京：中国人民大学出版社.

黄金老.2001. 利率市场化与商业银行风险控制. 经济研究，(1).

霍恩比.1997. 牛津高阶英汉双解词典. 第四版. 李北达，编译.

北京：商务印书馆.

姜波克，陈华.2003.证券市场和货币需求函数：一个新货币需求函数的探讨.世界经济文汇，(1).

姜波克，朱云高.2004.论人民币资本账户开放下货币政策制度的选择.复旦学报（社会科学版），(6).

江戈.1998.我国的货币供给系统及其模型.数量经济技术经济研究，(7).

江曙霞，罗杰，黄君慈.2006.信贷集中与扩张、软预算约束竞争和银行系统性风险.金融研究，(4).

蒋硕杰.1999.蒋硕杰经济科学论文集——筹资约束与货币理论.科恩，编.范家骧，译.北京：北京大学出版社.

蒋瑛琨，赵振全，刘艳武.2005.中国货币需求函数的实证分析——基于两阶段（1978－1993、1994－2004）的动态检验.中国软科学，(2).

蒋自强，史晋川，张旭昆，等.2001.当代西方经济学流派.第二版.上海：复旦大学出版社.

卡甘.2001.超级通货膨胀的货币动态学//弗里德曼M，等.货币数量论研究.瞿强，杜丽群，译.北京：中国社会科学出版社：41.

凯恩斯.1997.货币论.何瑞英，蔡谦，范定九，等，译.北京：商务印书馆.

凯恩斯.2002.就业、利息和货币通论.重译本.高鸿业，译.北京：商务印书馆.

李斌.2004.经济发展、结构变化与“货币消失”.经济研究，(6).

李国疆.2002.我国的货币政策效应：问题、对策.经济问题探索，(2).

李建军.2005a.地下金融规模及对宏观经济影响分析.中国金融，(3).

李建军.2005b. 中国地下金融规模与宏观经济影响研究. 北京：中国金融出版社.

李健.2007. 结构变化：“中国货币之谜”的一种新解. 金融研究，(1).

李念斋.2003. 中国货币政策研究. 北京：中国统计出版社.

李扬.1998. 中国经济对外开放过程中的资金流动. 经济研究，(2).

李扬.1999. 稳定物价：90年代西方货币政策的唯一目标. 国际经济评论，(5、6).

李扬.2002a. 利率市场化绝不能太急. 经济世界，(10).

李扬.2002b. 中国需要怎样的金融体系.21世纪评论，08-06.

李扬.2003. 中国利率市场化：做了什么，要做什么. 国际金融研究，(9).

李扬.2004. 中国金融发展报告No.1. 北京：社会科学文献出版社.

李扬.2005. 中国金融发展报告No.2. 北京：社会科学文献出版社.

李扬.2006. 中国金融发展报告No.3. 北京：社会科学文献出版社.

李扬，王国刚，何德旭.2001a. 中国金融理论前沿Ⅱ. 北京：社会科学文献出版社.

李扬，王国刚，何德旭.2003. 中国金融理论前沿Ⅲ. 北京：社会科学文献出版社.

李扬，王松奇.2000. 中国金融理论前沿. 北京：社会科学文献出版社.

李扬，杨思群.2001b. 中小企业融资与银行. 上海：上海财经大学出版社.

李扬，殷剑峰.2005a. 劳动力转移过程中的高储蓄率、高投资率和中国经济增长. 经济研究，(2).

李扬，殷剑峰．2005b. 理顺利率体系、健全利率形成机制．中国金融论坛（2005）．北京：社会科学文献出版社．

厉以宁．1987. 我国现阶段利率手段对宏观经济的调节作用．金融研究，(9)．

厉以宁．1995. 转型发展问题探讨．财经研究，(6)．

梁冰．2005. 我国中小企业发展及融资状况调查报告．金融研究，(5)．

林继肯．1998. 货币需求问题上的分歧之我见．财经问题研究，(10)．

林毅夫．1995. 本土化、规范化、国际化．经济研究，(10)．

林毅夫．2005. 论经济学方法．北京：北京大学出版社．

林毅夫，蔡昉，李周．1994. 中国的奇迹：发展战略和经济改革．上海：上海人民出版社．

林毅夫，李永军．2001. 中小金融机构发展与中小企业融资．经济研究，(1)．

林志强．1991. 也谈差额货币究竟是怎么发出来的?．金融研究，(10)．

刘斌．2002. 我国货币供应量与产出、物价间相互关系的实证研究．金融研究，(7)．

刘斌．2003. 最优货币政策规则的选择及在我国的应用．经济研究，(9)．

刘斌，邓述慧．1999. 中国基础货币调控的实证分析．管理科学学报，2（2)．

刘斌，黄先开，潘红宇．2001. 货币政策与宏观经济定量研究．北京：科学出版社．

刘斌，张怀清．2001. 我国产出缺口的估计．金融研究，(10)．

刘涤源，谭崇台．1990. 当代西方经济学说：下．修订本．武汉：武汉大学出版社．

刘金全．2004. 虚拟经济与实体经济之间关联性的计量检验．中国社会科学，(4).

刘金全，刘志强．2002. 中国货币政策非中性：货币—产出的因果关系和影响关系检验．吉林大学社会科学学报，(4).

刘金全，云航．2004. 规则性与相机选择性货币政策的作用机制分析．中国管理科学，12 (1).

刘克谦．2003. 地下经济：中国泥石流．共鸣，181：8－11.

刘明志．2001. 中国的 M2/GDP (1980－2000) 趋势、水平和影响因素．经济研究，(2).

刘明志．2006. 货币供应量和利率作为货币政策中介目标的适用性．金融研究，(1).

刘絜敖．1983. 外国货币金融学说．北京：中国展望出版社.

刘仁伍，吴竞择．2004. 货币政策框架的国际趋势与我国面临的选择．金融研究，(2).

刘伟，李绍荣，李笋雨．2002. 货币扩张、经济增长与资本市场制度创新．经济研究，(1).

刘锡良，肖龄．2003. 从独立走向合作——中央银行未来发展趋势．金融研究，(10).

柳永明．2002. 通货膨胀目标制的理论与实践：十年回顾．世界经济，(1).

陆金海，陈浪南．2000. 中国货币需求函数长期均衡实证分析．厦门大学学报（哲学社会科学版），(1).

陆军，舒元．2002. 货币政策无效性命题在中国的实证研究．经济研究，(3).

陆军，钟丹．2003. 泰勒规则在中国的协整检验．经济研究，(8).

罗兰．2002. 转型与经济学．张帆，等，译．北京：北京大学出版社.

罗西斯．1991. 后凯恩斯主义货币经济学．余永定，译．北京：中国社会科学出版社.

骆玉鼎.2000. 信用经济中的金融控制. 上海：上海财经大学出版社.

马克思. 资本论：第一卷. 中共中央马克思、恩格斯、列宁、斯大林著作编译局，译. 北京：人民出版社，1986.

马明.1996. 我国货币乘数的三波规律及预测公式. 金融研究，(9).

迈耶，杜森贝，阿利伯.1990. 货币、银行与经济. 吴立范，等，译. 北京：中国金融出版社.

麦金农.1988. 经济发展中的货币与资本. 卢骢，译. 上海：上海三联书店.

麦金农.1997. 经济市场化的次序——向市场经济过渡时期的金融控制. 周庭煜，尹翔硕，陈中亚，译. 上海：上海三联书店.

麦克勒姆，古德弗兰德.2000. 货币需求：理论研究//纽曼，米尔盖特，伊特韦尔. 新帕尔格雷夫货币金融大辞典：第一卷. 董辅礽总编辑. 北京：经济科学出版社：592.

孟建华.2006. 中国货币政策的选择与发展. 北京：中国金融出版社.

米什金.1998. 货币金融学. 第四版. 李扬，等，译. 北京：中国人民大学出版社.

米什金.2005. 货币金融学. 第六版. 刘毅，等，译. 北京：中国人民大学出版社.

米什金.2006. 货币金融学. 第七版. 郑艳文，译. 北京：中国人民大学出版社.

摩根.1984. 货币学派与凯恩斯学派——它们对货币理论的贡献. 薛蕃康，译. 北京：商务印书馆.

宁咏.2000. 货币供给：理论假说与经验事实. 北京：经济科学出版社.

牛筱颖.2006. 通货膨胀目标制研究与实践述评. 经济评论，(2).

纽曼，米尔盖特，伊特韦尔.2000. 新帕尔格雷夫货币金融大辞典. 北京: 经济科学出版社.

帕廷金. 1996. 货币、利息与价格. 邓瑞索, 译. 北京: 中国社会科学出版社.

彭兴韵, 包敏丹. 2005. 改进货币统计与货币层次划分的研究. 世界经济, (11).

钱荣堃. 1989. 国外金融论著译丛出版序言//哈里斯. 货币理论. 梁小民, 译. 北京: 中国金融出版社.

钱颖一. 2003. 理解现代经济学//钱颖一. 现代经济学与中国经济改革. 北京: 中国人民大学出版社.

秦朵. 1997. 改革开放以来的货币需求关系. 经济研究, (1).

秦朵. 2002. 居民储蓄——准货币之主源. 经济学(季刊), 1(2).

秦海英. 2003. 内生货币供给对货币政策传导机制的影响及启示. 南开经济研究, (2).

秦宛顺, 郭世邦. 1991. 我国货币需求模型与分析. 金融研究, (2).

清泷, 赖特. 可接收性、支付手段和交换中介. 郭明, 译//纽曼, 米尔盖特, 伊特韦尔. 新帕尔格雷夫货币金融大辞典: 第一卷. 董辅礽总编辑. 北京: 经济科学出版社: 3.

邱晓华, 郑京平, 万东华, 等. 2006. 中国经济增长动力及前景分析. 经济研究, (5).

盛松成, 何起东, 杨明奇. 2006. 通货膨胀定标理论、实践及在我国实施的条件分析. 上海金融, (10).

石建民. 2001. 股票市场、货币需求与总量经济: 一般均衡分析. 经济研究, (5).

史密森. 2004. 货币经济学前沿: 论争与反思. 柳永明, 王蕾, 译. 上海: 上海财经大学出版社.

帅勇. 2002. 资本存量货币化对货币需求的影响. 中国经济问题, (3).

帅勇. 2005. 货币与利息率决定理论——存量和流量分析史. 北

京：人民出版社.

斯蒂芬 A R. 2000. 金融. 李庆云，姚长辉，译//纽曼，米尔盖特，伊特韦尔. 新帕尔格雷夫货币金融大辞典：第二卷. 董辅礽总编辑. 北京：经济科学出版社：27.

斯蒂格利茨，格林沃尔德. 2005. 通往货币经济学的新范式. 陆磊，张怀清，译. 北京：中信出版社.

斯皮格尔. 1999. 经济思想的成长. 晏智杰，等，译. 北京：中国社会科学出版社.

宋玮，黄燕芬. 2006. 我国利率市场化改革与货币供给内生性弱化之关联性分析. 经济理论与经济管理，(1).

孙伯银. 2003. 货币供给内生的逻辑. 北京：中国金融出版社.

孙杰. 2004. 货币政策、公司融资行为与货币供给内生性. 世界经济，(5).

索彦峰. 2006. 金融创新、基本普尔分析与我国货币政策中介目标选择. 中央财经大学学报，(10).

谭小芬，陈昌兵. 2006. 泰勒规则研究综述. 经济学动态，(4).

谭旭东，李晓华. 2004. 时间不一致性及其在货币政策中的应用. 经济学动态，(11).

汤敏，茅于轼. 1999. 现代经济学前沿专题：第三集. 北京：商务印书馆.

唐旭. 2003. 金融理论前沿课题：第二辑. 北京：中国金融出版社.

托宾. 2000. 货币. 卫才星，译//纽曼，米尔盖特，伊特韦尔. 新帕尔格雷夫货币金融大辞典：第二卷. 董辅礽总编辑. 北京：经济科学出版社：747.

万解秋，徐涛. 2001. 货币供给的内生性与货币政策的效率. 经济研究，(3).

汪丁丁. 1999. 经济学理性主义的基础. 社会学研究，(1).

汪红驹. 2002. 用误差修正模型估计中国货币需求函数. 世界经

济，(5).

汪红驹.2003. 中国货币政策有效性研究. 北京：中国人民大学出版社.

王广谦.2003. 20世纪西方货币金融理论研究：进展与述评. 北京：经济科学出版社.

王韧，吴健.2007. 外部影响与“迷失”货币的成因. 金融研究，(2).

王松奇.1991. 货币政策与经济成长. 北京：中国人民大学出版社.

王同春，赵东.2000. 中国超额货币的成因及影响研究——一个新模型的提出及应用. 国际金融研究，(8).

王曦.2001. 经济转型中的货币需求和货币流通速度. 经济研究，(10).

王曦.2003. 金融转型中的货币供给与货币乘数：微观基础//“第三届中国经济学年会”论文集. 北京：北京大学出版社.

王晓芳，景长新.2006. 普勒规则视角下的我国货币政策中介目标评价. 上海金融，(9).

王志伟.2002. 现代西方经济学流派. 北京：北京大学出版社.

王自力.1997. 中国金融市场化与国际化论纲. 北京：中国金融出版社.

威尔逊 J S G. 2000. 信用创造//纽曼，米尔盖特，伊特韦尔. 新帕尔格雷夫货币金融大辞典：第一卷. 董辅礽总编辑. 北京：经济科学出版社：506.

威克塞尔.1983. 国民经济学讲义. 刘絜敖，译. 上海：上海译文出版社.

威克塞尔.1997. 利息与价格. 蔡受伯，程伯，译. 北京：商务印书馆.

韦森.2003. 从语言哲学看货币本质. 哲学动态，(8).

沃什.2000. 新金融观点. 牟岩，译//纽曼，米尔盖特，伊特韦尔．新帕尔格雷夫货币金融大辞典：第三卷．董辅礽总编辑．北京：经济科学出版社：32.

沃什．2004. 货币理论与政策．第二版．周继忠，译．上海：上海财经大学出版社.

武康平．2006. 高级宏观经济学．北京：清华大学出版社.

伍志文．2002. 货币供应量与物价反常规关系：理论及基于中国的经验分析——传统货币数量论面临的挑战及其修正．管理世界，(12).

伍志文．2003. 中国之谜——文献综述和一个假说．经济学（季刊），3 (1).

希克斯．1987. 经济史理论．厉以平，译．北京：商务印书馆.

夏斌，廖强．2001. 货币供应量已不宜作为当前我国货币政策的中介目标．经济研究，(8).

夏德仁，张洪斌，程智军．2003. 货币政策传导的“信贷渠道”评述．金融研究，(5).

夏佛林．2000. 经济周期．王曙光，译//纽曼，米尔盖特，伊特韦尔．新帕尔格雷夫货币金融大辞典：第一卷．董辅礽总编辑．北京：经济科学出版社：257.

谢富胜，戴春平．2000. 中国货币需求函数的实证分析．金融研究，(1).

谢杭生．1997. 战后西方国家货币政策目标比较．金融研究，(6).

谢平．1994. 中国转型经济中的通货膨胀和货币控制．金融研究，(10).

谢平．2002. 新世纪中国货币政策的挑战//谢平，焦瑾璞．中国货币政策争论．北京：中国金融出版社.

谢平，焦瑾璞．2002. 中国货币政策争论．北京：中国金融出版社.

谢平，罗雄．2002. 泰勒规则及其在中国货币政策中的检验．经济研究，(3).

谢平，唐旭 . 1996. 关于中国货币乘数的预测研究 . 经济研究，(10).

谢平，张怀清 . 2007. 融资结构、不良资产与中国 M2/GDP. 经济研究，(2).

熊彼特 . 2001. 经济分析史 . 朱泱，等，译 . 北京：商务印书馆.

徐寒飞 . 2005. 中国现行利率体系特征及其定价机制 . 银行家，(12).

杨庆和 . 2001. 周期性与长期一致性抉择：信贷集中及其政策含义 . 金融研究，(9).

杨小凯 . 1997a. 当代经济学与中国经济 . 北京：中国社会科学出版社.

杨小凯 . 1997b. 分工与专业化 // 杨小凯 . 当代经济学与中国经济 . 北京：中国社会科学出版社.

杨小凯 . 1997c. 如何用当代经济学观察中国经济 // 杨小凯 . 当代经济学与中国经济 . 北京：中国社会科学出版社.

杨小凯 . 1997d. 新兴古典经济学导论 // 杨小凯 . 当代经济学与中国经济 . 北京：中国社会科学出版社.

杨小凯，黄有光 . 1999. 专业化与经济组织——一种新兴古典微观经济学框架 . 张玉纲，译 . 北京：经济科学出版社.

易纲 . 1995. 中国经济转轨对现代经济学提出的问题 // 北京大学中国经济研究中心 . 经济学与中国经济改革 . 上海：上海人民出版社.

易纲 . 1996. 中国金融资产结构分析及政策含义 . 经济研究，(12).

易纲 . 2003a. 中国的货币化进程 . 北京：商务印书馆.

易纲 . 2003b. 中国货币需求的估测 // 易纲 . 中国的货币化进程 . 北京：商务印书馆.

易纲 . 2003c. 中国经济改革过程中的货币化进程 // 易纲 . 中国的货币化进程 . 北京：商务印书馆.

易纲 . 2004. 构建与中国国情相适应的中小企业金融制度 . 金融

时报，12-17.

易纲.2005. 序//斯蒂格利茨，格林沃尔德. 通往货币经济学的新范式. 陆磊，张怀清，译. 北京：中信出版社.

易纲，吴有昌.1999. 货币银行学. 上海：上海人民出版社.

易行健.2004. 经济转型与开放条件下的货币需求函数：基于中国的实证研究［D］. 上海：复旦大学经济学院.

应展宇.2004. 中国中小企业融资现状与政策分析. 财贸经济，(10).

余明.2003. 资产价格、金融稳定与货币政策. 北京：中国金融出版社.

余永定.2002. M2/GDP的动态路径. 世界经济，(12).

曾刚.2006. 货币流量分析理论研究——基本框架及对几个方面的考察. 北京：人民出版社.

曾康霖，王长庚.1992. 信用论. 北京：中国金融出版社.

战明华，李生校.2005. 货币与产出的关系（1995—2003）：不同模型的分析结果及其比较. 世界经济，(8).

张杰.1997. 中国的货币化进程、金融控制及改革困境. 经济研究，(8).

张杰.2006. 中国高货币化之谜. 经济研究，(6).

张俊喜.2001. 当代货币经济学：变迁与发展//李扬，王国刚，何德旭. 中国金融理论前沿Ⅱ. 北京：社会科学文献出版社.

张屹山，张代强.2007. 前瞻性货币政策反应函数在我国货币政策中的检验. 经济研究，(3).

张茵，万广华.2005. 中国改革历程中的产出和价格波动：货币所扮演的角色. 经济学（季刊），5（1）：126.

张颖.2003. 内生货币供给下的中国货币政策传导机制. 南开经济研究，(5).

赵进文，闵杰.2005. 央行货币政策操作效果非对称性实证研究. 经济研究，(2).

赵留彦，王一鸣.2005.货币存量与价格水平：中国的经验证据.经济科学，(2).

赵欣颜.2003.我国货币政策中介目标选择研究.现代财经，(6).

赵彦云.2000.金融统计分析.修订本.北京：中国金融出版社.

赵志君.2000.金融资产总量、结构与经济增长.管理世界，(3).

郑超愚，余方，腾龙.2000.中国货币需求函数的计量分析：层次递归系统与动态调整方法.金融研究，(10).

郑超愚.1996.中国货币需求函数研究.经济科学，(1).

中国人民银行.2006.中国人民银行年报（2005）[EB/OL].中国人民银行，http：//www. pbc. gov. cn/chubanwu/nianbao/2005. asp.

中国人民银行研究局课题组.2002.中国股票市场发展与货币政策完善.金融研究，(4).

钟伟，巴曙松.2005.中国利率政策：历史、现实及未来趋势.经济学动态，(5).

周诚君.2002a.外生利率下的货币政策中介目标选择——兼析马克思的货币利息理论.经济评论，(5).

周诚君.2002b.中国货币供给的内生性与货币政策分析.南京大学学报（哲学、人文科学、社会科学版），(1).

邹至庄.2005.中国经济转型.北京：中国人民大学出版社.

Adao B，Correia I，Teles P. 2001. Gaps and Triangles. Federal Reserve Bank of Chicago，WP-01-13.

Aghion P，Howitt P. 1992. A Model of Growth Through Creative Destruction. Econometrica，60：323-351.

Aizenman J，Frankel J A. 1986. Targeting Rules for Monetary Policy. Economic Letters，21：183-187.

Alesina A，Gatti R. 1995. Independent Central Banks：Low Inflation at No Cost?. American Economic Review，85（3）：196-200.

Alesina A, Roubini N. 1992. Political Cycles in OECD Countries. Review of Economics and Statistics, 59 (4): 663-688.

Alesina A, Sachs J. 1984. Political Parties and the Business Cycles in the United States: 1948 - 1984. Journal of Money, Credit, and Banking, 20 (1): 63-82.

Alesina A, Summers L. 1993. Central Bank Independence and Macroeconomic Performance: Some Comparative Evidence. Journal of Money, Credit, and Banking, 25 (2): 151-162.

Alesina A. 1987. Macroeconomic Policy in a Two-Party System as a Repeated Game. Quarterly Journal of Economics, 102 (3): 651-678.

al-Nowaihi A, Levine P. 1996. Independent But Accountable: Walsh Contracts and the Credibility Problem. CEPR Discussion Paper No. 1387.

Amato J D, Gerlach S. 2002. Inflation Targeting in Emerging Market and Transition Economies. European Economic Review, 85 (3): 196-200.

Ammer J, Freeman R T. 1995. Inflation Targeting in the 1990s: The Experiences of New Zealand, Canada and the United Kingdom. Journal of Economics and Business, 47 (2): 165-192.

Anderson T M. 1989. Credibility of Policy Announcements: The Output and Inflation Costs of Disinflationary Policies. European Economic Review, 33 (1): 13-30.

Angell J W. 1936. The Behavior of Money. New York: McGraw-Hill.

Arrau P, DeGregorio J, Reinhart C, Wickham P. 1991. The Demand for Money in Developing Countries: Assessing the Role of Financial Innovation. Working Papers 721. The World Bank: International Economics Department.

Backus D K, Driffil J. 1985. Inflation and Reputation. American Economic Review, 75 (3): 530-538.

Ball L. 1995. Time Consisten Inflation Policy and Persistent Changes in Inflation. Journal of Monetary Economics, 36 (2): 329-350.

Ball L. 1999. Policy Rules for Open Economies // Taylor J B. Monetary Policy Rules. Chicago: Chicago University Press.

Baltensperger E. 1978. Credit Rationing: Issues and Offering Dilution. Journal of Financial Economics, 15: 61 - 89.

Barro R J, Gordon D B. 1983a. A Positive Theory of Monetary Policy in a Natural Rate Model. Journal of Political Economy, 91 (4): 589 - 610.

Barro R J, Gordon D B. 1983b. Rules, Discretion, and Reputation in a Model of Monetary Policy. Journal of Monetary Economics, 12 (1): 101 - 121.

Barro R J, Grossman H I. 1971. A General Disequilibrium Model of Income and Employment. American Economic Review, 61: 82 - 93.

Barro R J. 1977. Unanticipated Money Growth and Employment in the U. S.. American Economic Review, 67 (March): 101 - 155.

Barro R J. 1986. Reputation in a Model of Monetary Policy with Incomplete Information. Journal of Monetary Economics, 17 (1): 3 - 20.

Barro R J. 1989a. Inflation and Economic Growth. Journal of Monetary Economics, 23 (1): 3 - 30.

Barro R J. 1989b. Interest Rate Targeting. NBER Working Paper No. 2581, May.

Batini N, Yates A. 2001. Hybrid Inflation and Price Level Targeting. London: Bank of England.

Baumol W. 1990. Enterpreneurship: Productive, Unproductive, and Destructive. Journal of Political Economy, 98: 893 - 921.

Bean C. 1983. Targeting Nominal Income: An Appraisal. The Economic Journal, 93: 806 - 819.

Benassy J P. 1982. The Economics of Market Disequilibrium. New York: Academic Press.

Benhabib J, Farmer R. 1994. Indeterminacy and Increasing Returns. Journal of Economic Theory, 63: 19 - 41.

Bernanke B S. 1983. Nonmonetary Effects of the Financial Crisis in the

Propagation of the Great Depression. American Economic Review, 78 (2): 435 - 439.

Bernanke B S, Blinder A S. 1988. Credit, Money, and Aggregate Demand. American Economic Review, 73: 257 - 276.

Bernanke B S, Gertler M. 1989. Agency Costs, Net Worth, and Business Fluctuations. American Economic Review. 79: 14 - 31.

Bernanke B S, Gertler M. 1995. Inside the Black Box: The Credit Channel of Monetary Policy Transmission. Journal of Economic Perspectives, 9 (4): 27 - 48.

Bernanke B S, Gertler M, Gilchrist S. 1996. The Financial Accelerator and the Flight to Quality. Review of Economics and Statistics, 78 (1): 1 - 15.

Bernanke B S, Lauback T, Mishkin F S, Posen A. 1998. Inflation Targeting: Lessons from the International Experience. Princeton: Princeton University Press.

Bernanke B S, Mihov I. 1998. Measuring Monetary Policy. Quarterly Journal of Economics, 113 (2): 869 - 902.

Bernanke B S, Mishkin F, S. 1992. Central Bank Behavior and the Strategy of Monetary Policy: Observations from Six Industrialized Countries// Blanchard O J, Fischer S. NBER Macroeconomics Annual 1992. Cambridge, MA: MIT Press: 183 - 228.

Bernanke B S, Mishkin F S. 1997. Inflation Targeting: A New Framework for Monetary Policy?. Journal of Economic Perspectives, 11: 97 - 116.

Black F. 1970. Banking and Interest Rates in a World without Money: The Effects of Uncontrolled Banking. Journal of Banking Research, 1: 8 - 20.

Boschen J F, Mills L O. 1995. Tests of Long - run Neutrality Using Permanent Monetary and Real Shocks. Journal of Monetary Economics, 35 (1): 25 - 44.

Briault C, Haldane A, King M. 1996. Independence and Accountability. Institute for Monetary and Economic Studies Discussion Paper 96 - E - 17.

Bank of Japan.

Brock W A. 1974. Money and Growth: The Case of Long Run Perfect Foresight. International Economic Review, 15 (3): 750 - 777.

Burstein M. L. 1963. Money. Cambridge, MA: Schenckman Publishing Co.

Burstein M L. 1995. Classical Macroeconomics for the Next Century. unpublished manuscript. York University, Toronto.

Cagan P. 1965. Determinants and Effects of Changes in the Stock of Money 1875 - 1960. New York: Columbia University Press.

Canzoneri M B, Henderson D, Rogoff K. 1983. The Information Content of the Interest Rate and Optimal Monetary Policy. Quarterly Journal of Economics, 98 (4): 545 - 566.

Canzoneri M B. 1985. Monetary Policy Games and the Role of Private Information. American Economic Review, 75 (4): 1056 - 1070.

Carlstrom C T, Fuerst T S. 1995. Interest Rate Rules, vs. Money Growth Rules: A Welfare Comparison in a Cash-in-Advance Economy. Journal of Monetary Economics, 36 (2): 247 - 267.

Carlstrom C T, Fuerst T S. 1997. Agency Costs, Net Worth, and Business Fluctuations: A Computable General Equilibrium Analysis. American Economic Review, 87 (5): 893 - 910.

Chen Ping. 2002. Microfoundations of Macroeconomic Fluctuations and the Laws of Probability Theory: The Principle of Large Numbers vs. Rational Expectations Arbitrage. Journal of Economic Behavior & Organization, 49: 327 - 344.

Chick V. 1986. The Evolution of the Banking System and the Theory of Saving Investment and Interest. Economies et Societes, 20: 111 - 126.

Chow G C. 1966. On the Long-Run and Short-Run Demand for Money. Journal of Political Economy, 74 (2): 111 - 131.

Christiano L, Eichenbaum M, Evans C. 2001. Nominal Rigidities and the Dynamic Effects of a Shock to Monetary Policy. NBER Working Paper No. 8403.

Clarida R, Galí J, Gertler M. 1999. The Science of Monetary Policy: A New Keynesian Perspective. Journal of Economic Perspectives, 37 (4): 1661－1707 .

Clarida R, Galí J, Gertler M. 2000. Monetary Policy Rules and Macroeconomic Stability: Evidence and Some Theory. Quarterly Journal of Economies, 115 (1): 147－180.

Clarida R, Galí J, Gertler M. 2002. A Simple Framework for International Monetary Policy Analysis. Journal of Monetary Economics. 49 (5): 877－904 .

Clower R W. 1960. Keynes and the Classics: A Dynamical Perspective. Quarterly Journal of Economics, 74: 318－323.

Clower R W. 1965. The Keynesian Counterrevolution: A Theoretical Appraisal//Hahn F H, Brechling F P R. The Theory of Interest Rates. London: Macmillan.

Clower R W. 1967. A Reconsideration of the Microfoundations of Monetary Theory. Western Economic Journal, 6: 1－9.

Cooley T F, Hansen G D. 1989. The Inflation Tax in a Real Business Cycle Model. American Economic Review, 79 (4): 733－748.

Cowen T, Kroszner R. 1994. Explorations in the New Monetary Economics. Oxford: Basil Blackwell.

Cukierman A. 1992. Central Bank Strategies, Credibility and Independence. Cambridge: MIT Press.

Cukierman A, Liviatan N. 1991. Optimal Accommodation by Strong Policymakers Under Incomplete Information. Journal of Monetary Economics, 27 (1): 99－127.

Cukierman A, Meltzer A. 1986. A Theory of Ambiguity and Inflation under Discretion and Asymmetric Information. Econometrica, 54 (5):

1099－1128.

Dack J V. 1999. Implementing Monetary Policy in Emerging Market Economies: An Overview of Issues//BIS. Monetary Policy Operating Procedures in Emerging Market Economics. Policy Papers No. 5.

De Cecco M. 1987. Changing Money: Financial Innovations in Developed Countries. Oxford: Blackwell.

De Gregorio J. 1993. Inflation, Taxation, and Long-Run Growth. Journal of Monetary Economics, 31 (3): 271－298.

Dennis R. 2001. Pre-commitment, the Timeless Perspective, and Policy-making from Behind a Veil of Uncertainty. Federal Reserve Bank of San Francisco, WP－01－19.

Desai M. 1981. Testing Monetarism. London: Frances Pinter.

Dillard D. 1988. The Barter Illusion in Classical and Neoclassical Economics. Eastern Economic Journal, 14: 299－318.

Dittmar R., Gavin W T, and Kydland F. 1999. The Inflation-Output Variability Tradeoff and Price Level Targeting. Federal Reserve Bank of St. Louis Review, 81 (1): 23－31.

Dixit A K. 2000. A Repeated Game Model of Monetary Union. Economic Journal, 110 (466): 759－780.

Dixit A K, Lambertini L. 2003. Symbiosis of Monetary and Fiscal Policies in a Monetary Union. Journal of International Economics, 60 (2): 235－247.

Dornbusch R, Frenkel J A. 1973. Inflation and Growth: Alternative Approaches. Journal of Money, Credit, and Banking, 5: 141－156.

Drazen A, Masson P R. 1994. Credibility of Policies versus Credibility of Policymakers. Quarterly Journal of Economics, 109 (3): 735－754.

Dunbar C F. 1896. Free Banking//Palgrave R H I. Dictionary of Political Economy: vol. 2. London: Macmillan.

Dutkowsky D H, Atesoglu H S. 2001. The Demand for Money: A Structural Econometric Investigation. Southern Economic Journal, 68 (1):

92－106.

Eijffinger S, de Haan J. 1996. The Political Economy of Central-Bank Independence. Special Papers in International Economics, No. 19, Princeton University.

Erceg C J. Henderson D, Levin A T. 2000. Optimal Monetary Policy and Staggered Wage and Price Contracts. Journal of Monetary Economics, 46 (2): 281－313.

Fair R C. 1987. International Evidence on the Demand for Money. Review of Economics and Statistics, 69: 473－480.

Fama E. 1980. Banking in the Theory of Finance. Journal of Monetary Economics, 6: 39－57.

Faust J, Irons J. 1996. Money, Politics and the Post-war Business Cycles. Federal Reserve Board, International Finance Discussion Papers Number 572.

Fisher S. 1979. Anticipations and the Nonneutrality of Money. Journal of Political Economy, 87 (2): 225－252.

Fisher S. 1995. Central Bank Independence Revisited. American Economic Review: Papers and Proceedings, 85 (2): 201－206.

Flood R, Isard P. 1988. Monetary Policy Strategies. NBER Working Paper No. 2770.

Frankel J, Chinn M. 1995. The Stabilizing Properties of a Nominal GNP Rule. Journal of Money, Credit, and Banking, 27 (2): 318－334.

Friedman B M. 1975. Targets, Instruments and Indicators of Monetary Policy. Journal of Monetary Economics, 1 (4): 443－473.

Friedman B M. 1983. The Roles of Money and Credit in Macroeconomic Analysis//James Tobin . Macroeconomics, Prices, and Quantities: Essays in Memory of Arthur M. Okun. Basil Blackwell Publisher.

Friedman B M. 1988. Monetary Policy without Quantity Variables. American Economic Review, 78 (2): 440－445.

Friedman B M，Kuttner K N. 1992. Money，Income，Prices and Interest Rates. American Economic Review，82：472－492.

Friedman B M，Kuttner K N. 1993. Another Look at the Evidence on Money-Income Relationship. Journal of Economics，57，189－203.

Friedman M，Schwartz A. 1963. A Monetary History of the United States1867－1960. Princeton：Princeton University Press.

Friedman M. 1953. The Methodology of Positive Economics//Friedman M. Essays in Positive Economics，Chicago：University of Chicago Press.

Friedman M. 1969. The Optimum Quantity of Money//Friedman M. The Optimum Quantity of Money and Other Essays. Chicago：Aldine.

Friedman M. 1974. A Theoretical Framework for Monetary Analysis//Gordon R J. Milton Friedman's Monetary Framework：A Debate with his critics，Chicago：University of Chicago Press.

Galí J，Gertler M，López-Salido J D. 2002. Markup，Gaps，and the Welfare Costs of Business Fluctuations. NBER Working Paper No. 8550.

Garcìa de Paso J I. 1993. Monetary Policy with Private Information：A Role for Monetary Targets. Instituto Complutense de Analisis Economico Working Paper No. 9315.

Garcìa de Paso J I. 1994. A Model of Appointing Governors to the Central Bank. Instituto Complutense de Analisis Economico Working Paper No. 9416.

Garcia G，Pak S. 1979. Some Clues in the Case of the Missing Money. American Economic Review，69：330－334.

Garfinkel M，Oh S. 1993. Strategic Discipline in Monetary Policy with Private Information：Optimal Targeting Horizons. American Economic Review，83（1）：99－117.

Gerlach-Kristen P. 2004. Interest-Rate Smoothing：Monetary Policy Inertia or Unobserved variables?. Contributions to Macroeconomics，4（1）：1－17.

Gertler M. 1988. Financial Structure and Aggregate Economic Activity. Journal of Money, Credit and Banking, 20 (2): 559 – 598.

Gillman M, Nakov A. 2003. A Revised Tobin Effect from Inflation: Relative Input Price and Capital Ratio Realignments, USA and UK, 1959 – 1999. Economica, 70 (279): 439 – 450.

Goldfeld S M. 1973. The Demand for Money Revisited. Brookings Papers on Economic Activity, 3: 577 – 646.

Goldfeld S M. 1976. The Case of the Missing Money. Brookings Papers on Economic Activity, 3: 576 – 638.

Gomme P. 1993. Money and Growth Revisited: Measuring the Costs of Inflation in an Endogenous Growth Model. Journal of Monetary Economics, 32 (1): 51 – 77.

Goodfriend M, King R G. 2001. The Case for Price Stability. NBER Working Paper No. 8423.

Goodhart C A E. 1998. The Two Concepts of Money: Implications for the Analysis of Optimal Currency Areas. European Journal of Political Economy, 14: 407 – 432.

Gordon R J. 1982. Price Inertia and Policy Effectiveness in the United States, 1890 – 1980. Journal of Political Economy, 90: 1087 – 1117.

Gordon R J. 1984. The Short-run demand for Money: A Reconsideration. Journal of Money, Credit and Banking, 16: 403 – 434.

Grossman G M, Helpman E. 1991. Innovation and Growth in the Global Economy. Cambridge: MIT Press.

Grossman H I. 1971. Money, Interest and Prices in Market Disequilibrium. Journal of Political Economy, 79: 943 – 961.

Hahn F H. 1965. On Some Problems of Proving the Existence of an Equilibrium in a monetary Economy// Hahn F H, Breching F P R. The Theory of Interest Rates. London: Macmillan, 126 – 135.

Hahn F. 1983. Money and Inflation. Cambridge, MA: MIT Press.

Hall R E. 1982. Explorations in the Gold Standard and Related Policies for Stabilizing the Dollar // Hall R E. Inflation: Causes and Effects. Chicago and London: University of Chicago Press.

Hall R E, Mankiw N G. 1994. Nominal Income Targeting // Mankiw N G. Monetary Policy. Chicago: University of Chicago Press, 71 - 92.

Hamburger M. 1979. Behavior of the Money Stock: Is There a Puzzle? . Journal of Monetary Economics, 3: 265 - 288.

Hansen A H. 1953. A Guide to Keynes. New York: McGraw-Hill.

Hawtrey R G. 1913. Good and Bad Trade. London: Constable.

Hayek F A. 1931. Prices and Production. London: George Routledge.

Hayek F A. 1933. Monetary Theory and the Trade Cycle. Kaldor N, Croome H M, Trans. London: Jonathan Cape.

Heller H, Khan M S. 1979. The Demand for Money and the Term Structure of Interest Rates. Journal of Political Economy, 87: 109 - 129.

Herrendorf B. 1995. Transparency, Reputation, and Credibility under Floating and Pegged Exchange Rates. Mimeo. University of Warwick, UK.

Herrendorf B. 1998. Inflation Targeting as a Way of Pre-commitment. Oxford Economic Papers, 50: 431 - 448.

Herrendorf B, Lockwood B. 1997. Rogoff's ‘Conservative’ Central Banker Restored. Journal of Money, Credit, and Banking, 29 (4): 476 - 495.

Hetzel R L. 1992. How Useful is M2 Today. Federal Reserve Bank of Richmond Economic Review, (September/October): 12 - 26.

Hicks J R. 1935. A Suggestion for Simplifying the Theory of Money. Economica. Ⅱ (5): 1-19.

Hicks J R. 1937. Mr. Keynes and the Classics: A Suggested Interpretation. Econometrica, 5: 147 - 159.

Hicks J R. 1967. A Suggestion for Simplifying the Theory of Money // Hicks J R. Critical Essays in Monetary Theory. Oxford: Oxford University Press.

Hicks J R. 1982. The Credit Economy//Hicks J R. Money, Interest and Wages: Collected Essays in Economic Theory, vol. 2. Oxford: Clarendon Press.

Hicks J R. 1989. A Market Theory of Money. Oxford: Clarendon Press.

Higgins B. 1992. Policy Implications of Recent M2 Behavior. Federal Reserve Bank of Kansas City Economic Review, Third Quarte: 21 - 36.

Hoffman D L, Rasche R H. 1991. Long-Run Income and Interest Elasticities of the Demand for M1 and the Monetary Base in the Postwar U. S. Economy. Review of Economics and Statistics, 73: 665 - 674.

Hoover K D. 1996. Some Suggestions for Complicating the Theory of Money// Pressman S. Interactions in Political Economy: Malvern after Ten years. London: Routledge.

Itaya Jun-Ichi, Mino Kazuo. 2003. Inflation, Transaction Costs and Indeterminacy in Monetary Economies with Endogenous Growth. Economica, 70 (279): 451 - 470.

Ingham G. 1996. Money is a social relation. Review of Social Economy, 54: 243 - 275.

Jaffee D. 1971. Credit Rationing and the Commercial Loan Market. New York: Wiley.

Jensen H. 2002. Targeting Nominal Income Growth or Inflation? . American Economic Review, 94 (4): 928 - 956.

Jensen H, McCallum B T. 2002. The Non-Optimality of Proposed Monetary Policy Rules Under Timeless-Perspective Commitment. NBER Working Paper No. 8882.

Jones R A. 1976. The Origin and Development of Media of Exchange. Journal of Political Economy, 84 (4): 329 - 351.

Judd J P, Scadding J L. 1982. The Search for a Stable Money Demand Function. Journal of Economic Literature, 20: 993 - 1023.

Kaldor N. 1970. The New Monetarism. Lloyds Bank Review, July: 1 - 18.

Kareken J H, Muench T, Wallace N. 1973. Optimal Open Market Strategies: The Use of Information Variables. American Economic Review, 63 (1): 156－172.

Kasman B. 1993. A Comparison of Monetary Policy Operating Procedures in Six Industrial Countries // Goodfriend M, Small D. Operating Procedures and the Conduct of Monetary Policy: Conference Proceedings, Finance and Economics Discussion Series, Working Studies 1, Parts 1 and 2, Federal Reserve System.

Keynes J M. 1937. The General Theory of Employment. Quarterly Journal of Economics, Feb .

Khan A, King R G, Wolman A L. 2000. Optimal Monetary Policy. Federal Reserve Bank of Philadelphia.

King R G, Levine R. 1993. Finance and Growth: Schumpeter Might to be Right. Quarterly Journal of Economics, 108: 717－737.

King R G, Rebelo S. 1986. Business Cycle with Endogenous Growth. Unpublished Working Paper. University of Rochester, March.

Kiyotaki N, Wright R. 1989. On Money as a Medium of Exchange. Journal of Political Economy, 97 (4): 927－954.

Kiyotaki N, Wright R. 1993. A Search-Theoretic Approach to Monetary Economics. American Economic Review, 83 (1): 63－77.

Kormendi R C, Meguire P G. 1984. Cross-Regime Evidence of Macroeconomic Rationality. Journal of Political Economy, 92 (5): 875－908.

Kornai J. 1971. Anti-Equilibrium. Amsterdam: North-Holland Publ.

Kornai J. 1980. Economics of Shortage. Amsterdam: North-Holland Publ.

Kornai J. 1982. Growth, Shortage and Efficiency. Oxford: Blackwell.

Koskela E. 1976. On the Theory of Rationing Equilibrium with Special Reference to Credit Markets: A Survey. Zeitschrift fur Nationalokonomie, 39: 63－82.

Koskela E. 1979. A Study of Bank Behavior and Credit Rationing. Helsinki: Academiae Scientarum Fennicae.

Kydland F E, Prescott E C. 1977. Rules rather than Discretion: The Inconsistency of Optimal Plans. Journal of Political Economy, 85 (3): 473 - 490.

Laidler D E W. 1990. Taking Money Seriously and Other Essays. London: Philip Allan.

Laubach T, Posen A S. 1997. Disciplined Discretion: The German and Swiss Monetary Targeting Frameworks in Operation. Federal Reserve Bank of New York Research Paper No. 9707.

Leeper E M, Sims C A, Zha T. 1996. What Does Monetary Policy Do? . Brookings Papers on Economic Activity, 2: 1 - 63.

Leijonhufvud A. 1968. On Keynesian Economics and the Economics of Keynes. London and New York: Oxford University Press.

Leijonhufvud A. 1981. The Wicksell Connection: Variations on a Theme. Information and Coordination: Essays in Macroeconomic Theory, London and New York: Oxford University Press.

Lindbeck A. 1962. The "new" Theory of Credit Control in the United States. 2nd ed. Stockholm: Almqvist & Wiksell.

Lohmann S. 1992. Optimal Commitment in Monetary Policy: Credibility versus Flexibility. American Economic Review, 82 (1): 273 - 286.

Lucas R E Jr. 1972. Expectations and the Neutrality of Money. Journal of Economic Theory, 4: 103 - 123.

Lucas R E Jr. 1977. Understanding Business Cycle // Brunner K and Meltzer A. Stabilization of the Domestic and International Economy. Amsterdam: North-Holland.

Lucas R E Jr. 1988. On the Mechanics of Economic Development. Journal of Economic Theory, 22: 3 - 42.

Lucas R E Jr. 1996. Noble Lecture: Monetary Neutrality. Journal of Political Economy, 104 (4): 661 - 682.

Malinvaud E. 1977. The Theory of Unemployment Reconsidered. Oxford: Blackwell.

Mankiw N G, Romer D, Weil D N. 1992. A Contribution to the Empirics of Economic Growth. Quarterly Journal of Economics, 107: 407 - 437.

Markowitz H. 1952. Portfolio Selection. Journal of Finance, 7 (1): 77 - 91.

McCallum B T, Nelson E. 2000. Timeless Perspective vs Discretionary Monetary Policy in Forward-Looking Models. NBER working paper No. 7915.

McCallum B T. 1983. The Role of Overlapping Generations Models in Monetary Economics. Carnegie-Rochester Conference Series on Public Policy, 18: 9 - 44.

McCallum B T. 1985. Bank Deregulation, Accounting Systems of Exchange and the Unit of Account: A Critical Review. Carnegie-Rochester Conference Series on Public Policy, 23: 13 - 46.

McCallum B T. 1986a. On 'Real' and 'Sticky Price' Theories of the Business Cycle. Journal of Money, Credit and Banking, 18 (November): 397 - 414.

McCallum B T. 1986b. Some Issues Concerning Interest Rate Pegging, Price Level Determinacy, and the Real Bills Doctrine. Journal of Monetary Economics, 17 (1): 135 - 160.

McCallum B T. 1988. Robustness Properties of a Rule for Monetary Policy. Carnegie-Rochester Conference Series on Public Policy, 29: 173 - 204.

McCallum B T. 1991. Inflation: Theory and Evidence. NBER Reprinted No. 1581.

McCandless G T Jr, Weber W E. 1995. Some Monetary Facts. Federal Reserve Bank of Minneapolis Quarterly Review, 19 (3): 2 - 11.

Meltzer A H. 1989. Eliminating Monetary Disturbances. Cato Journal, 9: 423 - 428.

Menger C. 1892. On the Origin of Money. Economic Journal, 2: 239－255.

Mino K, Shibata A. 1995. Monetary Policy, Overlapping Generations, and Patterns of Growth. Economica, 62: 179－194.

Mino K, Tsutsui S. 1990. Reputational Constraint and Signalling Effects in a Monetary Policy Game. Oxford Economic Papers, 42 (3): 603－619.

Mishkin F S, Schmidt-Hebbel K. 2001. One Decade of Inflation Targeting in the World: What Do We Know and What Do We Need To Know? . NBER Working Paper No. 8397.

Mishkin F S. 1982. Does Anticipated Monetary Policy Matter? An Econometric Investigation. Journal of Political Economy, 90: 22－51.

Mishkin F S. 1983a. Discussion of Asset Substitutability and the Impact of Federal Deficits// Meyer L H. The Economic Consequences of Government Deficits. Boston: Kluwer-Nijhoff, 117－120.

Mishkin F S. 1983b. Discussion of Recent Velocity Behavior: The Demand for Money and Monetary Policy// Anon. Monetary Targeting and Velocity. San Francisco: Federal Reserve Bank of San Francisco, 129－132.

Mishkin F S. 2002. The Economics of Money, Banking, and Financial Markets. 6th ed. 影印版. 北京: 北京大学出版社.

Mishkin F S. 2007. The Economics of Money, Banking, and Financial Markets. 7th ed. 影印版. 北京: 北京大学出版社.

Modigliani F. 1944. Liquidity Preference and the Theory of Interest and Money. Econometrica, 12 (January): 45－88.

Modigliani F. 1963. The Monetary Mechanism and its Interaction with real Phenomean: A review of recent Developments. Review of Economic and Statistics, 45: 79－107.

Moore B J. 1988. Horizontalists and Verticalists: The Macroeconomics of Credit Money. New York: Cambridge University Press.

Morgenstern O, Von Neumann J. 1944. Theory of Games and Economic Behavior. Princeton: Princeton University Press.

Morton J, Wood P. 1993. Interest Rate Operating Procedures of Foreign Central Banks//Goodfriend M, Small D. Operating Procedures and the Conduct of Monetary Policy: Conference Proceedings, Finance and Economics Discussion Series, Working Studies1, Parts 1 and 2. Federal Reserve System.

Murphy K M, Shleiferv A, Vishny R W. 1991. Allocation of Talent: Implications for Growth. Quarterly Journal of Economics, 106: 503-530.

Muth J F. 1961. Rational Expectation and the Theory of Price Movements. Econometrica, 29: 315-335.

Nessén M, Vestin D. 2000. Average Inflation Targeting. Working Paper Series 119. Stockjolm: Sveriges Riksbank.

Newcomb S. 1885. Principles of Political Economy. New York: Harper & Brothers.

Nolan C, Schaling E. 1996. Monetary Policy Uncertainty and Central Bank Accountability. London: Bank of England.

Ohlin B G. 1937. Some Notes on the Stockholm Theory of Saving and Investment. The Economic Journal, 47.

Orphanides A. 2001. Monetary Percy Rules Based on Real Time Data. American Economic Review, 91 (4): 964-985.

Patinkin D. 1969. Money and Wealth: A Review Article. Journal of Economic Literature, 7 (December): 1140-1160.

Patinkin D. 1972. Money and Wealth//Patinkin D. Study in Monetary Economics. New York: Harper & Row.

Pesek B P, Saving T R. 1967. Money, Wealth and Economic Theory. New York: Macmillan.

Pigou A C. 1917. The Value of Money. Quarterly Journal of Economics, 32 (November).

Pigou A C. 1943. The Classical Stationary State. Economic Journal, Dec.

Poole W. 1970. Optimal Choice of Monetary Policy Instrument in a Simple Stochastic Macro Model. Quarterly Journal of Economics, 84 (2): 197-216.

Poole W. 1987. Monetary Policy Lessons of Recent Inflation and Disinflation. National Bureau of Economic Research Working Paper 0010.

Poole W. 1990. Optimal Choice of Monetary Policy Instrument in a Simple Stochastic Macro Model. Quarterly Journal of Economics, 84 (2): 197 – 216.

Portes R. 1981. Macroeconomic Equilibrium and Disequilibrium in centrally Planned Economies. Economic Inquiry, 19: 559 – 578.

Ragan K, Trehan B. 1998. Is It Time to Look at M2 Again? . Federal Reserve Bank of San Francisco Economic Letter #98 – 07, March 6.

Rasche R H. 1987. M1 Velocity and Money-Demand Functions: Do Stable Relationships Exist? // Brunner K, Meltzer A H. Empirical Studies of Velocity, Real Exchange Rates, Unemployment, and Productivity. Carnegie-Rochester Conference Series on Public Policy, 27 (Autumn): 9 – 88.

Rebelo S, Xie Danyang. 1999. On the Optimality of Interest Rate Smoothing. Journal of Monetary Economics, 43 (2): 263 – 282.

Robertson D. 1931. Economic Fragments. London: P. S. King and Son.

Robertson D. 1933. A Note on the Theory of Money. Economica, 41 (Aug.): 243 – 247.

Robertson D. 1934. Industrial Fluctuations and the Natural Rate of Interest. Economic Journal, 44: 650 – 656.

Rogers C. 1989. Money, Interest and Capital: A Study in the Foundations of Monetary Theory. Cambridge: Cambridge University Press.

Rogoff K. 1985. The Optimal Commitment to an Intermediate Target. Quarterly Journal of Economics, 100 (4): 1169 – 1190.

Romer C, Romer D H. 1989. Does Monetary Policy Matter? A New Test in the Spirit of Friedman and Schwartz // Blanchard O, Fisher S. NBER Macroeconomics Annual Vol. 4. Cambridge, Mass: MIT Press.

Romer P M. 1986. Increasing Returns and Long-run Growth. Journal of Political Economy, 94: 1002 – 1037.

Romer P M. 1990. Endogenous Technological Change. Journal of Political Economy, 98 (5): S71 - S102.

Roosa R V. 1951. Interest Rates and the Central Bank // Waitzman H L. Money, Trade, and Economic Growth: Essays in Honor of John H. Williams. New York: Macmillian.

Rudebusch G D. 1995. Federal Reserve Interest Rate Targeting, Rational Expectations, and the Term Structure. Journal of Monetary Economics, 35 (2): 245 - 274.

Sachs J D. 2005. The End of Poverty. New York: Penguin Books.

Sargent T. 1976. A Classical Macroeconometric Model for the United States. Journal of Political Economy 84: 207 - 237.

Sargent T and Wallace N. 1975. 'Rational' Expectations, the Optimal Monetary Instrument, and the Optimal Money Supply Rule. Journal of Political Economy, 83 (2): 241 - 254.

Saving T R. 1971. Transaction Costs and the Demand for Money. American Economic Review, 61: 407 - 420.

Sayers R S. 1960. Monetary Thought and Monetary Policy in England. Economic Journal, 70: 710 - 724.

Sbordone A M. 2001. An Optimizing Model of U. S. Wage and Price Dynamics. New Brunswick, NJ: Rutgers University.

Selgin G A, White L H. 1987. The Evolution of a Free Banking System. Economic Inquiry, 25: 439 - 458.

Selgin G A, White L H. 1994. How Would the Invisible Hand Handle Money? . Journal of Economic Literature, 32: 1718 - 1749.

Sidrauski M. 1967. Rational Choice and Patterns of Growth in a Monetary Economy. American Economic Review, 57 (2): 534 - 544.

Siklos P L, Werner T, Bohl M T. 2004. Asset Prices in Taylor Rules: Specification, estimation, and Policy Implications for the ECB. Bundesbank Discussion Paper Series 1, No. 22.

Sims C A. 1972. Money, Income and Causality. American Economic Review, 62 (4): 540 - 542.

Sims C A. 1980. Comparison of Interwar and Postwar Business Cycles. American Economic Review, 70 (2): 250 - 257.

Small D H, Porter R D. 1989. Understanding the Behavior of M2 and V2. Federal Reserve Bulletin, 75: 244 - 254.

Smithin J. 1989. Hicksian Monetary Economics and Contemporary Financial Innovation. Review of Political Economy, 1: 192 - 207.

Stiglitz J. 2004. Post Washington Consensus. Initiative for Policy Dialogue.

Stock J H, Watson M W. 1993. A Simple Estimator of Cointegrating Vectors in Higher Order Integrated Systems. Econometrica, 61: 783 - 820.

Stockman A. 1981. Anticipated Inflation and the Capital Stock in a Cashin-Advance Economy. Journal of Monetary Economics, 8 (3): 387 - 393.

Stone M R. 2002. Challenges to Central Banking from Globalized Financial Systems // IMF. Challenges to Central Banking from Globalized Financial Systems. Washington, D. C.: IMF, September 16 - 17.

Svensson L E O, Woodford M. 1999. Implementing Optimal Policy Through Inflation-Forecast Targeting. Princeton University.

Svensson L E O. 1997a. Inflation Forecast Targeting: Implementing and Monitoring Inflation Targets. European Economic Review, 41(6): 1111 - 1146.

Svensson L E O. 1997b. Optimal Inflation Contracts, 'Conservative' Central Banks, and Linear Inflation Contract. American Economic Review, 87 (1): 98 - 114.

Svensson L E O. 1999a. How Should Monetary Policy Be Conducted in an Era of Price Stability? . Federal Reserve Bank of Kansas City, 195 - 259.

Svensson L E O. 1999b. Price Level Targeting vs. Inflation Targeting. Journal of Money, Credit, and Banking, 31: 277 - 295.

Svensson L E O. 1999c. Inflation Targeting as a Monetary Policy Rule.

Journal of Monetary Economics, 43: 607－654

Svensson L E O. 1999d. Inflation Targeting: Some Extensions. Scandinavian Journal of Economics, 101 (3): 337－361.

Swank J, Velden L V. 1997. Instruments, Procedures and Strategies of Monetary Policy: An Assessment of Possible Relationships for 21 OECD Countries//BIS. Implementation and Tactics of Monetary Policy. Conference Papers No. 3.

Swanson N R. 1998. Money and Output Viewed Through a Rolling Window. Journal of Monetary Economics, 41: 455－474.

Tabellini G. 1988. Centralized Wage Setting and Monetary Policy in a Reputational Equilibrium. Journal of Money, Credit, and Banking, 20 (1): 102－118.

Taylor J B. 1985. What Would Nominal GNP Targeting Do to the Business Cycle?. Carnegie-Rochester Conferences Series on Public Policy, 22: 61－84.

Taylor J B. 1993. Discretion versus Policy Rules in Practice. Carnegie-Rochester Conferences Series on Public Policy, 39: 195－214.

Taylor J B. 2000. Recent Development in the Use of Monetary Policy Rules//The Central Bank of the Republic of Indonesia. Inflation Targeting and Monetary Policies in Emerging Economies. Jakarta, Indonesia.

Taylor J B. 2001. The Role of the Exchange Rate in Monetary Policy Rules. American Economic Review, 91 (2): 263－267.

Thoma M A. 1994. The Effects of Money Growth on Inflation and Interest Rates across Spectral Frequency Bands. Journal of Money, Credit and Banking, 26 (2): 218－31.

Tobin J. 1963. Commercial Banks as Creators of Money//Carson D. Banking and Monetary Studies. Homewood, IL: Richard D. Irwin, 408－419.

Tobin J. 1965. Money and Economic Growth. Econometrica, 33 (4): 671－684.

Tobin J. 1969. A General Equilibrium Approach to Monetary Theory.

Journall of Money, Credit and Banking, 1 (February).

Vestin D. 2001. Price-level Targeting versus Inflation Targeting in a Forward-looking Model. Stockholm University. IIES.

Vickers J. 1986. Signalling in a Model of Monetary Policy with Incomplete Information. Oxford Economic Papers, 38 (3): 443 - 455.

Wallace N. 1983. A Legal Restrictions Theory of the Demand for 'Money' and the role of Monetary Policy. Federal Reserve Bank of Minneapolis Quarterly Review, 7: 1 - 7.

Wallace N. 1988. A Suggestion for Oversimplifying the Theory of Money. Economic Journal, 98: 25 - 36.

Waller C J, Walsh C E. 1996. Central Bank Independence, Economic Behavior, and Optimal Term Lengths. American Economic Review, 86 (5): 1139 - 1153.

Waller C J. 1989. Monetary Policy Games and Central Bank Politics. Journal of Money, Credit, and Banking, 21 (4): 422 - 431.

Waller C J. 1992. A Bargaining Model of Partisan Appointments to the Central Bank. Journal of Monetary Economics, 29 (3): 411 - 428.

Walras L. 1900. Elements of Pure Economics. Jaffe W, Translated and edited. Homewood, IL: Richard D. Irwin.

Walsh C E. 1995. Optimal Contracts for Central Bankers. American Economic Review, 85 (1): 150 - 167.

Walsh C E. 2000. Market Discipline and Monetary Policy. Oxford Economic Papers, 52: 249 - 271.

Walsh C E. 2003. Speed Limit Policies: The Output Gap and Optimal Monetary Policy. American Economic Review, 93 (1): 265 - 278.

Wang Ping, Yip Chong Kee. 1992. Alternative Approaches to Money and Growth. Journal of Money, Credit, and Banking, 24 (4): 553 - 562.

Weintraub S. 1978. A Theory of Monetary Policy under Wage Inflation// Weintraub S. Keynes, Keynesians and Monetarist, Philadelphia: University of

Pennsylvania Press.

Weintraub S. 1978. Capitalism's Inflation and Unemployment Crisis. Reading, MA: Addison-Wesley.

West K D. 1986. Targeting Nominal Income: A Note. The Economic Journal, 96: 1077 - 1083.

White L H. 1984. Competitive Monetary Reform: A Review Essay. Journal of Monetary Economics, 26: 191 - 202.

Woodford M. 1999a. Optimal Monetary Policy Inertia. NBER working paper No. 7261.

Woodford M. 1999b. Price-Level Determination under Interest-Rate Rules. Princeton University.

Woodford M. 2001. Inflation Stabilization and Welfare. NBER Working Paper No. 8071.

Wray L R. 1998. Understanding Modern Money: The Key to Full Employment and Price Stability. Cheltenham, UK and Brookfield, US: Edward Elgar.

Wu Yangru, Zhang Junxi. 2000. Monopolistic Competition, Increasing Returns to Scale, and the Welfare Costs of Inflation. Journal of Monetary Economics, 46: 465 - 482.

Yang Xiaokai, Borland J. 1992. Specialization and Money as a Medium of Exchange. Department of Economic Seminar Paper No. 8/92, Monash University.

Yi Gang. 1991. The Monetization Process in China during the Economic Reform. China Economic Review. 1991, 2 (1): 75 - 95.

Yi Gang. 1994. Money, Banking and Financial Markets in China. Boulder and Oxford: Westview Press.

Zhang Junxi. 2000. Inflation and Growth: Pecuniary Transaction Costs and Qualitative Equivalence. Journal of Money, Credit, and Banking, 32: 1 - 12.

图书在版编目(CIP)数据

中国“迷失的货币”/何海峰著. —北京：社会科学文献出版社，2011.1

(中国社会科学院金融研究所·博库)

ISBN 978-7-5097-1783-7

Ⅰ.①中… Ⅱ.①何 … Ⅲ.①货币管理—研究—中国 Ⅳ.①F820.3

中国版本图书馆 CIP 数据核字(2010)第 176095 号

中国社会科学院金融研究所·博库

中国“迷失的货币”

著　　者 / 何海峰

出 版 人 / 谢寿光
总 编 辑 / 邹东涛
出 版 者 / 社会科学文献出版社
地　　址 / 北京市西城区北三环中路甲 29 号院 3 号楼华龙大厦
邮政编码 / 100029
网　　址 / http：//www.ssap.com.cn
网站支持 / (010) 59367077
责任部门 / 财经与管理图书事业部 (010) 59367226
电子信箱 / caijingbu@ssap.cn
项目负责人 / 周　丽
责任编辑 / 景朝亮　王莉莉
责任校对 / 郭红生
责任印制 / 董　然　蔡　静　米　扬

总 经 销 / 社会科学文献出版社发行部
(010) 59367081　59367089
经　　销 / 各地书店
读者服务 / 读者服务中心 (010) 59367028
排　　版 / 北京步步赢图文制作中心
印　　刷 / 三河市尚艺印装有限公司

开　　本 / 787mm×1092mm　1/16
印　　张 / 19.5
字　　数 / 278 千字
版　　次 / 2011 年 1 月第 1 版
印　　次 / 2011 年 1 月第 1 次印刷

书　　号 / ISBN 978-7-5097-1783-7
定　　价 / 55.00 元